MICHEL FOUCAULT

哲學論述

米歇爾・傅柯 著
——
林志明 譯

LE DISCOURS PHILOSOPHIQUE

目次

contents

譯者序

診斷．考古學．尼采．檔案　林志明

哲學作為診斷的事業

二〇二三年夏，筆者走入巴黎蒙巴拿斯著名的查恩（Tschann）書店，映入眼簾的是新出版的傅柯著作《哲學論述》，那時傅柯已過世近四十年。這麼多年下來，他逐漸被認定為他的世代法國最重要的哲學家之一，而且這「之一」的色彩還在慢慢褪去。然而，傅柯生前出版的著作卻很少直接以哲學為主題：他總是把哲學和其他領域放在一起，在它們之間運思與寫作，比如歷史——像是《瘋狂史》、《性史》這兩部標誌他崛起前後期的鉅著。

在這本《哲學論述》所附的手稿來源與編者說明中記載著：這部手稿是傅柯在一九六六年夏天於文德孚爾．杜．波圖家族住所中書寫。而那時《詞與物》已經出版，他在那之後前往突尼斯大學教授哲學。這教職對傅柯是重要的，因為這是他第一次在大學中擔任的教席不再是心理學，而是哲學。

這部手稿過去被視為他在突尼斯大學教授哲學的課程準備，但實情卻非如此；倒是本書最後三章有關「檔案」的部分，是到了突尼斯才書寫的。

除了這是傅柯少見的直接以哲學為對象書寫的專著之外，另一個在一開始便特別吸引我的地方是，傅柯將哲學界定為一個「診斷」的事業。

這使得正在翻譯《性史》的我感到熟悉與親切，因為在上古希臘，的確曾如此看待哲學：哲學家是靈魂的醫生，這是上古哲學中常見的主題，也是一再於《性史》二、三卷中提及的。

但再細讀此書之後，會發現這也是一個尼采式的主題：哲學家是文化的醫生，他的任務是診斷出當前發生了什麼。

為了支持如此回應「何謂哲學？」的論點，傅柯持有一個很獨特的觀點：哲學是一種特定的論述模式。

哲學作為一種特定模式的論述

為了奠立哲學作為一種有其特質的論述，傅柯將它和科學論述、虛構敘述（fiction）論述以及日常話語作出對比。這裡他使用的分析工具看似簡單，卻有著深意：這即是由「我－這裡－目前」（je-ici-à présent）構成的三項組。

這些看來簡單的語言要素，曾以「轉換詞」或「指示詞」（shifters）的命名受到研究。它們的特點是無法脫離其語境而能獨立確定。而且，它們都和發言的主體或時空位置有關。更專業一些的說法是，它們因而屬於陳述動作（énonciation），而非此動作的後果，即陳述（énoncé）的分析層次。

傅柯分析，科學的論述將這三項組中立化了：讀者可以為它們代入任何時空下的任何主體。虛構敘述論述則以想像發明了自己的時空及主體：那是一個封閉的世界。

在傅柯的分析中，哲學論述反而是違反常識地更和日常話語接近，在它們之中的「我－這裡－目前」三項組，都維持著一個不可化約的外部性。哲學論述和日常話語不同的是，哲學有許多作用是日常話語所不做或不必做的，比如批判、自我奠基、正當化（解釋自己為何是真實的論述）等。但這個親近性，卻也說明了哲學和它的外部之間有一個不能分離的後果，而這一點終究引領至哲學和其當前狀況間的關係——哲學說出它所處的當前狀態，而這便是哲學作為診斷的來源：因為它是一種有此特定模式的論述。

雖然本書來自一份書寫上完成度已經非常高的手稿，它仍需要專家的編輯和註解。本書的兩位編者的確非常仔細及盡責，他們附上了詳盡的註解，也在書末附上一篇接近四十頁的長文，說明本書的書寫情境和脈絡解析。我高度建議學術興趣濃厚的讀者仔細閱讀編者們的解說與附註。他們的解說可以被當作是一篇嚴肅的專家學者導讀，而其眾多註解中經常閃現的，則是因為文體而被壓縮的小型研究紀要。

兩位編者說：「他在書稿中將現代哲學呈現為一種特定的論述，而它和它自身的當前狀態維持著一種非常獨特的關係，並將當代哲學——那是將尼采的「革命」嚴肅對待的哲學——呈現為一個

診斷的事業。」（本書頁二六五）

的確，傅柯《哲學論述》幾個大的段落已大致濃縮於這段話中，在提出哲學是一個診斷的事業（本書第一章），透過和其他論述類型的比較對照，說明它的特性之後（第二、三、四、五章），傅柯前進到對於現代哲學進行的考古學分析（第六至第十章），接著是尼采及後尼采哲學的解說（第十一、十二章）。最後三章則自成一格，它們圍繞著「檔案」這項主題，提出檔案—論述、它的歷史及它的現今狀況的診斷。前引編者們的基本斷定，即書中有著現代哲學（又稱為「古典時期」）和當代哲學（對於傅柯，那是後尼采哲學）的考古學分野，但在這裡，雖然對兩位編者充滿了敬意，我也要稍微提出一些帶點異議性質的補充：我認為，並非只有在尼采之後，哲學才呈現為一個診斷的事業，包括本書一開始提到的上古，包括編者註解中提到康德對「何謂啟蒙？」此問題的回應（第一章註一），皆顯現出哲學和診斷間的密切關係；而這一點，正是來自哲學論述和其外部不可化約的關係。

哲學論述的考古學

接下來，傅柯《哲學論述》運用五章來探討、分析、描述哲學論述的誕生、它之中的各種作用（fonctions）、形上學和本體論及其哲學論述兩大模型間的關係，最終收束於此一描述的方法學討論。

這是本書具高哲學專業密度的五章，橫亙其中，出現了許多傅柯所處時代的重要主題，比如形上學的摧毀、哲學史是否是哲學的一部分；或是傅柯自己關心且致力分析過的主題，比如再現的形上學、人類學圈環與有限性的分析；或是他一直不曾離開的一些根本判斷：笛卡兒的肇始地位，康德作為西方現代哲學的分水嶺或重心等。

在這密度極高且牽涉廣泛的五章中，我們可以看到內在於其中存有一個哲學論述的系統性分析，而這是傅柯將哲學進行歷史化的方式：它和同時代的類似嘗試，比如蓋爾胡及維依芒（參見第十章編號三的長註），皆有著以「系統」為核心的進路，而這也是本書最具「結構主義」色彩的部分。

參照兩位編者的整理，這個系統可分為五個層次：

首先是與「我－這裡－目前」三項組的關係，這是第一層；接著是論述的四個作用所構成的系統：這四個作用分別是正當化、詮釋、批判及闡述。這是哲學論述考古學分析的第二個層次。

第三個層次被稱為「理論網絡」：

「它構成了『哲學的大型組織綱領』。每一個作用乃是在這些網絡之內施行，產生出四組『論述建構』，其中的諸元素相互排除，因為它們標誌著各種『選擇點』。正當化因而或是在一個揭開遮蔽的理論中，或是在一顯現的理論當中完成；詮釋或完成於生成的分析，或完成於意義的尋求；批判或完成於拆解表象的解釋，或完成於對隱含者或潛意識所做的揭露；最後，闡述或完成於一知識的百科全書式秩序，或完成於記憶無限定的回復。」（本書頁二七二）

接下來則是開始看到哲學論述顯露於外的元素，它們構成了哲學論述考古學分析的第四層，其內容乃是傅柯所謂的「第一級領域」或「偉大任務」：包括「主體理論、根本及源初意義的發現、日常世界具實踐性質的轉化、世界的邏各斯或世界理性的述說」。（同上）

最後一個層次，也是一般被解讀為「主題、問題、概念或學說」的層次，這是一般哲學史工作及書寫的層次（所謂哲學「可見的軀體」），但對傅柯來說，它們是一些限制：

「制約著論述作用的可能性、理論網絡及其選擇點、第一級領域之間的聯結」，因而被他稱為「綜合性單位」（unités syntactiques）：「這些連結的操作，首先是透過確定性的學說或現象的學說，它組構了正當化與詮釋的論述作用（以及相應的理論網絡及第一級領域）；接著，錯誤生成於身體或想像的學說，以及一個『有限性的分析』，將詮釋的作用連接上批判的作用；再來，表象全面性、無遺漏地檢驗的學說和由意識掌握所產生的去除異化學說，將批判與闡述的作用連結在一起；最後，允許啟蒙之光在世界中發揚的百科全書學說以及歷史的學說，為各個作用的連結循環做出了結，此時，闡述的作用和正當化的作用被連結在一起。」（本書頁二七二—二七三）

對於這個看來有點複雜的多層次系統，我強力推薦讀者們閱讀本書的〈附錄〉，尤其是一九六六年八月二十一日筆記中的兩個圖表。

尼采主義者傅柯

在透過著重系統分析的考古學對笛卡兒以降的現代哲學做出描述之後，《哲學論述》在第十一章導入了尼采所帶來的「新突變」。

在《性史第二卷：快感的使用》〈導論〉中，傅柯寫道：

「人生中有些時刻，能不能以其他方式思考（penser autrement），以及以不同的方式感知（percevoir autrement），對於繼續觀看和思維乃是不可或缺的。人們可能會和我說，把這些自己和自己之間的遊戲留在後臺就好了；而且，它們最多只是一些準備工作，而當它們的效力產生之後，便可以走入幕後。然而，今日的哲學會是什麼——我指的是做哲學的活動——如果那不是思想對自身進行批判的工作（le travail critique de la pensée sur elle-même）？」（中譯本，二〇二四年，時報出版，頁一八）

在《哲學論述》中，尼采便是如此：「使尼采的作品對整個西方哲學而言顯得如此具有決定性、而又如此令人煩擾的，強力地將我們置放於它所經營的空間之中，然而一旦我們想要接近它來談論它，便將我們保持在它之外，那不是因為它終極地和我們的形上學絕裂，也不是因為它重新將思想導向它的希臘起源；那是因為它『解體』（décomposer）了歐洲哲學透過它來思考、且尚未停止陳說的論述；它碎裂、解開、一片片撕下那使得哲學論述得以獨立於其他論述，並保障其奇特作用方式的堅強甲冑。自此之後，做哲學，將不再以一個獨特且無法化約為其他的模式做論述，而是在其他論述的空間及形式中做論述，暗暗地滑入它們發言的地帶：於是我們看到哲學家成為古語文學家（philologue）、歷史學家、系譜學家、『心理學家』、生命和力量的分析者。」（本書頁一八二）

一切發生得彷彿尼采帶來的解放便是哲學論述的解體：在如此辛勤描述及建構模型之後，透過尼采，傅柯將哲學論述由前面所說的特性及模態中鬆解開來，而這些模型及系統也將灰飛煙滅。

這是不是也是為何傅柯寫出了這麼細密精采的哲學考古學手稿之後，只將它放在抽屜中等待……？

翻譯《哲學論述》的過程有許多艱辛之處，其中一部分或許是因為手稿雖然完成度極高，但仍未完全到達可送出印製的狀態（bon à tirer），也就是說，經過作者及編輯來回討論校修的過程而成為更加「可讀」。但到了尼采這一章，翻譯過程卻有了一種豁然開朗的感覺，彷彿傅柯回到他更天然自在的存在環境。

在尼采之後，哲學論述不再有和其他論述可相區分的特質，但這也表示，過去所謂的「非哲學」之中也開始有了哲學：

「哲學乃是在過去它所陌生的論述之中發聲：這並不是意指，比如說數學、文學或政治現在為哲學提供直到現今一直受忽視的主題；而是要說，在科學論述的環境中（比如數學或語言學、比如精神分析或邏輯學），在文學論述之內（不論那是來自馬拉梅〔Mallarmé〕、里爾克〔Rilke〕或布朗修〔Blanchot〕），在政治論述的形式裡，在像亞陶（Artaud）或巴塔耶（Bataille）的體驗裡，哲學的動作（actes）〔……〕實際上得到完成，而且不會比在那些以哲學家自居的哲學論述之中更多或更少。」（本書頁一八四）

如此，我們更加明瞭，為何這個時期傅柯的寫作擴展到這許多一般被歸類為「文學」的文本之上。

檔案及檔案—論述

如果要提問《哲學論述》一書對傅柯的理解能帶來什麼樣的新貢獻，本書最後三章絕對可以提供很明快的答案（雖然這並不否定其他章節）。它們幾乎可以獨立出來，並且明顯可以被當作是連通《詞與物》與《知識考古學》的路徑，以及解答許多傅柯「檔案」概念中的未解之謎。

在《知識考古學》中，傅柯對檔案（archive）下了一個頗為特別的定義：它首先被界定為「陳述的系統」（système d'énoncés），後來又被界定為「可陳述性的系統」（le système de son énonçabilité）。這些定義因為非常不具物質性，也缺乏和技術相關的面向而令人困惑，反而是在書中討論的另一重要對象，即論述及它的基本單位——陳述——的討論中出現了這些面向：陳述「在記憶場域或手稿、書籍與任何記錄形式的物質性中，為自己開啟了一種殘餘的存在：其次是因為它像任何事件一樣都是獨一無二的，但它又是可重複、轉型、重新運作的」。（中譯本，二〇二三年，時報出版，頁四九）閱讀下來，彷彿檔案和論述交換了位置，這是怎麼一回事？

在《哲學論述》中，相反地，檔案的定義有著更多的細緻層次，而且這定義也把那些和記錄與保存相關的物質、技術、體制、機構等都含納了進來。由於傅柯本人在此的文字相當冗長且繁瑣（參見本書頁二一二及其後），在此借用兩位編者的整理：

「考古學，它尋求啟明的，乃是組織論述之間關係的複雜網絡的秩序，而它有數個層次：不只是這些關係所建立的言語動作及論述形式，也包括『可以支持這些言語保存的物件、物質和機構』，以及『謄寫的模式及可將論述轉化為另一個由諸元素構成整體的不同系統』。因而，在每一個文化內部，論述之間的限制，其整體不再能分離於傅柯所指稱的『檔案』：實際上，是在它之中，界定了允許特定文化中論述的選擇、流通及保存的可能性條件，並因而得以解釋它們的具體及物質性存在的理由。」（本書頁二八三—二八四）

由這裡，傅柯導引得出的是一個他從來不曾在其他地方提出過的概念組合，而它彷彿是一失落的環結，能給予人們不少閱讀上的指明：一個可稱之為一體兩面（une réalité à double face）的「檔案—論述」。在此，我覺得必須以長段引文才能將之說明清楚，這或許要請讀者原諒，但因它涉及到檔案和論述各自的界定與作用說明，以及它們為何在傅柯眼中是一體兩面：

「因為它作為陳述應被保留或抹除的形式、在其中受儲存者被整體化的空間、允許確保其維持的轉化群體（groupe de transformations）、它們流傳的管道、它們重新活躍起來的可能性，以某種方式，檔案構成了那被我們稱之為論述（discours）的另一面。實際上，後者不能被化約為諸言語動作的整體、也不能化約為語言的形式化系統；它們乃是由一個特定時代實際被說出的陳述整體（ensemble des énoncés）所構成——在它們之中，有一些很快地消失了，另一些則受到保存；某些在一個對話或一個由命題們形成的構句法系列中相互連結，其他的只是純粹、簡單地被重複，而那是透過口說的傳統或透過文字複寫的遊戲；某一些指涉具體的情境，其他的明顯地與先前的陳述相關，而這些陳述，便如此以一種走斜線的方式，也就是不需要被直接地重新說出，在論述的現況中取得位置。……在論述的層次本身，也存在一些約束限制：發言主體與他所說的之間關係的類型，當一個陳述和使它誕生的言語動作相分離之後，其可能的有效形式；重複、延伸、重新活躍（réactivation）的可能性；在不同時刻，由不同主體所表述的陳述集合之間的關連系統。我們看到，這些約束限制在陳述這方面界定了論述的內部法則、它的大範疇、存有模式及排列組合，而這符應著（就文化現象這方面）我們所稱為檔案的形式。於是，我們在處理的是一個具有兩個面向的現實：那便是檔案—論述（archive-discours）。」（本書頁二一六）

在《哲學論述》最末一章，傅柯談及今日的突變，這應是他為其當前狀態做出的診斷：過去在西方文化的檔案中，論述之所以受到保存，乃是因為預想到未來可以原樣被重新啟動，但到了現今，保存的原則喪失了，而檔案不斷地擴大。也就是說，那是個什麼都受到保存的狀態：

「我們的印象是，今天的檔案漸趨擴大，塞滿了許多過去不會在其中出現的元素，變得越來越缺乏選擇性，喪失了它的選擇原理。事實上，檔案此一擁擠狀態只是一個更加根本現象的另一面：它來自一個事實，即檔案不再是由言語動作的性質以及將其重複的計畫所指揮。所有的論述皆有權進入檔案，反之，檔案與其說是作為重構言語動作的場所，現在只是諸論述可並存的空間。」（本書頁二四一）

且容我在此自由發揮：這個不再受到原先的言語動作所制約的論述並存空間，看起來很接近數位時代的資料集（data set），而我們或許可藉傅柯由其中推得的後果，瞥見生成型人工智慧的創造性契機：

「檔案傾向於構成一個由中性論述所形成的網絡，由它可以誕生出一系列的言語動作，而它們的意圖、層次及形式彼此相當不同。當一個論述被收入檔案中，它便可以被彼此非常不同的、並且也和原始動作互相顯得陌生的言語動作重新活化（包括闡述、對隱含意義的尋求、語言學分析、主題的界定及分類、形象及修辭方式的目錄、以形式語言加以轉譯、為了進行統計處理而做的分段、在其旁側或重疊其上的論述）。如此，透過應該重新活化論述的言語動作的中性化，論述便不再被事先封閉、決定及過濾，

它發現自己現在處於一個未受界定的空間之中，而在其中，它永遠可以向多重方向增生及繁衍。」（本書頁二四二—二四三）

也許您會說這是和傅柯時代無關的玄想，但我想，數位時代正是這樣什麼都存檔、甚至自動存檔的時代，而它或許能將一九六〇年代的傅柯與我們當前狀態的診斷，拉近距離。

書系說明

傅柯於一九六九年被任命為法蘭西公學院思想系統史講座教授，在此之前，由一九五二年至一九六九年，他曾在下列這些學院及大學授課：高等師範學院（自一九五一年起）、里爾大學（一九五二年至一九五五年）、克萊蒙—費爾宏大學（一九六〇年至一九六六年），在以上這些大學他講授心理學，接著在突尼斯大學（一九六六年至一九六八年）及梵森實驗大學中心（一九六八年至一九六九年）講授哲學。一九六五年十月，他亦曾在巴西聖保羅大學講授課程，而其主題內容將是一九六六年出版的《詞與物》。

這段期間的授課內容手稿，傅柯本人只有保留其中數件。它們現在保存於法國國家圖書館傅柯檔案之中（編號為 NAF 28730）。在同一批檔案盒中，還保存了同一時期的數個文本，其中有一些完成度非常高。我們認為將它們收入「法蘭西公學院之前傅柯的課程及研究成果」書系中將是意義非凡的。

此一書系編輯遵循以下規則：

- 文本以保存於法國國家圖書館傅柯檔案中的手稿為建立基礎。其謄寫盡可能達到最大的忠實性；編輯團隊對這些謄寫稿進行集體閱讀。如某些字眼造成閱讀困難，將會以註腳加以說明。只有極少量的修正會被整合於文本中（明顯的錯誤、標點、文本的配置），其目標是促進閱讀與理解。這些修正都會被標示出來。
- 文本中的引述皆經過檢視確認，而其中的參照出處也會標示指明。伴隨文本的編者註釋，其目標在於解明模糊不清之處，以及精確說明關鍵要點。
- 為了便利閱讀，每一段課程或章節之前會附上簡要大綱，標示其中主題及關鍵轉折。
- 如同法蘭西公學院講座課程紀錄，每一卷後方附上「情境脈絡」解說，由該卷學術編輯負責撰寫：其目標在於提供讀者理解文本必要的脈絡元素，並使讀者能將它們和傅柯已出版的作品搭上關連。

此一計畫的編輯委員會成員為 Elisabetta Basso, Arianna Sforzini, Daniel Defert, Claude-Olivier Doron, François Ewald, Henri-Paul Fruchaud, Frédéric Gros, Bernard E. Harcourt, Orazio Irrera, Daniele Lorenzini, Philippe Sabot.

我們謹向法國國家圖書館致上謝意，蒙其允許，我們才得以調閱手稿進行編輯。

弗杭蘇瓦．艾瓦德（François Ewald）

致哀

丹尼爾・德斐（Daniel Defert）已於二〇二三年二月七日離世，無緣見到「法蘭西公學院之前傅柯的課程及研究成果」書系的完成；他對此書系一直給予關注和建議。編委會對他表示至誠的感謝及哀思。

文本建立規則

長期以來，《哲學論述》（*Le Discours philosophique*）被視為傅柯於一九六六年至一九六七年在突尼斯大學的講課內容。[i] 實情卻非如此：這裡涉及的毋寧是傅柯在寫完《詞與物》（*Les Mots et les Choses*）之後，緊接地著手寫作的一部論評（essai），（至少其中一大部分）非常有可能是在一九六六年夏天於文德孚爾・杜・波圖（Vendeuvre-du-Poitou）[ii] 寫成，因此是在他前往突尼西亞之前。此一假設得到他在《哲學論述》第二章所提及的日期（「今天，一九六六年七月二十七日」，參見下文本書頁三五）

i・參照德斐所建立的「年表」（Chronologie），收錄於傅柯《言論寫作集》（*Dits et Ecrits. 1954-1988*），卷1，《一九四五—一九七五》，由德斐與艾瓦德主編，拉格蘭吉（Jacques Lagrange）協助編輯，巴黎，伽利瑪（Gallimard）出版社，二〇〇一〔一九九四〕，頁十三—九〇，此處引文見頁三八。

ii・譯註：傅柯一九二六年出生於法國西南部的普瓦捷城（Poitiers），其家族在此城附近的小市鎮文德孚爾・杜・波圖擁有住所。成長之後，傅柯經常回到此處小住；他於一九八四年過世後，亦埋葬於此。

所確認，並且有一封他在一九六六年七月所寫的書信支持這點（「嘗試去說出在今日哲學論述可能是什麼」[iii]），而在他可追溯至一九六六年夏天的「知識日記」（《Journal intellectual》）中，也有一系列的註記可支持此一假設。此一論評由二〇九張正反面的親筆手稿所呈現，並由傅柯標上頁碼至第二〇一張手稿。此份手稿目前保存於法國國家圖書館檔案室（法國國家圖書館，傅柯檔案，編號 NAF28730，第五十八盒）。手稿的完成度很高，編輯過程並未遭遇特別困難。

我們認為將傅柯的「知識日記」摘錄，並列入本書附錄之中是重要的，它們書寫於一九六六年七月中至一九六六年十月中，正是《哲學論述》的寫作時期。這些筆記觸及傅柯在手稿中更深入細節分析的主題，載於編號四及編號六筆記本之背面（法國國家圖書館，傅柯檔案，編號 NAF28730，第九十一盒）。

這些文本是以盡可能符合原文的方式建立的。我們以最大程度尊重傅柯原本所採用的頁面編排、完稿及編碼。唯有當我們覺得必要之時，才會加上缺漏的字眼或是改正有誤的文句建構，而這些狀況都會在文稿內部以括弧來表示，並以一腳註說明。當傅柯自己在文稿中進行變動或刪除某一段落時，而且當我們認為這狀況有其意義時，我們便以腳註加以說明。

iii．同上，頁三七。

CHAPTER one

第一章 診斷

- 哲學作為一種診斷作為
- 詮釋與治療
- 哲學家必須說出現有的狀況

Le diagnostic

自從一段時間以來——始自尼采？或是更晚近開始？——哲學接收了一項它之前毫不熟悉的分 1
工：診斷[i]的任務[1]。這是以一些可感的記號，辨識出發生了什麼事。在那些我們習焉而不察的嘈
雜聲中，偵測出正在猛烈爆發的事件。在我們每日視而不見的事物中，說出那些其實已是明顯可見
的事物。在此一我們所處的晦暗時刻中，突然放出光明。為片刻作出預言。

然而，這是一項如此新穎的功能嗎？當它宣稱自己是一種診斷的作為，承諾進行一個如此經驗
性的、摸索性的、歪斜的及斜向的任務，哲學看來像是偏離了它過去的康莊大道，而那曾涉及為知
識建立基礎、或作為知識的終結、將存有或是人陳述出來。事實上，我們當然也可以說——甚至正 2
因我們現在有這些向起源回捲的愛好，更加可以如此說——當哲學成為一種診斷論述，乃是找回
它和一些已存在千古的技藝間的親緣關係，那些技藝教導我們辨別記號、詮釋它們、揭露隱藏其
中的惡痛[ii]、令人無法忍受的祕密，並且命名在含混的話語中心如此眾多的莊嚴沉默事物。自從深
遠的古希臘時期，哲學家從來不會拒絕宣稱自己有點像預言者：在他身上總是有著醫生與闡釋者
（exégète）的氣質。赫拉克利特（Héraclite）及阿那克西曼德（Anaximandre）教導他聆聽神之話語[iii]、解讀
身體的祕密。如此，超過兩千年以來，哲學家們閱讀著記號。

當我們說，今日哲學的任務是診斷時，除了將它調整回其最古老的命運之外，我們仍想說些其
他的事嗎？「診斷」（diagnostic）這個字詞——其理念含有具穿越力和區別力的認知——到底意味著 3
什麼，如果那不是指某種看入深處的目光、一種更細緻的聆聽、更具警覺性的感官，它們超越可感
的、可聽的、可見的，最後使得文本下方的意義、身體之中的惡痛，可以湧現於完全的光明之中？

自從希臘哲學的起始階段，哲學的存在理由不就是：詮釋與治療[2]？在一段論述中，使得意義的陳述及惡痛的排除得以湧現，而這兩者在此一論述中也是相互關連的。貫穿於整個西方文化中，以隱晦或明顯的方式，惡痛與意義不停地相互支持、相互增強、相互倚靠，以如此的方式描繪出一個形象，而那曾是我們的哲學所在之處，也是要一再重做哲學的動機。那是因為遺忘、晦暗、墮落、物質中的惡痛鋪開了它的遮蓋，意義喪失了它原先曾在其中閃耀的啟迪；它後撤於暗影之中，於是需要耐心地透過那仍在幸運地展示它的記號來觀察它。不過，反過來說，倘若我們熱中於尋回意義，那是因為我們執拗地想要使它說出我們的惡痛及遺忘從何而來，以及如何永遠地縮短我們和意義所提供的完整飽滿之間的間距（它只是片刻地被跨越）。在所有供給予我們的形式之下，如果完全不存有意義此一沉默的壓力，我們是否能意識到，我們其實是隸屬於惡痛的朝代？如果沒有惡痛，當意義完整地展開後，它將不再是一個意義，而是存有本身的臨在；然而，一旦沒有隱於地底、但仍主動活躍的意義，惡痛將會休眠，並在我們存有的曚曨入睡的恬靜中消失無蹤。

這便是西方過去曾經給予哲學的活動空間。在任何形上學形成之前，哲學在此與神結上了關

4

i．在整份手稿中，以斜體表示（編按：中文版採粗體呈現）的字眼或字詞集合乃是由傅柯本人在手稿原文中所作的標示。

ii．譯註：法文 mal 同時有「邪惡」及「病痛」這兩層意義，而傅柯長久以來同時使用此字的兩層意義。

iii．譯註：赫拉克利特（前五四〇—前四八〇）為古希臘哲學家，以弗所學派創始人，行文喜好使用比喻及形象。阿那克西曼德（約前六一〇—前五四六），米利都人，古希臘哲學家。

係；在任何觀念論（idéalisme）形成之前，它與善結上關係。也正是在此，哲學家賦予自己雙重的角色，即作為終極的詮釋者和靈魂的治療者。我們將不會預設，在透過笛卡兒而成為對於真實所作的真實論述後，哲學便會切斷它和闡釋及療癒間古老的親緣關係；因為存有一個真實，但它在理念上是不論感知或知識都無法保障它不產生錯誤、並確保全然的確實性，這樣的理念強烈地預設了真實 5 有一個不可見、但卻是首要的秩序，它有必要被恢復，才能驅散幻覺的危害，並以應有的方式來引導知性。我們也不會預設，自從黑格爾以來，現代哲學已由意義與惡痛之間如此難以克服的互動（jeu）中得到解放：任何想要使我們回返至我們自身之真實的言語（parole），使我們由遺忘中甦醒，使我們認知之根本動作重新活躍、重新找回存在的源起土壤或本真性，由存有的遮蔽開始恢復整個西方的命運[3]——所有具有這類目標的言語，仍然期望著詮釋與治療。在西方文化中，我們非常難以解脫自數千年以來即受規範之事物，而那是從米利都（Milet）、克羅頓（Crotone）及克歐斯（Chios）[4]開始的。對我們來說，做哲學避無可避地必須發生在神與疾病之間；在我們所理解的和所捱受的之間；在言語和身體之間。我們同時在它們極度的相互鄰接和使它們無論如何保持分離的間距之間做哲學。在此一特別重要的地帶中，誕生了哲學家的奇特論述，也正是在此處，占據其中 6 的形式浮現、閃耀及消逝：死亡、靈魂、真實、善、意義的墳墓及光明、人的自由存在。要使西方哲學以如它曾經所是的方式存在，便需要此一身體與言語之間的感染，此一身體中可見的和隱藏的惡痛與言語之隱藏的及彰顯的意義之間纏絞（enchevêtrement）。如果說，在大部分的文化中，醫生和教士彼此距離並不遙遠，但在大部分的時間內，他們之間的相鄰也不足以使哲學家這第三位人物出現；因為一般的相鄰性並不足以產生這樣的結果；有必要的是，教士是那位聽取它異言語者（une autre parole），而醫生是那位測度身體內在者（l'intérieur du corps）。只有在此雙重條件下，西方才開啟了深度的巨大寓意（grande *allégorie de la profondeur*），而我們習慣在其中辨識出我們稱之為哲學的事物。[5]

如果現今哲學承認它具有作為一種診斷論述（un discours diagnostique）的任務，那它無疑也只是承認它一直所是者。然而這並不是它和其歷史之間純粹與簡單的同義反覆，也不是一種退縮，終究回 7
歸其重新發現的起源。今日哲學的弔詭，便是當它致力於診斷時，它卻逃脫——開始逃脫——意義與惡痛相互交纏的形象。設立在它面前的奇特任務是，建立一種診斷，但它既不是詮釋，也沒有以療癒作為目的。無疑地，這是為何，〔事實上〕許多年來，人們宣布哲學已然終結，不再有角色可以扮演，沒有發現任何新的意涵，也沒有平息任何惡痛。的確如此——但這正是為何它突然回復青春，因為那是第一次它有了一個謎樣的診斷任務，但不需要聆聽一個更深沉的聲音，也不用驅除一個不可見的惡痛。彷彿它不再由其誕生時的神明們（divinités）垂聽俯臨，現在是以和它們平等的方式出現，無需意義的詭計花招、惡痛的陰影，說出它想說的。

哲學家現在應該知道他是「文化的醫生[6]」。但他並未接收到治療的任務；改善狀況、平息喊 8
叫、造成和解，都不是他的事；他並不把紛爭所擾亂的重新協調。沒有藥方的醫生，沒有治療的任務，他是否有能力說出哪裡有痛苦、將手指放在不可復原的傷口上、揭示疾病並以它真實的名字來命名它？甚至它能否確定有些事情「有問題」？那麼，至少它要說出被隱藏的事物吧；如果它不能發現惡痛以治癒它，至少它要能陳述那脫離我們掌握的祕密，而這是我們尚未懷疑其存在便穿越我

們的；如果不能帶來平息，那麼它要能反過來喚醒我們，並使我們恢復記憶，而那也許是我們一直
遺忘的。很有可能，存在的謎題並不多於疾病；很有可能，並沒有更根本[iv]的言語，靜靜地穿行於
我們的論述之間；而在世界的表面，並不存在任何像是記號一般的事物。定義今日哲學任務的診
斷，其中的謹慎本身，即排除人們在一開始便預設存有一個意義，或是我們將現實一分為二，並使 9
得在它下方或是在它的透明中，有個隱藏的厚度。如果我們將〔它〕和闡釋家及療癒者〔工作〕相
比較，後者是它的祖先及教父，哲學的勞動現今顯得輕盈及隱約——安靜地無用：哲學家應該要能
簡單地說出現在有什麼（ce qu'il y a）。那不是存有（l'être），也不是事物本身，因為那樣便需要揭去遮
蔽，回返到一個既是臨在又是後撤的初始，透穿因熟悉造成的磨蝕，以反向的方式穿越遺忘的所有
累積，重新尋回真正的天真。但那是現下發生之事，就在說話的那個時刻本身，沒有後撤也沒有距
離。[7]如果哲學家最後能以其詞語之網，帶回什麼是「今天」，並使它在此網中閃耀片刻，那麼他
便盡了他的義務。他只是今日及此刻之人：過客（passager），比任何人更接近過渡（passage）。

便是此一奇特的論述，表面上看來不具正當性，因為它沒有任何「其他」要說的，也不照亮什 10
麼，因為它停留於原地，並且不做任何許諾，便是此一奇特而又微不足道的論述，將哲學建構為這
樣的一種診斷，而今天，它必須承認那便是它自己。這是它必須承認的、屬於它的今天。

iv．刪除：「祕密的」。

CHAPTER

two

第二章 現在

・哲學論述與其「今日」
・日常話語中的「現在」，或者「我一這裡一目前」三項組
・科學與文學論述不受此一現在拘束

Maintenant

仍需知道的是，對於哲學家而言，他需要與之打交道的這個今日（aujourd'hui）可能是什麼。他必 11
須與之打交道的方式具有重要的決定性，因為這影響到他的定義和存在理由。

這問題有許多答案：和哲學家同時代的知識、體制、實踐、生存條件整體；在文化形式中，包括現存的或過去的、新的或已經陳舊的，無論如何足夠生動活躍，足以為其論述提供活力；一般的前景，有時相當隱而不顯或相當遙遠，它組構了哲學家個人獨特的經驗，而其背景是屬於同一地域或同一曆法的所有經驗；足以支配其語言、社會、認知、慾望的，實際上運作的系統格架，它們足以在他思維之前便決定其思想。所有這些，還有許多其他事物，界定了哲學家論述封閉於其中的共
時系統（synchronie）；當歷史學家、經濟學家、社會學家、民族學家談論哲學時，是以它只是某一 12
文化[1]中和其他一樣地位的構成方式來對待它時，當他們想要分析哲學論述時，就必須處理這些答案。但在此，應該要向哲學論述提問的是，它要說什麼，以及說出它的方式；我們想要做的，乃是想要發現，它如何能夠依其自身指出它所身處的今日，並且是以何種系統，走出它自己的內在鋪展，指向它言說時所處的「現在」（maintenant）；而透過這些，又能指明何種當前狀態（actualité）。我們尋求發現的，比較不是哲學論述的「當代」（contemporain）（那屬於同一客觀時間表，和它是「共時」〔synchrone〕），而毋寧是它的「同時」（isochrone），並且是透過它，呈現為它在其中展布的「時刻」（moment）本身。

為了達成這些，必須將哲學論述和其他論述形式相比較。在日常語言的陳述（énoncé）中，存有 13
一整套的符號遊戲，可以指涉說出話語[1]的明確時刻。不過，「時刻」在此應採取其寬廣的意義：

不只是時間上的時刻，而且（也）包括所處的空間地域及正在說話的主體。然而，所有這些符號，文法學家長期以來便知道它們有一特殊性質；語言系統將它們提供給發言者使用，但其方式是它們的意義永遠不會是受此單一系統界定及封閉的。任何陳述只以它本身而言（當然，除了當它是屬於一套後設語言時），是無法填滿像「今日」、「明日」、「這裡」這些副詞的意涵，而「我」、「你」這些代名詞，或是前二個人稱動詞的現在直陳式，也是同樣的情況。[2]只有言語的動作可以實現這些字詞或形式的意義；而且只有此一動作外於語言的側面（versant extralinguistique）才有此能力——那便 14
是一位有血有肉的個人，真正地發出這些話語，或是在任何一種表面上，留置書寫的符號，而這是在特定的時刻及地方。[3]此一沉默的「現在」，它未受組構、立即可感，同時是透過語言提供（因為它不斷地受到非常精確的詞語或字形學元素所標記），但也對此語言本身保持後撤（因為它包裹著這語言，只在它旁側顯出輪廓，總是逃脫全整無遺的詞語化），正是它作為日常話語使用無可或缺的支柱；此一目前、此處、主體被語言標示為其最接近的外部，圍繞著它們，以相續的差異布置著所有過去和未來的時間，所有空間中的遠近，所有其他的主體，不論他們在場與否。有賴於此一組織，語言體系在日常生活中才能轉化為實際有效的話語。非語言的三項組，在語言中由開放性標記「我—這裡—目 15

i・譯註：在法語中 discours 一般指大於句子的陳述單位，相當於中文的「論述」或「話語」，在本書中其使用大多時候傾向於「論述」，但在和日常語言較有關的脈絡中，則大多傾向於「話語」之意。

前」（je-ici-à présent）所構成，在話語的核心裡，形成某種盲點，而話語乃是由它出發才發現自身的當前性以及獲得其明白無疑的意涵。當某個人真正「說出」（tenu）它時，此三項組使話語得以「站好」（tenir）。為了簡化，我們以一個字詞來指稱這個三項組，這便是那受到多重決定的、話語中的「現在」。

如果所有這些在我們日常所使用的話語中是真實的，在其中有其具體情境的主體交換著語句，包括評定、訊息、敘事、命令等類型。相反地，至少存有兩種論述，它們和這樣的現在並沒有關係。首先是科學論述。如果我們把作者述說其個人發現的個人敘事置於一旁，一份科學文本從不會使用一組「我—這裡—目前」來指涉一個保持沉默的語言之外的脈絡：事實上，構成科學論述整體的陳 [16] 述們，其元素是在論述內部受到定義的，或者應該是可受定義的；而且即使其中總是包含對於已受感知、認知或理解者明顯的指涉，這些指涉仍維持著沉默，因為它們對所有人同樣地都可受辨識、具有效力。在科學論述中保持沉默的，遠不是那將某一發言者釘上特定地域和時刻的「現在」，相反地，那乃是使它可以不受限地流傳，並且使它可為任何一位發言主體，在任何天空之下重拾，卻仍有同樣的真實價值者。[4] 描述性的科學本身，或是某一科學的描述性部分並不構成例外：天文現象的記載、動植物的採集紀錄、醫學的觀察報告，的確含帶著指涉特定時刻、限定空間及某一主體 [17] 獨特的在場，但所有這些參照座標的特別之處是它們並不構成論述中的沉默現在，反而是由論述自身全整地界定；其中的目前是被固定下來，其時序參照是在曆法表中取得的；當中的「這裡」受到地理學格架所標示；而「我」則被中立化及客觀化，而其方式是透過一套經驗條件的規範程序。在

一描述性科學中，「我」、「這裡」、「目前」並不對一外於語言的現在構成的盲點保持開放，它
們被論述內部的元素填滿，也就是說，它們再被導入論述自身當中，並且因為如此，被閃躲開來。
當然，當涉及將一知識形式化（formaliser）時，或是在界定某一認知的客觀條件時，很有可能顯示出
分析性論述和描述性論述無法相互同化。但此一不可化約性的出現，有其與日常陳述存有差異的背
景，而在其中，描述性科學和演繹性科學之間也同樣地對立。當我們在日常語言中（在此一關係下， 18
司法行為也屬於其中）說：「今天，一九六六年七月二十七日」，此一日期之提出，乃是表明一個後
設語言層次，它允許一步到位地在此文本中固定各詞語和文法符號使用時的現在式參照。相對地，
如果一位醫生或歷史學家說：「一九六六年七月二十七日」，此一標示乃是其論述的一部分；而且
即使[ii]他突發奇想，標明這便是那特定的一天，在「今天」他書寫，那是他將自身的醫師論述或史
學家論述當作對象；他所提到的並不是哪一天他曾看到，而是哪一天他陳述他曾看到。此一「今日」
的確指涉了日常話語中的「現在」：但這時它相對於其科學描述，乃是處於後設語言的位置。科學
論述消除，或是吸收它的「現在」。

文學論述，或者毋寧說「虛構敘述」性質的論述，也不受此一現在拘束。如同科學論述，它並 19
不緊縛於一言說主體的行動之上，而唯有他才能完滿其意義。單就以下的事實，即它之所以被寫

ii・刪除：「即使他指出這一天他觀察到某一事物」。

下，乃是要在白紙上形成的括弧內為人閱讀，或者為了受到不限定的講述者重複傳述而流傳下來，而那是在節慶、典禮或展演呈現永不閉合的迴圈之中——單以此事實就足以證明，它並非終極地被嵌寫入它所看見及使它發生的情境之中。它的意涵可以重新實現，如果那並非絕對地透過任何人，至少也是透過未受決定的主體，並且就它形成的時空而言，乃是不在場的。然而，此一獨立性和科學論述的獨立性並不是同一種類型。在第三人稱的敘事中——表面上是最客觀的形式，最具「歷史性格」的文學，並沒有一個言說主體為人稱代名詞所指稱，並且以他的論述地域及時刻來安排所有 20 的時間與空間；然而其中存在的是一道白色無名的聲音，它願意身處於一個處所來描寫它、身處於一個時刻來敘說它，進入人物的內褶之中，以陳說他的所思所感。這樣一個沒有形象的聲音，並非像神的話語一樣有至高的地位，也不像科學論述一樣地中立；它很能改變地域及遍歷時間，戴上面具、進入人物：它並沒有像缺少現在的論述那樣的普遍性。我們寧願說它有某種複多的現在，但那是它自己使之在其論述內部出現的，如同一些類客觀的承載體，而它就像影子一樣前來棲息其中，並作出發言。在科學論述中，現在是被論述自身解除了武裝，在文學作品中，它甚至總是被加強（exalté）[iii]，並被論述置於前景。但就在此處顯現出它和日常語言之間的差異：後者受一個使它成為可能的沉默現在所支持，相對地，文學——這正是為何它是虛構——則自己孕育出其論述中的現 21 在，並使它在字詞中閃閃發光。

人們或許會說，在以第一人稱寫作的作品中，導入「我」將使文本與說和寫的動作本身相聯繫，並使得文學在其中所得到的豐盈的虛構產生限縮，而且不可避免地回到真實的、外於語言的、書寫及說話的主體。由書信體小說到以「我」說出的敘事，並由此到自傳、懺悔錄、個人私密日記，最後乃至筆記與知心話，我們不是（只）有一個無可中斷的漫長家族，因為它以持續的漸變將最為虛構的文本和最為日常的話語連結在一起？如果問題實際上是文本中的「我」與真實的作者之間或多或少的相似性，很明顯地，文學的門檻永遠不可能獲得指定：只有印象和品味的標準最終才能允許它得到確認。事實上，這個分割是由論述的存有模式開始的：一部作品並非由人物或人稱代名詞和作者本人的關係點出其特徵，而是論述是否能只以其本身即填滿「我」、「這裡」、「目前」的意義，而它們是以外顯或非外顯的方式，出現在文本之中。任何論述只以其本身即構成其自身的現在之時，它便屬於文學。於是，當它最接近發言主體及寫作行動時，作品可將傳統小說中展開的想像成分化約為接近於無：它這麼做只是更加強論述由此化為虛構的奇異門檻。於是，如果一個分析不將一部作品的作者之名當作純粹簡單的名字，將有機會談論任何事物——除了文學以外。[5]

22

■

iii．刪除：「加強：甚至就是它構成了論述」。

CHAPTER

three

第三章

哲學論述與科學論述

- 哲學論述和其現在之間的獨特關係
- 哲學論述的正當化
- 哲學論述相對於「我—這裡—目前」三項組的曖昧位置
- 由笛卡兒以降的兩種哲學形式：揭露與展現
- 主體問題
- 我思（*cogito*）的角色
- 哲學論述與科學論述之間的差異

Discours philosophique et discours scientifique

23 哲學論述無法被同化於一個文學作品，或是一系列科學系統性的陳述中。這並非因為它無法採
取其中一者或另一者風格，或向它們借用其字彙、模仿其形式或其中各部分的連貫。但是一個哲學
文本，不論它是什麼，都和發言主體、哲學家的這裡和目前之間保持著一個如此獨特的關係，這使
它和其他類型的論述之間，有著無可化約的相互對立。事實上，即使一個哲學的外表可以是完全演
繹的性質，並以一組定義和預設為出發，它仍與幾何學的論著不同，它永遠不會沒有外顯地指涉其
論述中的現在、在這裡的「我」，而那便是指向在此哲學中思考的哲學家。必須立即說明的詳情是，
此一指涉並不必然連結於文本中出現文法第一人稱單數的使用；而它也完全不是導向真實的個人，
24 或由那位在做哲學的人所構成的歷史或心理學「主體」；這是因為，很少有使用第一人稱的哲學論
述，更少見的則是在論述中出現作為真實人物的哲學家；於是，除了在所有可能的哲學理性的極限
之處，少有任何人膽敢說：「為何我是如此地聰明？」[1] 事實上，哲學論述對於它的現在不可避免
的指涉，其所關連的，並不是發言者的臉孔或內心，而是它於論述宇宙中的純粹顯露端點（le point
pur de son émergence）。哲學真實——不論它處理的是世界、神、自然、存有、哲學本身——不會存在，
如果它不說明，是在什麼樣的條件下，並且是透過何種方式，它開放而成為表述它的哲學家可以進
25 入者。論述中的現在，即「我—這裡—目前」三項組，必須出現於論述中，以合法的方式奠基下來，
並如此地由將它轉化為真實性論述的真實來得到正當化（justifier）。

當然，一個科學論述也應該被正當化：它必須界定其對象領域、建立其推理的理論（不論那是否為演繹性的），並且在必要時，建立其實驗的方法論。但這些正當化從來只和論述的形式有關（它

的形態、邏輯一致性），以及它和實在或可能對象場域間的關係。對於哲學論述而言，其處理的問題——在它的形式與它和其對象間的關係之外——則是它自身存在的可能性本身：存在於某個人持有此一論述，並且是在特定時刻及特定地點持有它，這個赤裸的事實。因而，必須細心地區分兩種類型的正當化[i]：一種是科學論述的類型，它只處理其型態學、構句法、語意學，另一種是哲學論述的正當化，它也可以處理這些特徵，但它無論如何，更必須有關於此一正在發言的哲家存在之可 26
能性。第一種類型的正當化並不屬於科學哲學，而是後設語言。第二種則無論如何不能同化於一後設語言；它特別屬於哲學。從此以後，我們可以定位兩種混淆，它們自十七世紀以來，一直不停地糾纏著西方[ii]哲學：其一在於相信科學論述的正當化必然會導致質疑此一論述的「現在」，也就是說，認識的主體；另一則是預設著哲學論述的正當化，以及它對於發言主體的必然指涉，可以用和科學陳述的正當化同樣的形式進行。這兩種相互倚靠的混淆，足以解釋由笛卡兒至康德、由康德至胡塞爾，同一個計畫一再被重新拾起：求助於認知主體以使科學正當化，而它最後會給予哲學一個如同科學論述同樣地得到正當化的形式。如此一來，正當化精確及清楚的任務便迷失於對基礎 27
（fondamental）堅持不懈的追尋。

i．在後面接續的段落裡，傅柯交替地使用「正當化」及「奠基」，直到最後劃掉第二個詞語，只保留第一個。

ii．刪除：「現代」。

於是，哲學論述的獨特性要求表述它的某人的存在（existence）具有其正當性。這位「某人」可以是任何人，因為哲學論述的真實性價值，並不來自某一個[iii]稍縱即逝的經驗；因而必須解釋，本質上是隱藏的，或至少是深度地後撤的哲學真實（因為它並不能由一個立即的經驗獲得），是如何地來到光明之中，進而活化了一位哲學家的論述。然而，此一某人雖無特定面孔，而他的個體性雖然可以互換，我們卻必須說[iv]，在由開天闢地直到世界終結的所有陳說主體中，他並非偶然地被哲學邏各斯（*logos*）突然的湧現所捕捉：哲學論述的現在乃是由其自身的真實所決定的。哲學論述的自我 28 正當化預設著兩個分析，它們彼此之間的方向不同：其一關於達致真理，雖然那是不容易的卻是可能的、開放的卻又是隱藏的；另一個則關於必要性，它突然揭示出祕密的開放，並顯示至今皆受到拒絕的可能性。實際上，這兩個分析不可能（是）[v]相互獨立的；但在它們之間，卻可以有兩種不同的安排方式。

其中的一種狀況是，首先受界定的，乃是達致真理的一般可能性，接著是在前者之中，此一達到有可能受到拒絕，最後，就此一拒絕本身而言，有受到解除的可能性，於是真實便得以恢復，回到它源初的權利，並以其源初的簡樸展開。但這三個可能性並不是相同的類屬；第一個乃是真實的本質，它至高無上且是必要的透明；（第二個）則介於必要性和事件之間，它是必不可少的意外事 29 件，將它由眾人眼前奪走（這是遺忘、墮落、受囚於身體中、命定的迂迴）；最後，第三個則是一純粹的事件，但有許多記號宣示著它無可避免的到來：對於那些更曉得如何觀看及使用其天生的才智、那些聽覺更為敏銳或是有足夠耐心長時間聆聽的人，它允許重拾已喪失的真理進路，使自己重置其中，並受到此一遙遠的光明攫取，或是受到其閃電穿越——無論如何，便是在此地及此時，使自己成為此一終究被揭露的論述的發言主體。哲學以此種方式保留給它自身論述的現在，這個部分同時是既薄弱而又具決定性；它是薄弱的，因為哲學首要的可能性乃是由真實所給予，而那以此真實為背景湧現的實在論述就像是個意外；而它又是具決定性的，因為此一論述如要存在便需額外的注意力、更銳利的目光、更耐心的聆聽，而這只能來自主體的良好意願。在論述的外緣，而且總被它推 30
向非根本必要之境地，發言主體的「我—這裡—目前」，透過一個獨一無二的決定，解放了真實受到照明的空間。

然而，在論述的真實和它的現在之間，我們還可以有另一種類型的關係。這裡首先被定義的，乃是發言的那位哲學家的這裡及目前。在他的論述的存在本身之中，存有一個不可化約的事實：必須等到這一天、必須是在空間中的此一區域裡，真理才會前來顯現於論述之中。此一等待及延遲，此一真理在其中保持退隱的後撤，並不構成那不可避免的意外事件，而這事件暫時地將它遮蔽，並使它不能為人掌握；相反地，它們乃是根本的陰影，由它出發，真理才會顯現。直到此時，沒有任何發言主體有能力持有真實論述，此一事實乃是歸屬於真實本身，以及它依憑而來的運動，並且透 31

▌

iii．刪除：「一個個體性」。

iv．刪除：「他並不是偶然被選擇。或者毋寧說需要有一個必要性」。

v．推測應為此字：原稿文詞不足。

過此一運動，它才必然地直達表述它的哲學家。哲學論述的現在，並不是在真實的邊緣擁有一個脆
弱的居所，而是構成真實在其中能夠達致論述的唯一地方、唯一時刻、唯一形式。哲學家遠非那位
比其他人更知道如何避免錯誤而突然地發現真實者，他乃是真實在一陰暗、但無錯誤的緩步前行
（cheminement）之後，以至尊無上的方式在他之中顯露（affleurer）者。由此而來的是，論述相對於其
自身的現在的曖昧位置：在某種意義下，那將哲學家標定為發言主體的「我—這裡—目前」三項組，
乃是完全在論述之內受到重拾，並將它界定為它自身的必要性；但反過來，論述的全體，以及其哲
學真實，乃是居住於此一現在所打開的開口之中，因為在應然面，它是其顯現的唯一可能地方。具
有其這裡和其目前的發言主體，並未在哲學論述的全能與終究真實中遭到銷溶或不可回復的抹除。
在論述的外部界線上，它總是持續作為一個展現真實的純粹力量。而這股力量，雖然它不再以作為
注意力的類屬而隸屬於哲學家，後來卻是以「宿命之愛」[2]的形象回歸，而成為特屬於他——這時 32
人們不再能將其剝奪。

於是，根據論述與其現在之間相互的位置，我們可以得到兩種哲學形式，而它們自從笛卡兒[3]
之後，便各自占據著西方思想。第一種，其特點可被描繪為一種揭開遮蔽（dévoilement）的哲學：它
預設著真理的源初的開放（不論那是神無限的悟性及意志、可理解的外延、神與自然的同一、印象無中介的不
證自明）[4]，無法避開的、遮蔽真理的陰暗（墮落、原罪、身體、有限性、需求），錯誤的普遍可能（悟 33
性的局限、感情的活躍、想像、語言的抽象），最後則是一個受到哲學家的自由所解放的，但又同時完
全受真實的法則所拘束的論述，它的奠基[vi]和展開。第二種類型論述的特點，可以被描述為展現

（manifestation）的哲學：〔後者〕所預設的，不再是一個源初開放，而是真實和它自身原始的不一致（自身之內的不協調、因為延遲而使它和其首度出現無法成為完全的相同時代、由於不成熟而使它獻身於時間，並使得時間成為其實質本身）；不再是遺忘，而是真實的形成（這將它種種相續而來的形式轉化成一個個錯誤，但這錯誤同時是有奠基的、必要的、有孕育力的，而它又將其每一個錯誤轉化為受限的、局部的或象徵性的形象，而這是它在其實際展開中的應然）；不再是自由發現，而是哲學家對它自身宿命的肯認，而那便是哲學 34
本身的展現。[5]〔然而，〕這兩種類型的哲學，都不能在其特有的論述之中，消除對於一現在的指涉，而且後者永遠不能被化約為真實的純粹形式。

此一不可壓抑的現在，出現於哲學論述內部，其類屬乃是一種主體性，而它同時是既含蓄又至高無上的、不可見的但又堅持的——一個持續消失又重新形成的主體性。自從笛卡兒以後，便是它，會在所有的西方哲學家論述中爆亮出現（取 éclate 此字眼的雙重意義，即同時閃亮發光但又自我裂解）。這主體性在一真實的光芒閃耀中爆發，而這真實乃是由它（而且只由它）揭開的：它在它所肯定的不證自明中顯露並堅定安頓，而這允許它能將真實的內容結合於一確定性的純粹形式；然而，逐漸地，具有它自己特有的注意力和才智的論述，被另一個論述所取代，而那是真實本身、理性，或是自然的無名字、無形象及無年代之論述；一個似乎不再有「現在」的聲音，因為它懸垂於所有時間、地 35

vi・刪除：「最後重見天日」。

方及主體之上，並且疊加於哲學家的話語之上，像是在他耳旁細語他將要說出事物的核心要點。但它也爆亮於真理展現其自身的動勢之中，雖然那是以另一種方式：此一論述，以其自身的律則，正當化了這裡、目前及主體，而這論述正是透過它們而顯現，在它的核心，仍可聽到哲學家的聲音，並且，此哲學家肯認其宿命的程度，甚至到迷戀於它的程度；然而此一聲音，只是被一丁點地聽聞，便被剝奪了自身；它不就是剛才那完成其許諾的時間的聲音嗎？它不就是那真實的聲音，這真實在此一時間中（但那是在此一時間的所有時刻中）、此一世界中（但那是在此一世界的所有端點中），正在轉化為一個具普世性的論述？最後，此一哲學在一個集體及複數的「我們」的聲音之中，找到了它的奠基——而此一「我們」（乃是）vii其時代及其中展現的真實無法分解的主體。 36

我們理解，自從笛卡兒以來，主體問題為何在整個西方的哲學中扮演如此決定性的角色。我們不應錯認：以如此的堅持提問主體，人們所尋求的，並不太是勾勒出內在性這謎題的輪廓、分析意識、了解何謂思考、或是界定「我」可能是什麼，彷彿這涉及了重大的哲學問題。無論如何，那並不是主體理論的首要功能：它們只是在哲學主題和對象這層面明顯可見的結果。事實上，如果這些對象現在對我們變得如此熟悉，以至於它們看來像是所有可能的哲學地平線上必定要包含的部分，不應忘記的是，它們無疑大約是在三百年間出現的；但更重要的是（這解釋了前者）它們出現於思考對象領域中，只因為哲學論述的形式本身。實際上，正因為此一論述無法完全迴避它的「現在」三項組，並讓它們執拗地在其外緣重新出現，主體理論便有了一項非常明確的功能有待施行。它應能 37
阻止此一「現在」的無可化約性剝去論述作為真實及普世真理的價值；它必須是如此，才能授權論述原封不動地流傳，像是一個匿名的論述，並允許它即使在其初始的表述中有其無法抹除的現在，依舊能在任何天空下，由任何人將它說出。

於是，諸種主體理論並不是哲學論述的一個恆久問題的（諸種）回答（除了在表面上是如此）；
它所達成的，是一個因其存有方式而被要求的功能[6]。當此一功能輪到人們檢視時，事實上，涵蓋
著三個清楚不同的角色，雖然這三者相互接續，而且又彼此支持。為了使「我—這裡—目前」的不
可化約性不能質疑哲學論述的價值，現在必須不能只是論述的支撐物、它明白可見的界線、此一在
它之內發話但不被述說的邊界性質作用元：它應該要在論述內部以自我意識（conscience de soi）的形
式得到重拾。此自我意識最終可以其獨特的內容照明發言主體、它發話的時刻及地方；以它本身而 38
言，它只是一個純粹的形式，其無上地位可以同樣的方式作用在任何其他內容。自我意識因而允許
以作為同時在論述內部（因為這是主體由其自身發出的陳述），也在論述外部（因為論述是在此自我意識元
素中才得以展布）的元素，取代論述的現在，即它受限定的定錨處（ancrage）。[viii]

由主體這第一個角色出發，便可輕易地演繹出它另外兩個角色。鬆開「現在」的羈絆，轉化為 39

vii・括號中的文字為原稿刪去；我們將它恢復，因為這段文字對句子的理解是必要的。

viii・刪除：「如此自我回撤並且轉化為一能夠意識自我之純粹主體，論述的現在可以找到達致真實的途徑（這是主體的第二個角色）：實際上，真實總是在主體的形式之中使自身得到照明；或者首先是以種種奠基的自明性為形式（當哲學論述揭露真實之時），或者在最後是以種種終極的認可為形式」。

自我意識，透過一個終於具有自主性的論述，主體獲得了達致真實的進路：後者以具奠基力量的自明性此一形式，或是以自我對於自身最終肯認的形態，向它開放。最後，此一提供達致真實過道的主體也因而以一普遍性主體顯現其自身：透過現在的獨特性發生作用的，乃是各個匿名的、處處相同的形式。因此，無需訝異於一個無法和其陳述之「現在」分離的論述，卻可以是普遍有效的；這是因為發言的主體是一個以其完整權利解脫於地方與時間的主體；那是悟性本身、理性、超驗主體，或者那便是此一其實是「我們」的「我」。主體相對於論述的功能迴圈至此完成其循環：只有 40
一個具自我意識並且普遍的主體，才能保障像西方哲學那樣一種論述的有效性。

在這種情況下，便不需訝異於〔西方哲學〕的命運是和「我思」（cogito）的命運相連，而只要是會危害到「我思」（Je pense）之至上地位者，它都會感受為自身的危險；對它而言，所有脫離我思掌握者，只能是幻覺或天真的客觀性。[7]「『我思』應該要能陪伴我所有的再現」[8]，這句話無疑是自笛卡兒以來，哲學針對自身所說的最一般、最具根本重要性的一句話。這是因為「我思」同時是論述對自身的重新把握、對真實具必然性（apodictique）的掌握，也是主體性的普遍形式。但必須相信的是，「我思」主題和我們的哲學的存在本身之間無法分離的纏繞，並不是對於人或它內在祕密感到興趣的結果；即使，就某種意義而言，我們可以說主體和意識的哲學，處在語言及真實的 41
源初開放之間，就像個第三元素，卻不應在其中目睹此一開放越來越深的遺忘；事實上，西方文化中的哲學論述，至少自十七世紀以來，其存有模式（mode d'être）便意味著必須持續地重複乞援於主體理論。

在此，我們又回到哲學論述和科學論述之間無可抹除的差異。習慣上，此一差異被假設為，如果不是全部，那至少是一大部分，來自於「哲學必須談論主體」：因為它處理的是依其定義無法被客觀化的事物，而它將不能達到科學的系列陳述在形式上的嚴謹性。無疑，便是那介於主體理論和哲學論述特點之間、暗地裡被承認的親緣關係，足以解釋兩個深刻關連的現象：其中之一是每當人們想要界定哲學的特殊性，並以其應有的方式奠立其非科學的基礎，便會求援於主體性、實存經驗 42
或存在的哲學。另一個現象，無疑更加重要，乃是一不斷重新進行的計畫，即建立一個具有科學學科價值的主體理論；由此，產生了主體的經驗性分析，它們將它重新引向自然或歷史的層次，而這兩者都是可以解碼的；由此，也產生了追求將真實的基礎建立於一個建構性主體（sujet constituant）的純粹理論。世界的普遍知識系統（*mathesis*）[ix]和「我思」這兩個主題在歐洲哲學史中同時出現，看似奇怪，但只有對膚淺的眼光來說是如此。[9]事實上，哲學的特殊性格，遠非來自「我思」和意識的不可化約，除了一個具有科學嚴謹性質的主體理論，並無機會受到抹除。只有後者才有能終極地吸收哲學論述的「現在」。但這時哲學論述便會同時消失：由此產生的是，哲學面對以下的學科會有這樣膽戰心驚的迷戀，這便是所有以科學的方式處理，或宣稱以科學方式〔處理〕[x]主體、意識或 43

ix・譯註：此概念與*Mathesis universalis*有關，它來自希臘文中的科學（*mathesis*〔science〕）及拉丁文中的普遍（*universalis*〔universel〕）。此概念之提出尤其來自笛卡兒及萊布尼茲。

x・推測如此：缺字。

發言之人的理論或學科。這些迷戀是人們熟悉的；它們一個接一個，包含以下的名稱：心理學、馬克思主義、精神分析、民族學、語言學。[10]

然而，我們要注意，不要顛倒本末秩序；並不是因為哲學應該談論主體，而使得它的論述產生我們對它所知的不確定形式。而是因為哲學論述乃一種無法化約為科學論述的類型，它才有其談論主體（的必要）[xi]。在歐洲的思想中，後者只是論述所產生的一個效應（un effet de discours）。

xi．同上。

CHAPTER four

第四章 虛構敘述[i]與哲學

- 哲學論述與虛構敘述論述的現在
- 它們的正當化
- 它們的作用形式
- 發言主體的不可化約性
- 作品的封閉性原則
- 哲學論述與文學論述之間的差異
- 作為闡釋（exégèse）與詮釋的哲學論述

Fiction et philosophie

與科學陳述不同，哲學陳述因此和其形成時的「現在」無法分離：這裡、目前和發言的主體的 44
作用永遠無法為論述所消除，而這論述卻要由它們出發才能被說出。一個鑲嵌在它邊緣上的現在，
其在場對於哲學論述而言，乃是不可或缺的。然而，此一在場的指稱方式和日常生活話語不同。日
常生活中的語言所指涉的是一個沉默不語的「現在」——空間中的某個點，時間中的一個時刻，一
個正在說話的個人——它很執拗地停留於話語的外部：前來填滿那些虛空形式的，乃是事物、身
體、手勢。哲學則相反，它不停地將它所指稱的此一「現在」重拾於自身之內；在它自己的論述之
內，它將此「現在」重構為在不證自明中揭開遮蔽的光明之點、到達其顯現時刻的真實動勢、在一 45
「我思」的純粹性中把握自我的自我意識。這是為何西方哲學展開為證明學說、歷史思考及主體理論。
如此地在其論述本身內部建構「我」、「這裡」、「目前」三項組，其任務乃是將它持有並且
維持（tenir et maintenir），哲學和另一種論述有著親緣關係：我們可以「文學」之名來指稱它，但以
「虛構敘述」（fiction）來命名它無疑會更準確。虛構敘述實際上不會消除「現在」的參照，但〔它
們〕並不指涉著人與事物的沉默部署（disposition）；乃是此敘述本身，而且只依其本身，透過其敘事
（récit），並且經由相互交錯的千百個指示，低迴地勾勒此一部署並將其變動。在它之內發話的聲音
並沒有另一個時間或另一個地方，只有它樂意給予它自身的時空。[1] 如果這些現在[ii]的記號的確維 46
持其不精確狀態並且開向虛空（我們不確知那說著「我」的奇異聲音是什麼、從何處來、自何時開始發言、根
據哪本曆書），那倒不是因為它們指涉著一個無言語的情境，毋寧是因為它們指向的，乃是一個無地
理的空間、無終始的時間，一個除了由文法所構成的身分之外，別無其他「身分」的「我」，而它

們由虛構敘述構作為其言語的參照時，則有意地被模糊處理。這便是為何，在文學論述和哲學論述的存有模式之間，並非沒有可類比（analogie）之處。於兩個特定的要點上，我們可將它們趨近。

我們先前已經知道，哲學是如何地，總是預設著一個自我正當化（這和科學的自我正當化非常不
同）：某種哲學論述給予自身的授權，以獲得通達在它之中顯現的真實之進路。令人驚奇的是，這 47
同一作用也出現於文學當中：當然，這不是以論述性解釋如此的形式出現，而是作為有時直接、有
時斜行的指示（indication），指出被敘述的，和為其做敘述的聲音之間的關係；沒有一部虛構敘述，
不以或此或彼方式，說出它如何開向一論述，而後者卻不只是一顯現端點，也是其誕生之處本身。
有時，此一正當化作用變得非常表面化，以至於它相對於敘事擁有了一自主性，甚至幾乎得到了指
揮權：它形成了一個第二敘事，而且它在文本開展的程序中，很快地成為表面上的首發敘事；它的
任務是展示主要的故事——或者是時間上沉埋過久，或者是空間上過度遼遠，或者是被某種神祕所
隱藏——如何為主要的敘事者所認知：如此，塞凡提斯（Cervantes）是在一商人的故紙堆中解讀唐． 48
吉訶德（Don Quichotte）的故事，但因為有一部分被老鼠偷吃了，所以不能完整轉述。[2] 但此一明顯
刻意的情節安排，對於虛構述敘正當化其自身的開啟，也不是必要的。實際上，有時此一正當化

i．譯註：雖然法文中 fiction 主要的意思是虛構，但由上下文脈絡可知，傅柯使用它時主要是指「虛構敘述」，尤其是小說，但又不限於此。

ii．刪除：「正在發言的『我』，其論述的時刻及地方」。

和敘事本身結合為一體，兩者相混合，並且就在述說論述所捏造的歷險故事的當下，也述說使論述
得以說出它的事物：此時，發話的聲音屬於故事中的一位人物，說故事的人和被述說的故事，合為
一體（這時我們讀的是第一人稱小說）；或是反之，相對於故事，這聲音維持著後撤的位置，它述說它
是如何發明這段敘事、依循著何種動機、為何它導入〔了〕某一插曲、中斷了另一個、以何種理由
選擇某個人物（這時，在我們閱讀的敘事中，是作者的聲音現身干涉，就像在《項狄傳》〔*Tristram Shandy*〕[3]或《宿 49
命論者賈克》〔*Jacques le Fataliste*〕[4]中的情況）；那些述說著它們自身生成的小說，嚴格地預設著這兩種
操作方式。敘事的正當化也有可能完全不明顯；它像是由一個身分隱匿但又全能的聲音所述說，它
給了自己遍歷各種時空的權利，並能穿透所有的意識。在《情感教育》〔*L'Education sentimentale*〕的
文本中，沒有任何地方表明故事和發言聲音之間的關係，而開篇時，〔有個〕[iii]聲音以歷史學家的
方式提到第一個事件的日期（〔一八四〇年九月十五日〕[iv]）、地點（聖伯納堤岸〔le quai Saint-Bernard〕），
述事者相對於其中人物的外部性（這位人物看來像是身處一群旅人當中的一名青年）[5]；這些標記，以及
在文本中散布的同類標記，其作用便是正當化敘事，而敘事者原來對此留下空白；後者界定他之進
入故事，乃是像個隱形主體之感知，而它有個必須不能被看見但又是補充性質的臨在，以他的目光
投射在事物與臉孔之上，就像是個穿越時空的移動注意力。

雖然虛構敘述以具遊戲性格的自由賦予自己「真實」，而哲學卻被迫要去發現它及證明它，但 50
在這兩者之間有個論述作用，它在日常語言或科學語言中都不會出現：此一作用早先於理解和想
像、理性和非理性之間的分割，乃是和論述的存有模式有關；它實際上是受到一陣述整體所要求，

它在其言語中非但無法消除[v]現在（le maintenant），反而要在自身之中將其絲毫無遺留地重拾。如同哲學是以兩種方式確保此一作用（展示出真實如何擺脫遮蔽，出現於主體的注意力中，或是展示出真實如何將說出它的主體包裹於它自身的動勢之中），文學施行此作用時也是透過兩種類型的敘事：其一是在故事的外緣設置一個虛構的作者，其任務是先發現它（或是發明它），接著敘說它；另一個則是將發話的聲音包裹於敘事無姓名的厚度中。哲學中的去除遮蔽理論，文學中的敘事者虛構故事，乃是兩種可 51 相類比的作用形式；顯現的理論和敘事自主的發展，也構成了兩種可相類比的作用形式，它們相互呼應於哲學論述及文學論述之中。也許還要推進得更遠：我們已看到哲學論述的存有模式意味著，至少就其西方及十七世紀以來的形式而言，哲學總是和一主體理論相關連。我們也可探問，那麼文學論述的存有模式——就同樣的地理和歷史參照而言，不也意味著它與某種主體的虛構相關連：這完全不是指西方文學預設了一套「心理學」或是有關個人的某種理論；而是指它的論述無法和一位知覺、感受、聆聽、發言、死亡的主體的在場相互分離，而這在場至少是虛擬的。當哲學要界定或 52 分析主體時，經常會天真地到敘事中尋找支持，而文學也沒以更多反思的方式，在主體、靈魂、心靈或潛意識的理論性質觀念中尋找支撐，它們只是此更難以察覺的親緣關係具可見性的顯現，而它

---

iii・缺字。

iv・傅柯錯誤地記上「一八四六年七月」；我們重新建立起福樓拜小說中的日期（參見，下文，註五，本書頁三〇〇）。

v・刪除：「應該同時構成」。

存在於它們各自論述存有模式之間。

然而，在哲學論述和文學論述之間，存有第二個可類比性。將它們和科學論述各自比較，便容易加以掌握。後者因為將所有對於「現在」的指涉都去除掉，永遠都可以加以重複；也就是說，任何一個發言主體皆可依他的需求將之重拾，卻不會影響其真實價值；更進一步，它可以被延續，透過演繹和實驗，人們可以對它加上新的陳述，但就實質而言，它依然和其本身一致。當然，有些時候，這些重複及發展的進行，不會缺乏暴烈的不連續性：人們可以說布爾巴基（Bourbaki）[6]的數學，和維業特（Viète）、達朗貝爾（Alembert）、或甚至拉格蘭奇（Lagrange）[7]的數學是同樣的嗎？人們可 53
以說分子化學是屬於貝爾哲里烏斯（Berzelius）[8]的嗎？不過，一方面來說，這些不連續性受導入的方式，總是會以某種方式至少部分地保留之前陳述中的真實；但就另一方面而言，其中產生的變動，或者是一個陳述或一組陳述的次集合，或者是論述的形式結構。事實上，在界定一個科學系統被重拾或延續的不連續性時，所謂發言主體有所改變，或不再是同樣的「現在」支持著論述，這些都是不切題的；更進一步，在某些學科中，觀察及發言的主體，可以在其論述自身中，被導入為一個變項，但此論述的真實卻不會受到影響。

哲學論述與文學論述的位置則完全不同。不論是哪一個主體來陳述它，一套哲學受指定的任務無疑便是要說出真實；而無論它是在什麼樣的天空下為人閱讀或是朗誦，一部虛構敘述則被指定為 54
說出其所要說的。然而，在這些文本中，帶有其自身的此處及目前的主體，是以無法分離的方式位處於論述的外部（因為是他將其說出），但也出現於其論述之內（因為界定他的便是論述，而將其發言權利正當化的，也是論述）。如此一來，人們便不能像在重拾或延續一系列的科學陳述那樣，重複及繼續一部文學或哲學作品。對於身處於其他地方及時間的另一發言主體而言（即使他就在左近，並且立即跟隨上來），一份哲學或文學文本，只提供兩種可能性。其一在於將此發言主體的新「現在」等同於原先文本中受到指示及正當化的「我—這裡—目前」三項組：但這麼一來，此一第二主體便停止作為主體；他採取的位置是第一論述中已受述說的主體的位置；他不再能作為說話者（locuteur），而是只能作為純粹及簡單的閱讀者（lecteur）。另一個可能性在於，新的發言主體，將他的「現在」盡可能地挪近那支持著先前論述的「現在」；於是，這裡涉及的是模仿（imiter）那已經被做成的，說出和那已經被說出者幾乎同樣的事物，在過程中盡量減輕存在於不同發言主體之間、存在於言語完成的時空之間，不可抹除的差異（但又不將其完全遮蔽）；於是，此處涉及的是一種模仿。無論如何，我們看到，發言主體的不可化約性，以及它在論述內部的臨在，阻止哲學和文學擁有與科學同樣的歷史身影。閱讀一科學文本，事實上是去理解它，也就是說，是在事後及為了自己，重作同樣的論述，但又要使這論述沒有任何變動；做出一個模仿只能想要（說）[vi]一件事：以同樣的形態學和構句法來延續。相對地，所有想要繼續一部哲學作品或一個文學文本的新發言主體，都會被迫只能對

55

vi · 推測如此：缺字。

它們做出仿作（pasticher）；如果他想由其開端處〔重新拾起〕[vii]，那他只能閱讀它們。[9]
〔……〕[viii]當然，存在著第三種可能性：它形成於建立一個絕對新的論述，擁有它自己的參照 56
及它自己的「現在」，但它給予自己的任務是將一個已經存在的哲學或文學文本當作對象。在得到
更佳的解明之前，這裡所涉及的，可稱為闡述（commentaire）。我們可以立刻看出來，此一闡述活動
的首要規則應該是，接受哲學及虛構敘述作品的作品封閉性（clôture des œuvres）：其中的每一件作品
都無法化約為其中所有的其他作品，而它們全部（或甚至只是其中的幾個）也都不能形成一個獨特的
陳述系列，因為每一個論述，在其內部，乃是受到發言主體及其這裡、現在所維持[ix]。這並不是說， 57
不可能在它們之間界定出某種網絡，但是以如此方式建立的連續性，將永遠不可能和科學作品在重
拾與延續另一作品時所建立的連續性屬於同一類型。就是因為對此封閉性原則的認知錯誤，並因而
錯認科學論述和文學及哲學論述在存有模式上的根本不同，才會長久以來引發整套的連續性隱喻：
影響、傳統、後代、風格社群、同一問題、相似的出發點。直到今日，所有這些概念（如果用〔概念〕
這個字眼來指稱這些如此輕忽、混淆、不準確的觀念並不會太沉重），仍使得文學史和哲學史對它們所處理
的論述類型徹底無知。[10]

作品封閉性原則帶來了數個後果。第一，如果一個哲學文本可以且應該讓其獨特性被分析，如 58
果必須研究它不同的要素是透過哪些關係相連結、成為組合，簡言之，如果必須以把它當作一個系
統的方式來對待它，其原因並不是因為它和一科學陳述的整體組合必然有親緣關係，而這關係仰賴
它的建築結構、原則及演繹形式；相反地，這是來自它的論述無法脫離一發言主體的在場，而這在

文本之內即是如此。它的作品統一性和不可化約性，其擔保乃是來自它的論述所棲息於其中的「現在」，而這也是它的正當性來源；於是，因為如此，它與科學語言之間維持一根本的間距。一個哲學論述很有可能宣稱具有不自相矛盾以及命題推衍的嚴謹性。但這並非它統一性的核心重要及首要的標準：這只是哲學展現其統一性的方式之一，而此統一性並不來自其形式結構，而是來自其論述 59
的存有模式。[11] 然而，此一作品的自我封閉，以及必須對它進行內部分析的義務，絲毫不意味著，闡述是一種使命在於將自身放置於另一論述之內的論述。相反地，相對於它所闡述的作品，它只能是一個明確地位於外部的語言，它的現在永遠不會重疊於它所研究者的現在。有那麼一天，文本的評論、分析及歷史將必須永不回頭地棄絕私密性這則古老的神話[12]。理解、由內部重新把握、深入作品及其誕生直至其祕密，此一美好的福音書，事實上停歇於一闡述、閱讀及仿作間的混淆——這些是三種可以完美區分的活動，雖然它們是因為一種類似哲學或文學類型的論述而同時成為可能。 60

雖然存有這些核心基要的可類比性，哲學論述不能單純、簡單地同化於文學論述。在兩者之間，

vii．手稿中刪除。

viii．刪除：「於是哲學文本和虛構敘述的文本一樣，都是命定封閉於自身之中；由一個文本到另一個，其關係總是難以訂定，習慣上人們對於這些關係使用相當模糊的觀念來象徵它們，比如親子關係、影響、風格的共同體、出發點或根本問題的一致」。

ix．刪除：「由外部及」。

存在一個重大的差異。文學是一種自身獨自地，由其所說出的，便建立其這裡、目前、主體的論述，彷彿那是一種純粹的發明：這使得在它內部形成的，由它的動態所不斷地引發的，乃是一個形象——或者也可說是道影子——而此形象便是這沉默的、不屬自然語言的、永遠不能完全付諸於文詞的現在的形象，而日常語言便是在它之上發聲。[13]它並不消除或嘗試耗盡此一日常這話語不可或缺的支撐，而是在內部為它保留位置，將它重建，但根據的是它的自由幻想（fantaisie）、它的無上
61
意志（souveraineté）。這是為何此一「現在」從未有完整的外顯表明；在一部小說中，不論其中的描述、時間順序，或是它自身對發言主體的分析多麼地精確，它們仍總是維持一種懸而未決的狀態——它們和虛構敘述也允許的空虛指示之間，只有程度的差別，後者之陳述發出只是透過沒有地理的副詞、沒有歷史的動詞時態、沒有身分及名稱的人身代名詞。文學作品的確在它之中設立了它的發話聲音，但那就像一位真實個人的類比物：運作起來——也就是當它說話時——像一位不可見的觀察者的影子，或是像一位在他者之間流轉的人物的幽靈、或是像一個意識的偶像，而它在自身的透明之中，任由他的語言汩汩湧出。文學的內核，便是模仿（imitation）。當然，這個字眼有其令人懊惱的盛名：自從十九世紀以來，在評論這個領域裡，所有做良好思考的人，都知道、也重複述說著，甚至令人感受到恐怖威脅，文學一點也不是為了模仿而作的（就像古典時期的人長期天真地相信的，而在
62
他們之前，整個上古很可能也是如此），而是為了展現、歌頌、表意（signifier）、自我表意、表意其自身的缺席。事實上，如果在它的歷史的某些時刻，文學的功能確實曾經是表達或自我表意等這些及所有它也曾施行的其他功能，然而它們之所以可能，乃是因為此一根本基要的模仿遊戲，它使文學成

為一種類論述（quasi-discours）：一種抹除其自身「現在」的論述，並使它以另一種模式在自身當中重生，由此讓自己成為論述。以此一擬仿物（simulacre）為背景，出現了各式各樣的模仿技術，而人們可以很容易地顯示它們不會全整地說完文學的根本：在一個形象中顯示事物光芒閃爍、潛入人們真實的語言或其內在獨白、嘗試重拾他們意識中喋喋不休的反覆申說。所有這些模仿，文學總是在離開它們，但又不斷地回到它們，只是定義文學的根本模仿的「模仿」（les « imitations » de l'imitation）[63]，它們可以看得到的效果。就其本質而言，文學乃是擬仿物：並非現實的再製、並非語言對它自身的重複，而是論述的模仿（imitation du discours）。

哲學則一點都不是一個模仿。如果說，它在其內部，重拾了它自身論述的「現在」，這絲毫不是由此製成一個類主體並且由它出發，自我展開，像是一個論述的類比物（analogon）；這毋寧是為了談論此一「現在」，將它轉化為詞語、命題，簡言之，就是將它當作對象。它沒有要由此一以無上權威重拾於其論述中的「現在」出發；它的論述將此現在於其中重拾並談論它，乃是為了對它進行正當化，並為它做出理論。這是為何哲學不會像文學成為一種日常話語的類比物，而是對此「現在」做出反思，而此「現在」是所有人，包括哲學家，都要由它出發才能說話的（即使每次的「現在」[64]都是不同的）。這也是為何，至少由笛卡兒開始，在哲學和空間、時間及語言的理論之間，存有必要的鄰近性（voisinage）。對於所有自十七世紀以來出現於西方世界的哲學，有可能提問、甚至向它提問即為充分，對它而言，什麼是廣延（étendu）及感知、時間的意識及歷史、論述中有組織的思想的形式和規則。

但此一不可避免的鄰近性，並不意味著一個哲學論述可以任由自己完全被決定於（或以更強的理由，等同於）一幾何學、機械學、時間物理學或歷史的分析、文法、古語文學（philologie）或語言學。哲學本身並非空間科學、時間理論、語言研究：這是因為，當它探討空間時，絲毫不必完全或首 65
要地知道空間是什麼，而是要知道這廣延應該是什麼，才能使任何發言主體可能被置放於此一獨特的這裡（l'ici singulier），可以在他的論述中說出空間的一般真理；同樣地，當哲學探討時間，並不是想要知道什麼樣的事件分布於其中，甚至也不是要知道它本身是什麼（ce qu'il est en lui-même），而是為何由此一人們在其中說話的目前（cet à présent），人們可以達致一套有關時間的真實論述（un discours vrai sur le temps）；最後，如果哲學探討語言，〔不〕是要知道此一奇特的系統是由何者構成的，而是在其中有什麼樣的形式，允許清楚說出（articuler）可受普遍認可為如此的真理（des vérités universellement reconnues comme telles）。所以說，哲學並不尋求成為針對語言、時間及空間的一套真實陳述——那將
是一個科學論述；而是成為顯示有關空間、時間及論述理性的真實如何達到我們，並且透過論述的 66
這裡、目前及獨特語言揭露自身（se révéler）的一個論述。

我們看到論述的此一作用，對稱性地逆反於之前被界定為正當化的作用，而那是使哲學陳述得以和科學陳述相區分的作用。此一正當化存在於論述重新整合其自身的「現在」於其中，並以之為它和真實之間的可能關係奠立基礎。現在這裡涉及的，則是相反地將「現在」推向論述最外緣的邊界，並且展現它的不同時刻（moments），是以何種方式組構於（s'articuler sur）時間、空間和一般意義的理性之上，這是匯集所有的這裡的地方（le lieu de tous les ici）、所有目前的時間、所有可能的語言的

普遍形式。如此，論述的現在是有需要的，它說出的真實乃是同時隱藏在它之中又在它之中被陳述
的；透過它，我們想要使其浮現的論述是既在其下又在其之前的，是這個首要的論述，它沒有這 67
裡、目前、獨特的語言，這個沒有「現在」的論述，透過其真實，支撐著所有的論述，最後並能解
明對它們皆適用的真理（leur vérité à tous）。哲學論述，越過它自身特有的現在，將要尋求真實的論述，
而它透過格架及隱藏（grilles et caches），片段地，在它內部以無上尊崇的姿態發言（parler souverainement
en lui）。在此一作用中，哲學論述是註解闡釋（exégèse）及詮釋[14]：經由外顯的話語，是對於一核心
基要的論述（discours essentiel）的聆聽。此一註解闡釋可由兩個方向達成。其中之一尋求透過這裡、現
在、言語，重新找回空間、時間、理性如何能引發（donner lieu）它們的獨特性；這裡涉及的是重構
一個生發的過程，並且由再現之中的被提供者出發：也就是由空間的無限、時間的不受制及普遍的
理性。另一種註解闡釋的類型在於顯示，空間的一般結構、時間的盈滿及分散、論述的普遍形式是
如何祕密地縈繞著處在某一這裡當中的空間感知、連繫於一個總是在運動中的當下的時間意識、總 68
是受制於一語言特定限制的言語：此時涉及的是由經驗有限的形式出發，產生一個意義（un sens）的
浮現（mise au jour）。就像正當化其「現在」迫使哲學論述將自己做為揭露或展現，這同一個「現在」
迫使它成為起源的尋求或意義的尋求。[15]

我們理解到，何以發現一個首要的意涵能夠於西方哲學中縈迴不去：在原始（primitif）和始源（originaire）之間、在生發的順序中第一和意義秩序中的第一之間的含混不清，也是我們的思想的構成性元素，就像我們之前已經看到的，對於主體不可迴避的求援一樣。如同主體的分析，對於基礎

的尋求，至少由笛卡兒開始，也是我們哲學所固有的。但其原因，並不存在於某個晦暗不明的哲學 69
傳統，或是存在於外在的決定：它單純地來自古典時期起，哲學所屬的論述類型；便是考量此一
〔論述〕類型，我們才能精確地以它們在我們文化史中出現的樣態，推衍出哲學的主要概念和主題。
單單以其存有模式，哲學論述含帶著它對基礎或起源的追尋，或者是主體的理論。無疑，這是為何，
西方哲學並未為自身構思更具決定性的計畫，而是只有主體源起意義（significations originaires）的發現、
其根本存有的浮現、與其受遺忘的意義的和解（réconciliation）：簡言之，主體之相符於建立其作為主
體之基礎者。讓我們不要犯下錯誤：對稱地想要發現超越基礎之外不可抹除的主體性質（人們似乎將 70
它稱為超越），或是想要解明比主體更具奠基性的事物（無疑這便是存有的開顯本身），仍是同一計畫的
一部分，只是多了補充性的挪動空間。[16]直到「現在」未受容忍的，乃是一個不處理主體問題或是
源起奠基的哲學論述。

讓我們就文學及〔哲學〕[x]之間的差異再多說一些。我們已看到，雖然主體理論標記著哲學與
科學之間的分野，它卻不是其中真正的原因；而且這是為何，自從十七世紀以來，人們多次重複地
建立科學性質的主體理論的工作。同樣地，區分文學和哲學的，並非是源起意義這個主題，而是其
論述的存有模式，是它使得其中一者是模仿，另一者是詮釋。而且，乃是面對著前者產生的幻覺，
我們〔才〕經常構想一個計畫，也就是將虛構述敘和哲學界定為文化中具有表達力的整體。人們假 71
設文學也是詮釋，它使隱藏的意義得以浮現，將在世界中原本只是以低聲輕語說出的，加以展現；
人們也同時假設哲學是種形象，某個時刻一個文明中所有被持有的諸論述的類比物。於是我們達致

哲學作品和文學作品共同具備表達功能的主題；然而，事實上，文學並不表達什麼（尤其不表達世界），而是屬於某一類模仿其自身的論述，而且哲學也不表達什麼（比起其他事物更不在於表達一個文明），而是屬於一種類型的論述，它詮釋著它在其中發言的「現在」。

x・手稿：「虛構敘述」。

CHAPTER five

第五章 哲學的與日常的

- 哲學論述與日常話語（discours quotidien）中和「現況（actualité）」及「目前」之間的關係
- 哲學論述與日常話語之間的差別
- 西方哲學的批判功能

Le philosophique et le quotidien

72 現在要區分哲學論述與日常話語將會更加容易。當然，如同科學陳述、文學作品，哲學論述並不
相連於發言個人的當前情境、他所處的空間或是他說出其陳述之精確時刻。由於它所要提供的作用
是為了不受限定、無特定名姓及不受限的傳承；由於由它說出的第一個字開始，它便開放向一個將
重新實現其總是可被處理的現在（son maintenant toujours disponible）的閱讀，但那會是在另一個時間、另一
個地方、透過另一位發言主體；由於它藉由書本白色的括弧，不可回復地，脫離它誕生的時刻、初
始的導向；所有這些足以顯示哲學（文學或科學論述不多不少也是同樣的）是如何地遠離任何的日常談話。

73 然而，哲學家的論述和日常話語之間的差異，卻是完全特定的；如果它也隸屬於那更一般的差
異，而它區分著日常的、虛構敘述的及科學的，但這裡的差異仍有其特殊性格。我們已看到，實際
上，哲學論述比較不是由它要說什麼而受到界定，或是由它發聲的形式，反而毋寧是由它和它的支
撐之間的關係——這些支撐即此一在於其陳述內部的「現在」，標定著這裡、目前及主體。此一「現
在」，哲學不企圖以虛構敘述將其重構、或是在命題裡消除它的作用，並由此終結性地從它的束縛
74 中解放，而是使得它的價值，在其極限之處，顯得像是特別重要的時空，以及受偏愛的主體。相對
於科學及虛構敘述對於支撐其論述的「現在」進行了否認（dénégation），哲學反倒是承認它，給它位
置，並且不斷地指稱它。它以雙重的方式指稱它：先是以所有和目前、發言主體當前的情境相關的
文法記號，繼之以其所提出的正當化及詮釋。對於其獨特性棲息於其中的「現在」，哲學論述並不
加以迴避；它反過來直接指出（甚至就在其主張中加以重拾）此一圍繞著它的外部，從來不會質疑它，
而且是以此為背景出現，因為其表述正是在這裡及現在之中。就此意義而言，我們可以說哲學論述

不像我們可能以為的，和日常語言距離那麼地遙遠；與在科學或虛構敘述中發生的不同，它相近於 75
日常語言，並不會將它所說的意義與它由其中發言的現在的意義相分離。

無疑地，由此可看見一種歷史性的形式，而它超越外表，使得哲學與日常話語相互接近，並且顯示出兩者的作用方式可相類比。首先，哲學與一「當前狀況」（actualité）有關，換言之，它關連於一套完整的陳述、論述、經驗、體制、實踐，並承認它們與它自身是同時代的事物，它們有和它相同的時間參照，而且它們圍繞著它在其中出現的這裡。[1] 然而，科學論述無論如何，不也以同樣方式辨識自己於一整組已經被完成的陳述、已被做出的實驗、以可接受的方式分析的觀察的現況之
中嗎？然而，科學論述在其中辨識自己的當前狀態，對它而言乃是有效的：也就是說，對於它作為 76
真實有所必要，並且它與其方便地透過一套索引加以參照，也很能使用自身的語彙及句法作出表述。於是，對科學而言，「當前狀態」乃是有限的理論整體（〔即〕使回憶此一當前狀態的任務應該是無所限定的），這是以潛在的方式作為系統本身一部分的一群整體。科學論述的當前狀態，不是別的，只是它全部的邏輯一貫（entière cohérence）之可能展開（但一般而言，從未實行）；因而，遠非處於論述的外部，它比較是合攏於自身的內部系統。對於哲學而言，情況則全然不同；它的論述所指稱的當前狀態，乃是外在於它的——不只因為它〔不〕以明白外顯的陳述來表達它，〔也是〕因為它不以任何方式隸屬於其論述的類屬。一個哲學的當前狀態——當它說「我」或「我們」，當它使用直陳現在式，即使涉及的是最理論性的哲學，像人們說的，「離具體最遙遠的」——乃是在它發言時一
切有效的科學陳述、一切的體制性和司法性的文件集結、其同代人可以持有的全部論述，經濟及社 77

會的實踐、政治等。由於哲學論述必須以理論擔保其自身的「現在」，它無法避免以一種或別種方式和此一無限的整體相關連，而沒有任何系統會事先地組織或保障其邏輯一致。

和無法固定其內容的當前狀態此一不可避免的關連，其形式與日常語言中的當前狀態並非毫無
可類比性。後者所指稱的目前，它所標示作為這裡的地方本身，並不擁有內在固有的決定性，並非
由一個論述只須加以實現即可的系統所組織。這裡是論述本身，透過其突然湧現，使得一個這裡（un
ici）出現，而它的向度可以非常地多樣（由近在手邊到地球邊緣）、也使一個目前（un à present）出現，
而它的時間厚度多樣性也是由最薄的片刻到千年的累積。同樣地，哲學論述的當前狀態只是由此論 78
述決定，即使它是處於其外部的，就像每日所說語言中的空間和時間。無論如何，便是透過此與一
存在於其外部的當前狀態無法抹除的關係，哲學與非哲學的事物，保持著永遠無法消除的種種關
係；不論它如何地自我封閉，它總是指向一個當前狀態，而此當前狀態可以最多樣的形象出現：這
可以是ⁱ一個被當作是模型的，獨特的知識領域，或是某一實證事實產生的啟發；這也可以是現今
仍活躍的知識整體，或是存在的現實條件（不論那是屬於我們的現今、或自從西方文化的出現、或自從亞當
夏娃墮落而被逐出樂園以來、或自從人類在生物學意義上的浮現）；這可以是經濟機制當前的活動等。哲學
可以多次改變其當前狀態的參照，但永遠無法完全地或全部地抹除它們。這是因為，哲學論述便是 79
以和一非哲學性的當前（un actuel non philosophique）建立某種關係而作成的。哲學的「現在」迫使它和
非哲學有一絲關連——不論它採取何種形式，我們也不能解開它。這關係和日常語言及其特有的外
於語言脈絡之間的關係，這兩種關係之間乃是異質同構的（isomorphe）。

我們可以說，哲學與此形成其當前狀態的沙沙聲（bruissement）的非哲學性事物，其關係就像日常語言和它在其中流轉的空間、時間、事物和人物間的關係。對於它的當前，哲學運作方式類似於日常語言：它在其上進行組構，就像在一沉默的「已經在那」（un déjà-là）之上。科學只認可在其自身論述中有效的陳述（因此不會真正地前行於此論述，也不會真正地外溢於它），哲學卻總是認可某個存在那裡[ii]的事物赤裸的在場（不論它有效與否），而它存在於其外緣，並且在它之前預期著它。相對 80
於此一臨在，哲學論述只能是日常的及天真的。無疑地，緣由於此，天真的時刻總是不會在任何哲學事業中缺席。在一套系統中，它可以作為一個刻意的方法論步驟出現：表象純粹的觀察、幻象的接受、透過錯誤經驗性地逐漸前行、對於事物和人們具有無偏見目光的觀看者、對於所有人們可以知道或思考的事物有意地遺忘、對於解脫所有主張的實存經驗所具有的注意力[iii]、對於在經驗中所被提供的做純粹的描述。但是，方法所審慎採取的、理論之後正當化的此一天真，只是一個更加天真的天真的重合（redoublement），因為它作用於其上的，並非思考或相信的方式，而是論述的存有模式：因為即使在一個天真並非必要以求達致真實的階段的哲學中，此一天真仍不可避免地出現 81
於對一外部當前狀態的指稱之中（知識的某種狀態，它被認可為模範或相反地是為了需要奠立的系統，受辨

i．刪除：「活生生的當前形式」。
ii．刪除：「先前於它存在」。
iii．刪除：「及完全地相信」。

識為終結或危機的某一歷史階段）。這兩種天真之間的互動，另外也是哲學身處於其中的不可能性之特點，那便是其不作為天真的不可能性：這是因為，方法上的天真——任由表象如其本然地現身的計畫——其功能一直是去除非自願的天真，後者未嘗加以反思，便接受了外部性及正面性的事物。然而，此一可將一切加以質疑的有意天真，卻是天真地接受一個先前於其自身論述存在的，日常語言的優先地位，而且在其中沒有任何事物使其原生的透明過度負載或失去光澤。在一個自願天真的哲學中，乃是在它外部的日常話語，以作為其當前狀態[iv]自居，但它之所以有其當前狀態，乃是因為它和日常話語有可類比性。透過其論述無法跨越的律則，它使其方法成為它實際上所是者。作為方法性的天真，長期而言，哲學不能避免一個更沉眠及更危險的天真：它說出它是什麼（而且，不知道 82
自己正在如此做時，它成了二倍天真）。

哲學也以第二種方式顯現其歷史性：不再是相關於其當前狀態（actualité），而是關於我們可以稱之為其目前（présent）者。在這裡，它也是趨近於日常語言，但這次後者不是和哲學論述相對立，而是和文學相區分。虛構敘述作品，正因它是於其論述內部界定其現在，正因為它將它在其中形成並將之封閉在其中，它在作用時總是像一個純粹的開端；如果它和先前於它之中存在的作品建立關係，並不是它將自己列入一個溢出於它的時間，而是將此作品置於由它的現在所指稱的各種參照系統之內。於是，在某種意義之下，沒有一件作品是在另一件之後而來的（除了在歷史學家眼中，他將它 83
重新放置於一個時序表或文化元素之中）；在《艾尼亞斯紀》（*Enéide*）[2]或是《尤里西斯》（*Ulysse*）[3]中出現的《奧德塞》（*Odysée*），在《維吉爾之死》（*Mort de Virgile*）[4]中出現的《艾尼亞斯紀》，在塞凡提斯[5]作品中出現的《阿瑪迪斯》（*Amadis*）[v]，完全不扮演這些作品所指向的當前狀態角色，而是一種遙遠的過去（或是非常接近的隔鄰）的形式，而這是由其中的「目前」所發明的。這也是為何，文學存在於每一個時刻構成它的作品裡，在此之外，文學沒有任何存在。的確，這些文本中，其中每一個，都運用著某些數量符號，透過它們，指稱著它作為其所實現的文學是什麼、應該是什麼；但這是一種垂直的、即刻的關係；因為，在每個作品的誕生時刻、在它浮現的端點，文學整體沒入其中，但它在成為作品時沉入，只是為了立刻再度出現，此時它已得到解放、改變面容並成為絕對的新：它只以此持續的黃昏和黎明為生；它不斷在它自身的消散中湧現，猶如綿綿不絕的低語。

雖然哲學論述也是受那在它之中展現的「現在」所個別化，它卻並不受制於和文學低語同一類型的重新開始。當一個文本的頭一個字眼出現時，哲學並不會開始完全解體以便在它之中重構。對於所有的哲學作品而言，已經存有先在的哲學；而那在當前（actuellement）發言的哲學可以給予其現前（son présent）某一被決定的形式，如果它能將它安置於一流逝的時間之中，那是因為哲學是以這種或那種形式預期了那先前哲學的言語。面對此一先前哲學，它的論述可以扮演多樣角色，而這些角色暫時並不因其自身而具備重要性：它可以構成它、在自身之中重拾它的命運、揭露它由深遠時間

84

iv・刪除：「於是它只是日常在一個天真的視野中的系統性使用」。

v・譯註：*Amadis de Gaula* 為伊比利半島騎士文學代表作，現存最早版本出版於十六世紀初，塞凡提斯筆下人物唐・吉訶德將阿瑪迪斯理想化、並且模仿他。

以來即有的幽晦志業；它可以批判它、揭發其接續的錯誤，或是，不論它有什麼樣的解明努力，使得它一直被包裹於其中的幻覺突然湧現；它甚至可以說，它並不真正開始，而它直到現前的存在，只是空想。然而，無論如何，這些重新開始、斷裂、新的奠基一直都會和哲學的過去有關連，而在其「現在」的論述（discours de maintenant）將會完成其現前（le présent）。同樣地，每一個哲學總是為其自身界定一個未來，但後者相對於它而言，將永遠是位於外部的，雖然使得此未來成為可能的便是此哲學，而且只是它。一件虛構敘述作品不會向它自身之外的任何其他可能性開放：這事最好的證明便是述說一段書寫如何完成的小說，它們述說的只是它們自身的誕生，並封閉於起始篇章，而它們同時是其自身任務的完成及解除。哲學呢，則相對地不斷轉向它自己持續建立的可能性，而[vi]那是其論述有一天必須完成的。它只是為了有能力開創一個未來而發言。即使有時它的功能是為了宣布哲學的終結，如果它想要成為所有可能的哲學的最後之言，這仍表明了在其論述終結之後有些事物會發生：這些事物將不再屬於形上學、哲學，也許不再屬於語言及歷史，但那將是位於其論述外部側面的事物。

85

86

以一種相當弔詭的方式，哲學以先知的莊嚴，或是在一種神聖的恐怖中，宣稱它是所有哲學的重新開始、將歷史之初即被遺忘的源起重新把握、或是它已永遠地完滿一個已完成其循環週期的思想的宿命。在這麼做的同時，它將其「現在」安置於一個時間之中，然而此時間正好不在其論述的類屬之內，它扮演的是一個「外於論述的」（extradisdursif）角色——或以先前絮絮不休，而必須使其閉口的形式，或以只是沉默的〔嚴肅〕[vii]歷史的形式——類似此外於語言者（extralinguistique）之脈絡，

87

而日常語言便以它為支撐[viii]。將自己界定為一整個先前宿命的純粹重新開始，或是作為其最終的完成，而在其中它終將沒入（sombrer），這是在自身之中重拾其「現在」，以便將其正當化，並以最可能接近日常語言的方式來詮釋它：承認自己受到一非其自我之事物貼靠其邊緣的唯一方式——那是一個時間、空間、一些發言主體，而它們持續處於無法被化約為此一現在的狀態，並且將它界定於其獨特性之中。文學作品，並且是在每一部作品中，文學開始並結束於論述的「現在」，這一點印記著文學的和日常的之間不可化約的差異。哲學的志業是使所有的哲學由它重新開始並結束，相反地，這是它和每日所說的語言相近的記號。

每日所說的語言是和已經存在的事物、或更晚會存在的事物相連結，是與已經說出的語言、以及之後會說出的語言相連結，和它相似，哲學論述，也是在包圍它並由外部勾勒其「現在」之輪廓的事物上發言；但由於哲學論述有能力將此一「現在」於其自身之中重新把握，此一外部對它而言，就不能是陌生的：圍繞著哲學論述的現在（之前和之後）的，仍然是哲學，只是它經常有著一種隱藏的、晦暗的、未說清楚的、虛幻的、無意識的形式。所有的哲學論述，因而與總體的哲學有〔一〕關係。但這並不是那文學作品和文學之間，內部的、垂直的即刻性的關係，而作品是以其全

88

vi・刪除：「隨著它的論述相互接續而完成」。

vii・推測之字詞，原稿此字難以辨認。

viii・手稿：「在日常之外」。

體和單獨地作為其本質的顯現；這毋寧是一種縱貫性的（longitudinal）及持續性的關係，它使哲學作品〔有可能〕安居於哲學之中，甚至是居住於其極限端點，即其完成的時刻或是被尋回的初始。我 89
們了解為何，如果說文學史或文學分析永遠無法在一部文學作品中取得地位（也因此，永遠不能〔作為〕[ix]文學），而哲學的歷史之所以可能，只能出自於任何一部哲學作品和整體哲學（*la* philosphie）之間不斷建立的關係，而此一作品不會錯過向它發出指涉，就像它向自身在其中安頓的時空發出指涉一樣。哲學的歷史因此是哲學的一部分；但這樣一來產生的結果是，哲學永遠不可能在哲學的歷史和分析裡被中和及失去作用。哲學體系學科不可能藉此一和全體哲學關係的〔解脫〕[x]而存在。哲學永遠會在那裡存在、作為長篇的言語段落、經常已被遺忘、仍然難以被良好猜測、有著某種驚慌失措，在每個哲學論述的周邊描繪著空白的空間，而在其中可以固置它的這裡、它標誌其目前的刻 90
槽（encoche de son présent）的時間、給予它第一人稱位置的無名姓主體。

即使有這些可類比性，哲學的論述與日常語言也不能混為一談。後者的完成實際上有賴於一個具有方向性的空間、一個有其時刻的時間、一個有其身體和手勢的身體沉默的存在。它的有效性連繫於一個作用方式，它存在於它所說的之中，一整套數量豐富、但從未被表述的事物，至少就直接和正面的方式而言。哲學論述也是就外部作出發言（s'articule lui aussi sur un dehors）——一個以某種方式而言保持沉默的外部，直到此哲學論述開始發言，並在它之後向其返回——但它有個任務，而那正是要將此外部在其陳述（énoncés）之中重新把握。我們看到哲學的作用方式乃是和日常語言逆向而行：後者的特點在於總是將其外部邊緣保留在它所陳述的之外，雖然它不斷對它加以指涉；哲學也 91

指向這整個總是溢出它的周邊（alentour），於是，相對於它，哲學扮演著日常話語的天真角色，依靠的是未被說出的事物的穩定性——哲學的意圖便是將其轉化為字詞並使之成為它的論述：它要說的，乃是所有這些沉默的事物（即使它們已是論述），而它們的陰影布滿了它的「現在」。說出這些事物，並不是要為它們做出理論（其意義有如科學以多少形式化的語言來陳述一些現象），不是要為它們提供以字詞構成的擬仿物（如同文學所為）：*毋寧*是要轉化所有這些論述、經驗、實踐、歷史為某種天真的論述，而它本身依賴著一個對它來說無法化約的「現在」，但它並不將其表述；哲學的角色因而便是陳述所有這些論述（或所有這些類論述）的沉默無語的支撐，使得所有圍繞著它們的沉默脈絡得以出現，是脈絡使論述成為可能，而且，甚至就在發言主體不知曉的情況下，也前來填滿其意義。換句話說，哲學論述只有在將所有它所指稱的周邊轉化為某種日常論述，才會施行其日常性，但它也會揭發它的日常天真性格，並且表述其從未得到反思的脈絡或支撐。與世界中的其他事物相互關連，哲學論述的確保持著一種日常語言的姿態，但這是為了使世界上的其他事物顯現為日常的天真散文。

於是，哲學施行著我們可以廣義方式稱說的批判功能（fonction critique）。此一功能完全反轉了哲

ix．推測之字詞，原稿缺字。

x．推測之字詞，原稿此字難以辨認；刪除：「自主的」。

學和圍繞其周邊事物的日常性質關係；現在，此一周邊圍繞的事物顯得像是日常話語。這意味著兩
件事：首先，它表明所有非日常的論述（尤其是科學和所有之前的哲學）也和日常話語同樣天真，即使 93
它們有其表象和某些形式獨特性；〔接著〕，表明在所有那些並不純粹和單純是論述的事物（技術、
體制、實存經驗、實踐）之下，仍有一論述支撐著它們，作為包裹它們的周邊，而它們的沉默不語乃
是停歇於其上。是以，哲學的批判任務預設著發現相對於非論述者，有一個位於其下方及周邊的論
述，以及將那些顯得最具主宰力及窮盡性的論述中無聲的天真性格表露出來。作為批判，一方面哲
學因而將是世界的一般性論述，對於所有無言者施予言語，對於所有顯得脫逸於語言、並藉其自身
立即便有效力者，進行理性的投注（這時它將是世界的普遍知識）；另一方面，它將是所有其他論述的
論述，它將為所有不能替自己陳述者發言，它將會說出它們是在何種條件之下，得以存在、產生價
值並且真實（這時它將是——以更嚴格的意義來說——所有知識的批判）。究其根柢，自從笛卡兒以來，整 94
個西方哲學乃是一個知道（savoir）（並以一個具根本重要性的論述加以表述），直到現在，有什麼是仍未
被認知的計畫；以及一個說出（並且以一個特定且基本的認知〔connaissance〕來得知）任何認知對於它自
身無法知道的事物的計畫。

由表面上來看，這兩項相互矛盾的任務不能以一個單一論述同時進行。其中之一乃是在於建立，針對所有的事物及任何事物，一個不需要其他解明（élucidation）的知識，因為它乃是所有可以說出者的展開，沒有剩餘及遺忘。此一不含隱晦的知識的建立，預設著批判根本上乃是幻象（illusion）的分析：並非錯誤的駁斥（這是任何一套科學論述的任務），而是解析清楚是何者使得錯誤成為不可避

免，因為我們不能明確地知道其條件與機制。哲學論述將幻象放回它應有的位置，將世界由所有遮 95
蔽它的陰影地帶中解放出來，並且使得一個針對所有事物而作的論述成為可能，而它過去有一大部
分是不受掌握的。相對於此，哲學的另一個任務，乃是在於，相反地，對於所有的實證論述（discours
positifs）、知識肯定、真理被證成或接受的形式，去到它們的後方，以界定其必要條件。也就是說，
這裡所涉及的，並不必然是決定何者為幻象，而是顯現（mettre au jour）認知及論述對它們自身所不
知曉的：它們的可能性的地表（sol），決定它們的形式、它們所無法超越的界限與地平線、構成它
的動作。此時，批判乃是以意識掌握（prise de conscience）在世界最外顯的面容之下，持續保持不明顯
（inapparent）的事物。以其形式而言，我們可以清楚地看到這兩個任務是相互排除的；但就其功能而 96
言，它們卻扮演著同一個角色：哲學針對世界所持有的普遍論述，並不那樣是所有實證知識的全體
化，而是陳述出一個論述，它透過幻覺及錯誤根源的分析，使得真實論述之無限定開展成為可能；
將經驗中所有停留於無意識者加以顯現（mise en lumière），並非發現另一個更晦暗且隱藏得更好的現
實，對於此現實它必須以一個新的實證論述加以分析，而是針對所有我們能對世界持有的論述，陳
述其支配形式。由幻象的分析出發，形成一個普遍的知識，以及由意識到不明顯者所做的知識形成
分析，事實上乃是哲學同一功能的兩個面容，而自笛卡兒以來，西方哲學家的論述便不斷施行著這
項功能。

毫無疑問，便是由此產生了一個哲學難以和其分離的計畫：作為一個足夠基要及足夠普遍的解
明，以使世界的面容產生改變。西方哲學家被要求的，並不是掌握權力，也不是建立技術性知識， 97

足以使人們的生活發生改變；而是邀請人們，強迫他們有所意識（prise de conscience），而由此出發，他們認知到整個體系將能得到奠基、他們所有的幻想將會解消，而世界所有的真實將能被陳述於一個論述之中，從此沒有任何事物能將它打斷。由此，我們看到哲學論述相對於日常〔話語〕的特殊性，對於後者並非沒有產生影響：這是因為哲學的角色乃是驅逐日常話語中所有天真的、無知於其條件的，並因此是虛幻的和無意識的；它的角色，因而是將世界日常的散文提升至哲學論述的層次，而這是自發地、每日地持有，而其現在將會不受限制地占據時曆中的所有日期、世界的所有區域、所有的發言主體。自從笛卡兒以來，西方哲學中所有的偉大幻想（grande chimère），並不是哲學家皇帝、也不是哲學智者，或是道出世界之自然秩序的哲學家；而是改變日常的哲學家（科學的日常，如同生活的日常），僅僅透過知識（lumière）[xi]的突然湧現。我們的整個文化曾經夢想一個意識的掌握，而那，便是革命。[6]

xi・刪除：「意識掌握」。

98

CHAPTER

SIX

第六章 哲學論述的誕生

- 自笛卡兒以來，哲學論述的獨特性
- 十七世紀論述秩序中的突變
- 塞凡提斯與虛構敘述的新體制
- 伽利略與科學論述的新體制
- 神的言語和宗教註解（exégèse）中的新體制
- 西方哲學論述的浮現

La naissance du discours philosophique

這便是西方哲學自從十七世紀以來的運作空間（espace de jeu）。

如果歐洲在之前三個世紀哲學中出現的所有體系、體驗、思想，乃是隸屬於同一個單獨的形構 99（configuration），其原因並不存在於一個簡單的傳統的持續性；它也不在於同一個問題的持續存在，而其中的每一個必須以其各自的角色和風格加以面對；它甚至不存在一個根本的命題，可以作為全體的原則，或是所有論證的共同形式特性。自從笛卡兒以降的哲學，乃是一個獨一無二且可孤立出來的文化形象（figure culturelle）（因此不只可以和其他時代或文明區域的所有哲學區分，〔也〕可以和我們的世界中所有可能存在的其他表達形式相區分），這是因為使它成為可能的，以及它反過來加以彰顯的論述 100 類型，具有完美地獨特性。哲學既非一個客體的領域（domaine d'objets），也非一個特殊的語言。它是一種「發言的方式」（manière de parler），但這字詞的意義並不是一種風格的選擇、也不是相對於構句法規則的一種偏離、語意場域多少含蓄的擾動、語言內部的遊戲，而是一種布置論述及發言主體相關位置的方式。由此論述特有的性格、它奇異的存有模式，可以嚴謹地推衍出在哲學史中能夠以經驗性辨認出的諸種作用、理論形式及分析領域。有兩個問題於焉產生，而且必須一一地回應它們。其中之一關於此種論述類型在歷史中的顯露：我們是基於何種權利，才可以說它大約是在笛卡兒的 101 時代出現，並如此地以徹底的方式，將十七世紀以來的哲學和之前同一字眼所指稱的事物切割開來？另一個問題則是關於由哲學論述固有的特性出發，可作出的一般性推衍，以及或許至今已歷經三個世紀，有可能辨認出來的歷史性顯現的多樣性，這兩者之間的關係。

在回答第一個問題前，必須注意到，對於十七世紀中期突然出現某種今後被稱為哲學的論述模

式，對某些在此斷裂（coupure）之前或之後即引人注意其存在的概念，我們絲毫無意否定其續存、
重現、轉移或是部分調整：對於笛卡兒的**理念**（*idée*）、布倫塔諾（Brentano）的**意向性**（*intentionalité*），
拒絕其在中世紀思想中有其明顯的起源，將會是虛妄的；我們也可以說霍布斯（Hobbes）或洛克 102
（Locke）的唯名論並不是在十七世紀中橫空出世，〔而〕關於自然的浪漫哲學，與某種前笛卡兒時
期泛神論之間，呈現出驚人的可類比性。[1] 我們也不能排除一可能性，即集結自古希臘深層文化以
來，所有可能成為哲學的，最終可以在其整體終點重新發現此一論述，而它自從前蘇格拉底時期，
便不斷地穿越我們的文明。然而，對於希臘以來的，這些概念區域性的重新發動，或是全體性的重
新把握，只有在我們所認可為哲學的論述模式中進行：曾經被思考過的再度復甦，或是透過如此的
曲折，我們嘗試在它的首度開放中重新領會（ressasir）我們的思想，都從屬於我們在其中做哲學的此
一論述，也從屬於支配它的諸多律則。

然而，看似清楚的是，此種論述的方式乃是出現在十七世紀，而且，自此之後，它便占了上 103
風，直到大約我們的時代。我們仍需知道，此一出現是如何形成的。人們習慣說，如果哲學在笛卡
兒之後，其變化如何之新，使它變得無法辨認，那是因為它動搖了數世紀以來對於神學的順從，
因為它以那時仍是全新出現的數學作為支撐及模範，因為它擺脫了古老的宇宙論玄想，並且它與
科學一起，對於自然進行了普遍的理性化。以上說法都是真的，但也不夠精確。不夠精確，那是

因為如果我們這時想要說的是，哲學在十七世紀開始不需要神——因為對於笛卡兒、馬勒布蘭許
（Malebrache）[i]或史賓諾沙而言，神的存在，以及它的意志和領悟，從未如此有必要。不夠精確，因 104
為如果我們這時想說的是，古典[ii]哲學之所以可能，乃是因為形成了對於自然的理性認知——為何
扮演此一奠基者角色的，乃是伽利略及笛卡兒的力學，而不是哥白尼的天文學、李嘉圖（Ricardo）
的經濟學[2]，或克勞德・伯爾納（Claude Bernard）的生理學？同樣不夠精確，如果我們想說的是，所
有關於世界的寓言傳說因為《新工具》（*Novum Organum*）[3]或《〔精神指引的新〕規則》（*Regulae*）[4]
的出現便消散無蹤。但所有這些是真實的，如果我們想說的是，這時代在論述的秩序（l'ordre des
discours）之中產生了一個普遍的變動：宗教的、科學的、虛構敘述的論述，它們相互之間，採取了
不同的位置，而且其中的每一個也在它自己的領域中，以新的模式開始運作。具有決定性的現象並 105
不是人們停止相信神，或是人們更仔細地、以更好的方法觀察自然；然而，那卻是某種科學的論述
模式被建立了，它允許一種感知、紀錄、描寫、形式化世界中事物的新方式；那是因為宗教論述和
哲學論述各自（及它們兩者相對之間）運用的模式是如此，使得有可能以不需要神的方式來做哲學[iii]（即
使此一可能性並非立刻被發揮到極致）。

維持一段長久時間的巨大形式，它們具有內在的邏輯一致性，而且在其中，個人的選擇、風格、局部的變化，並不會改變系統的整體；非常有可能的是，造成以這些巨大形式切割一個文化的貫時性（diachronie）的，從來不會是在知識類屬中的一個發現，即使如此地重要，也不會是在信仰的持續性中有了一個斷裂，或是在我們看待世界的方式中有了變動。標記文化史的巨大不連續性，總是在

106 論述秩序中產生一個新的布局（distribution）。這些現象會變得可感，乃是因為，或多或少，突然地，人們開始說起「新的事物」，使用尚未以此方式界定的觀念、概念；人們以不同的方式感知，而對於過去曾是最熟悉的事，人們不再能加以思考。但其中的原因是論述改變了體制（régime）：被說出的言語、被寫出的文本，簡言之，語言實際上的動員，是以一種新的方式，一方面固定陳述間的關係，另一方面則是為它做發言的人、它們被說出的時刻，以及它們存在的場合；論述以不同方式與它們表述中的現在及這裡發生關係，直到透過它們發言的主體亦是如此。比起被說出的事物，或是人們說出它們時在思考的，更加本質性的改變，乃是主體在論述內部所遭受到的含帶，以及在此論
107 述外部，對於此發言主體的指稱；在普遍而言的論述整體表面（也就是在特定時刻，某一文化中所有受到陳述的），出現了此一指稱性含帶（implication désignatrice）的新形式，它們當中的每一個都界定了論述的新模式。也就在這個時候，我們看到了湧現出之前從未在論述中獲得形象的事物、在過去不可能的描述、沒有前例的敘事和虛構想像、過去從未有的效用闡述、解釋及運行連貫。人們很願意相信，

i・譯註：Nicolas Malebranche（一六三八—一七一五）為法國笛卡兒學派哲學家，亦為天主教神父、神學家及法蘭西科學院院士。

ii・譯註：在法國傳統中，古典時期大約是指十六世紀末到十八世紀初期。

iii・譯註：傅柯原文為 philosopher，可以理解為「進行哲學思維」，但由於傅柯並不將哲學局限於思維，亦包括本書中提到的「哲學動作」及後來由上古哲學中援引來的溢出於論述的各種面向，因此直譯為「做哲學」。

在過去，文化上的大變動乃是發生於思想和事物之間，而有時，人們開始以不同的方式思考（感知、分類、閱讀事物），而且事物也以新的側面出現於思維之中，並且是根據一個直到那時〔……〕[iv]的秩序。然而，在論述改變（所說中的）內容，或是其形式（就其部署和內部運行連貫而言）之前，它們必須改變其模式（mode），換言之，就是它們由一個這裡、目前及發言主體展開的方式，以及此一支撐由論述本身出發被指稱與展布的形式。

108

哲學特有的論述模式，也就是我們一路分析至此的模式（並包括它所有的含帶），並不是在任何天空之下之任何哲學的特性；它出現於十七世紀的西方文化之中，當時發生一個突變（mutation），改變了論述的全盤體制。該突變是如此重大，以至於深刻地影響了科學、宗教、虛構敘述論述，其影響無疑也包括許多其他的論述，以及哲學論述；而且，由它產生的體制仍然保持足夠的穩定，以致於至今我們仍未完全擺脫，甚至我們也尚未脫離之後的突變，而且我們也依然能夠輕易地於十七世紀前半葉所肇始的事物中，辨識出我們的思想、我們的真實體系、我們的事物秩序。由於我們傳統的哲學論述乃是拜此突變所賜，必須快速地表明它是如何形成，以及它如何引發此一做哲學（philosopher）的方式。

109

且讓我們先來看看虛構敘述論述的新體制，《唐．吉訶德》可說代表了它的誕生。[5]不過，沒有一個文本會比它更接近它之前遍布於十五至十六世紀的所有虛構想像（inventions）的敘述形式；人們會說，它將〔它們〕[v]用終曲的方式全部收納重拾，並且將它們置放於一個巨大無涯且歪曲誇張的形式之中，發出火焰般的光芒，最後同它們一起消亡。事實上，《唐．吉訶德》與傳統虛構敘述形式間的關係更加複雜。它們之間有其共同點，比如建立人物（或人物類型）、橋段、冒險故事、相逢遭遇、內建於之前已存在的敘事內部的敘事。在此有必要提醒：在《唐・吉訶德》之前，就像在它之後，並且持續到我們的文學當中，將之前的既存元素重新組合，乃是我們習慣稱之為文學虛構想像（invention）的一部分：但自從古典時期以後，這種說法就只是透過文學針對其自身的遊戲，以外顯及標示名稱的方式來進行。相反地，十七世紀之前，虛構敘述自發地安居於一個看來像是獨立於作品本身的空間之中，而在其中，作品自由地流轉，並且在過程中召喚一個虛構的橋段或人物，但在此模糊的未成形空間中也已相當地整備妥當及真實，如同在陰影中等待著，在一個即將到來的作品中，尋得其曲折情節之後續，以及其存在無限定的持續。《唐・吉訶德》也在虛構的世界中立足，並且也同樣隨心所欲地召喚巨人與神的戰鬥、因為受迫害而無法觸及的無邪人士，以及魔法客棧中的暫居。然而，它對這些虛構元素的使用並不像十五世紀的小說那樣，以直接的方式呈現之；那是一種暗地裡的間接使用，這是因為，並〔不〕[vi]是阿瑪迪斯的考驗、提罕（Tirant）[vii]的冒險遊歷、

110

iv・手稿缺字。

v・推測字詞：手稿缺字

vi・手稿缺字。

vii・譯註：*Tirant lo Blanch* 為一四九〇年出版於瓦倫西亞的騎士小說，作者為Joanot Martorell，後來成為塞凡提斯最喜愛的作品，並對唐・吉訶德的人物構想留下深刻印記。

帕莫罕（Palmerin）[viii]的遊歷伙伴們猶如[ix]被重新復活；在塞凡提斯的文本中現身的，乃是《帕莫罕》、《提罕》、《阿瑪迪斯》（意即一些已經成書的作品）當中的人物、敘事及章節。[6]這小小的間距，使得《唐．吉訶德》願意棲身的地方不再是虛構敘述的空間，而是圖書館；他所遭遇的人物、他所經歷的必要考驗、並不是[x]那些像是無時間且獨立存在的人物，可作為某個敘事支撐，而是完完全全直接地由書中走出來的人物和冒險故事，因而，請它們停留其中，也是應當的。[7]

111

《唐．吉訶德》將虛構敘述帶回到唯一的論述力量中。論述不再是在一個已經展布開來的虛構空間中找到它的參照，使得虛構敘述的幻想在其字詞中閃閃發光的，乃是論述，而且就只是論述。這項改變於塞凡提斯的文本中以數種方式顯現出來。首先是（透過）塞凡提斯以極端的精細手法假稱，他是由一些古老的羊皮紙上借得他的敘事，而這些古老的紙卷不過是阿拉伯文手稿的轉錄。這是因為，必須要清楚地顯示，如果《唐．吉訶德》有其古遠的前例，這並非要歸因於無可記憶時代的英雄，或是歸因於亞瑟王或特洛伊的朝代，也不是歸因於基督使徒的傳統，而是要直接歸因於文本們：這些文本確確實實地被置放於片片紙頁上，因為其中的某些部分已被老鼠咬噬，以至於故事也無法完整敘說。[8]《唐．吉訶德》被老鼠咬噬，這是個記號，意味著從今以後，虛構敘述的發生便是在論述的存在之中。但還有更多呢：在這敘事的第二部，唐．吉訶德必須為他自己的人生辯護，反抗那位帶惡意的續篇作者，因他針對他述說的只是謊言與蠢話。[9]他必須為自己的人生辯護，因為唐．吉訶德不屬於其他書本，只屬於《唐．吉訶德》；故事真正的主角乃是援引第一部之中的律則，才能在第二部之中持續其冒險遊歷，然而第二部也不能脫離第一部的支配，因為它完全是由其

112

113 中脫胎而出的。在第二部的系列橋段中，唐・吉訶德被他所遭遇的人們認了出來，他是以作為其所是的人物被人認出來：作為第一部中的主角，和抄襲者所想像的完全不同。

對於我們可以稱其為虛構敘述的現代論述，塞凡提斯的作品乃是其第一個形象。[10] 在十六世紀，虛構敘述論述和其中的人物、他們的遊歷冒險、故事中各橋段的關連，簡言之，和其「內容」的關連，仍然把它們當作一個對論述來說是外部的給定。就此意義而言，它深深地無作者名姓、類似宣敘調般地重複。它的功能便是敘說，並且是在許多其他的論述之後，在一個同時鄰近又遙遠的、熟悉（因為我們可將其完整地說出）但又無可觸及（因為我們和它沒有共同的參照）的時間裡，到底發生了什麼；它呈現自身的方式便像是純粹而簡單的誦讀：發言主體、敘事的時空本身只是由一個仍停留於
114 幕後的聲音所界定，以至於這個其中的目前和這裡從來不會存在於敘事內部的純白無色聲音中，相對於敘事本身，持續地作為一個無名姓且透明的現實，但又不可化約地位居其外部。塞凡提斯的作品標誌著一種虛構敘述在西方世界中的浮現，其中所有的元素，自此之後將位於被它解放的論述內部：被敘述的事物，除了那被論述至高無上的權威所決定的之外，並沒有另一個時空；而述說者本身也是如此，就其發言的現前和地點而言，也是完全由他所持的論述所決定的。便是由此一突變開

viii・譯註：這裡指的是十六世紀葡萄牙騎士文學小說中的人物，被認為是 Francisco de Moraes 的作品。
ix・刪除：「被敘述，及」。
x・刪除：「那些我們已敘述其一生的，或」。

始，虛構敘述論述相對於全體論述，有了一個擬仿物的秉性（disposition du simulacre）；這是因為，由此時開始，作品以一種根本的封閉性，相對於其他作品而存在；也是由此時開始，連帶著其中必須要存在的人物及橋段，一個無名姓的虛構敘述世界消失了；由此時開始，虛構敘述論述〔終於〕成為文學。

115 如同塞凡提斯作品相對於虛構敘述，伽利略的作品也明白地顯現出科學論述中發生的突變。人們會問說，為何伽利略的力學對於西方思想會比哥白尼的天文學產生更大的擾動效果。因為如果說世界的形象改變了，如果說人們必須以一個新的模式來感知天與地的關係，如果知識不只進入了一個和所有宗教信仰系統立即的對立，〔也〕和日常生活的經驗內容有此對立關係，這的確是由第一次——至少是信仰基督宗教的歐洲——說出「地球繞著太陽轉」的那天開始。然而，現代科學比較不是由此一發現構成，而是由伽利略所界定的力學律則[11]。這其中的原因，並非哥白尼的假說仍然
116 圍繞著一整套形上學甚至神學[xi]脈絡（比起伽利略的「柏拉圖主義」[12]成本更高、更具限制性），也不是因為伽利略的律則將會在多少長程的時期之中，使地球物理及天體力學可以達致統一，而哥白尼的科學仍將它們遺留在分離狀態。或者毋寧說，這兩個理由只是遮蓋了第三個理由，而且它們只是這理由更明白外顯的效果：透過伽利略，科學論述，至少是陳述天體運行的科學論述，不只其對象不再是那封閉的、有方向性的、類型層次分化的、來自亞里斯多德和基督宗教的世界，更在於它不再是由原本的出發點作出陳述，而那原是發言主體真實所處的此一世界、他發言時的當下，以及他發言時所在的地方。在前伽利略的科學裡，論述總是來自我們這個世界及這個時間；它從來不會離開它

的支撐及它的現在；它是由它被當作一個人的論述而被置放之所在出發（而這是個肉身之人，安居於世界特定之點，由時間、原罪及死亡和永恆相分離）。

117 科學直到十七世紀初期仍維持的位置，足以解釋為何它和某種宇宙論思辨相連結；在此必須要理解的，並不是宇宙的某種一般物理學，而是人在地球上的位置的解釋及（道德面、宗教面、神學面的）正當化，而這也涉及地球的位置，它被置放於一個同時是更廣大的，但是以某種方式而言，被布置於（disposé）它們特定的位置周圍的世界之中。人類中心主義（anthropocentrisme）及地球中心主義並非單純只是信仰、教條或類—證據（pseudo-évidence），而以社會學類屬的理由，被迫由外部強加於一科學論述之上，而後者只能接受其律則；它們事實上界定了科學論述的存有模式，因為它所做的，只
118 是彰顯被陳述者及陳述者之間所建立的關係。就如同在大宇宙和小宇宙間不停歇的互動不只是前古典時期思想的一個主題，甚至就是它的世界觀的形式自身；它乃是所有知識性論述在其中展開的空間，因為論述在此是由認識之人所在的特定端點走向那些或多或少遙遠的面孔，而它們會在植物、岩石、動物、星辰及行星中半遮其面地露出。人們之所以能夠認知，乃是得助於此一會通、符號、相似的遊戲，它們從我們所在的此一小世界出發，前往一個廣大世界，在其中我們仍有我們的位置；於是論述如果要是真實的、有其奠基、完全可以自我正當化，只有當它可以證明，在此一我們

xi．刪除：「其中著名的天使教育長是經常被提及的見證」。

發言的端點（此身體、此動態的片刻、此一如此狹隘的〔中心〕[xii]），和我們所談論的更廣大空間是相類同的；一個指涉著另一個，將其顯示、使它得以為人所見、並將其肯定。[13]

當佛洛依德說，當人發現他不是世界的中心時，他的自戀受傷了，這是有道理的，而且此傷害
119 奠立了現代科學；[14]但這個傷害並不是哥白尼帶來的，他所做的是建立或者毋寧說，重建已被遺忘的太陽中心說，並將人由中心移置於世界的邊緣：那是伽利略的作為，他將針對世界所作的論述與持有此論述之主體所有的宇宙參照相互分離。我們不應弄錯：伽利略所說的惰性，它所持續存在其中的無限空間，的確便是一封閉地帶的突然開啟，以及將數學形式應用於一個幾何化及算術化的世界之上的可能性；但此一將宇宙改變為空間的轉化，只有當我們對它所持的論述解脫於將它維持在大地[xiii]之上的這裡及目前，才有可能。隨之產生的是，所有針對世界的論述朝向唯一的數學論述看齊調整；但此一看齊調整的核心特質，並不是世界的量化，其構成因素乃是在於，所有談論世界的論述，都必須盡可能地和數學論述有著同樣的存有模式；也就是說，形成它的陳述，可以由任何一
120 個主體發出（但不會產生任何變動）、在任何地方（即使它存在於所有地方，也不存在於任何地方）、在任何時間（即使他是永恆的，而且當前並不是一個具有優先地位的時刻）。針對世上所有事物建立命題，但這些命題，就其可能性本身而言，不再參照人的獨特位置，並且就只是存有物[xiv]之間量體、數值、等同及差異關係（存於時空之外）的陳述，這便是古典時期世界普遍知識系統（*mathesis*）的計畫[15]。文藝復興時期的宇宙觀（cosmologie）只能出發於人與世界之間的相互布署（disposition）（那同時是包裹性質的，也是面對面性質的）、十七及十八世紀的世界普遍知識系統，乃是天地萬物（univers）秩序的自我表述。

由此產生了某些數量的後果。首先是在文藝復興時期的知識中，人類（l'être humain）具有的優越

121
地位全部消失（這與十九世紀所發現的人〔l'homme〕沒有任何關係，那是在伽利略突變發生之後許久，並且以某種意義而言，位處於此突變之中）。[16] 接下來是我們今天稱之為描述性的科學所承受的深刻變動：包括地理學、歷史、社會及治理的研究、自然史。這裡涉及的科學，明顯地不能獨立於任何發言主體提出命題：因為這裡涉及的是說出在某一地方、某一時刻下所被看見的事物。不過，這些認知正是會變得和力學及天文學一樣地真實，如果人們在論述之中，加入了觀看和敘事的主體之參照系統，並將之作為陳述中的變項。十六世紀將被描寫的真實奠基於其他描述的協助之上（參考、引述、在其他〔地方〕[xv] 由其他人所報導的可類比現象），相對於此，十七世紀對於真實的要求則是，在論述之中加入

122
持有此論述者所特有的變動參數；這時描述性科學的陳述對於那些不在這裡和現在之人，也成為真實，甚至對於那些目光組成方式不同者，甚至對於天使、對於神[xvi]，也是如此。觀察（observation）於是便被導入西方的知識之中，但那不是作為理性的進步，而是作為論述存有模式的變動。法蘭西斯・

xii・推測字詞：原文字詞難以解讀；刪除：「處所」。

xiii・刪除：「此一調整曾產生許多後果：首先〔……〕」。

xiv・刪除：「世界上的事物」。

xv・推測字詞：手稿缺字。

xvi・刪除：「永恆的存有觀看美洲的森林的方式必然和我們不同，但人們對它能做的描述卻不會更不真實」。

培根（Francis Bacon）[17]雖然少有數學家風格，但他所建立的規則，卻是和伽利略的力學屬於同一種重新組織。

最後一個後果也許是最重要的，而且〔它是〕非常遠離於人們慣常所說的，終於形成了一個由
神學或宗教中解放的知識。只要關於世界的論述與人作為發言主體此一情境有關，那麼很明顯的
是，人完全不能透過此一論述發現神的真容。人最多可以猜測到，世界是由神布置於他的四周，使 123
得他可以加以使用並獲得拯救，他可以在自然的形象中解讀出來自神的符號，但這完全不是神聖智
慧的深淵，透過它們，開放於其眼前。這是為何神的認知本身，如此經常地被定義為一種非知識，
由尼可拉斯．德．庫薩（Nicolas de Cusa）[xvii]到波維勒斯（Bovillus）[xviii]，再到雅各．波墨（Jakob *Böhme*）[xix]是
如此，甚至對路德（Luther）與喀爾文（Calvin）也是如此。此一啟迪的密契論（mystique），就像是認知
的暗夜、所有知識的深淵，它和文藝復興的科學，其相互之間的關連可以確定地說相當深刻。反之，
由十七世紀開始的知識，乃是由一系列的陳述所構成，而這些陳述如果是被另一個聲音、在另一個
天涯、在不管是哪一個時間點中說出，也會一樣地有效；也就是說，它對於神將以同樣的方式有
效，而神在人以前許久，也已經為祂自己形成了同樣的知識。由於對世界所具有的真實認知，使我 124
們得以進入神的領悟，自這一刻起，在神與人之間，比起過去，從未如此地接近。所有無法認知者
所形成的深淵，都去到了神之意旨那邊：也只有它，以神的榮寵（grâce）的形式，阻止我們的論述，
至少有一部分，成為那偉大的沉默計算如同科學的陳述一般的可感表述。如此，我們可以理解，為
何神寵的問題，它〔為了〕[xx]選擇產生失衡、並且反折了由神意所創的世界和諧[xxi]，會由十七世紀

開始，變得如此重要。無論如何，就它所陳說的，由伽利略以來存在於歐洲的科學論述，並非不可逆轉地不信神（不論它為教條帶來何種矛盾）；但最核心重要的事實——這正當化了流行的意見，認為科學自從三個世紀以來將世界俗世化了——乃是科學論述的出發點和支撐不再是一位有其血肉之身的人，跌落於一個被決定的世界裡；它由它的固有效力出發自我支撐，於是，不論是在一處沒有神的世界，還是在一個完全由一個無邊限理解及無局限意志所穿透和支配的世界，它也同樣地真實。在所有的選擇之前，在由我們從世界的知識中借來的，所有神存在或不存在的證據之前，不信神的可能性已銘記於科學論述特有的模式之中。

不下於科學論述，亦不下於虛構敘述論述，永恆不動的神之言語也在十七世紀占有了一個新的地位，並使得針對它做〔一〕論述的闡述或註解也產生變動[xxii]。表面上，這改變是簡單的：不再只

125

xvii．譯註：文藝復興時期神聖羅馬帝國神學家、哲學家、人文主義者及數學家（一四〇一—一四六四），著名作品包括《有知識的無知》（*De docta ignorantia*）。

xviii．譯註：Charles de Bovelles，拉丁名為 Carolus Bovillus（一四七九—一五六六），為法國哲學家、數學家及神學論著及密契論作者。

xix．譯註：德國文藝復興時期神智學思想家（一五七五—一六二四）。

xx．推測字詞：手稿難以辨識。

xxi．刪除：「和諧中明白可見的神意」。

xxii．傅柯先書寫如下，之後刪去：「第三個突變和神的言語被給予的地位有關」。

126 是接受流傳而下的聖經文本，而那是不斷地被傳統沉重化、充滿，人們開始使這些文本經歷原真性（authenticité）標準的檢驗。古語文學的方法被運用其上，以便分別文本的源起、給予它們日期、並將不應接受的竄入段落清除分開、並以確定的方式建立其單一意涵；歷史方法被運用其上，以便得知文本要針對什麼樣的人群訴說、是在什麼樣的情況下、為了什麼目的、為了神意的大計畫和基督宗教的勝利，想要得到何等不可或缺的結果；人們終究對它應用了理性檢視的方法，得以在其中做出篩選，分辨出什麼是永恆真實的肯定，以及可以普遍地應用於所有人身上的律則，什麼又〔只〕[xxiii]是暫時性的表述，或功能只是用來暫時性衝擊智性尚未啟迪的人們的象徵性形象。理查・賽門（Richard Simon）和史賓諾沙的作品，見證了此一龐大的工作。[18]不過，事實上這些作品要成為
127 可能，不只需要註經的闡述改變其形式和內容；也需要神之言語本身改變其模式，並且在世上以一種新的論述模式存在。只有此一突變才使得《神學政治論》（*Tractatus*）[xxiv]及〔舊約〕《批判性歷史》（*Histoire critique*）[xxv]得以存在，但也使得它們在反宗教改革司鐸祈禱會（la Contre-Réforme oratorienne）及阿姆斯特丹的猶太神學家們眼中，變得如此令人難以容忍：這是因為這裡涉及的已不是以另一種方式來談神之言語；而是神自己開始用另一種方式說話。

實際上，一直到十七世紀，神之言語是在世界各個角落及各個時刻露出。在有時清晰、有時隱瞞多樣的形式之下，總是這言語在聖經或傳統中發言，如同在教會早期神父的作品中和闡述者的作品中，在流傳下來的文本中，或是在世界各個表面沉默的形象中。尤有甚者，在這每一個言語中，
128 或是在這些無語的形式中，神的話語分裂及增殖：將意涵疊加，並使其穿透同一個唯一元素的組

合。神同時說著數件事；聖經中的一個單一句子、一個單一事件、世界史中的一個單一事件；自然
中的一個單一形式，超越它們的表面之外，可以發言表述神聖境界中的真理、道德領域中的訓誡、
歷史範疇中的警告。於是神的聲音不斷地同時在所有地方發言，在纏繞不清的論述中，使用最不同
的符號來說同樣的一些事，也使用同一個單一的符號來說最不同的事情。然而，由十七世紀開始（此
處我們無疑地可以辨認出的，不是以後果的形式，而是以調合的形式，在科學論述和宗教言語之間存有一個關係），
一個根本的區別建立了起來：世界由其沉默姿態之中走出來，只是為了顯現於論述當中，此論述除 129
了自身的真理之外，沒有別的支撐，那是對於人的悟性和神的智能同樣有效的律則；就此一意義而
言，一個科學的陳述，其價值就像神之言語的展布一般。另一方面，神的言語，至少那些以語言文
字形式顯現的，為人所聽見、銘記及再度傳遞的，總是連繫於一這裡、目前和發言的主體，只能在
世界中一個特定的地點、一個確定的時刻中出現，並且就像是一道明確地向某人說話的聲音；它總
是為一個「現在」所支撐。對於十七世紀產生的突變，我們可以摘要如下：那作為第一且絕對的言
語，不再與世界的整體混雜交錯、不再於所有地方及所有時刻中湧現、不再自我迴響並且不斷增殖，
這時它安居於世界歷史可以確定的環節之中，處於有其優越地位且可以標定的地域，並由那說出它 130

■

xxiii・推測字詞：手稿缺字。

xxiv・譯註：傅柯在此指的應是史賓諾沙於一六七〇年以拉丁文出版的 *Tractatus Theologico-Politicus*。

xxv・譯註：傅柯在此指的應是法國聖經研究者理查・賽門（一六三八—一七一二）於一六七八年出版第一版的著作。

的嘴巴傳向特定的耳朵。如果說，科學論述的突變是轉變為沒有特定時空支撐的陳述，並且對於無限悟性一樣有效，相反地，而且是相關連地，神之話語的突變，則由它原先在其中傳開的無限沙沙聲（bruissement infini）中，將它帶回我們世界特定的歷史之中。這便是為何，在表象的層次上，我們可以說由十七世紀開始，神學對於科學不再是不可或缺的，但明確地就在同一個時期，歷史學科開始有了實證性質，而這正是由針對聖經所提出的問題開始。

於是，經文註解，以及以更一般的方式，所有以神的言語為對象的學科，都產生了變化。它們的任務不再是於任何可以被聽到、被隱藏的地方捕捉此一言語；相反地，乃是要決定它明確的所在地點。由此產生了一系列考據性質的研究，其目的是要將構成聖經的不同文本，重新放置於其所在的地點與時間之中：不再是將神所有的類言語（quasi-paroles）不斷地增生，使其成為一個穿越世界的、具有不可勝數的沙沙聲的話語，相反地，必須將它們限定於我們可以確定的唯一顯現。引導的線索將由判定原真性的標準來給定，而這些標準越是處於論述的意義和內容之外，就越具有確定性；人們將尋求這些標準於語言、機構的研究，之後很快又會朝向由手稿研究著手；神的言語開始變得稀少，問題便在於，如何發現那些真正是它們的少數。由此也產生了整個系列的歷史研究，其目標是顯示為何神的言語會在特定時刻以我們所知的形式出現：它所穿戴的種種形象，其動機不再是攤開意義，或是增加掌握它們的機會，而是為了必須讓聽到它們的人做調整，借用他們的字彙、選擇他們熟悉的意象、利用他們最活躍的激情或感情。闡述的工作因而遭受兩次位移：由偵測不可勝數的符號，來到研究原真的論述；由符號與意義之間多重的對應（correspondence），來到形象表現的修辭

131

132

形式研究。在此一雙重位移之後，我們看到與聖經相關的學科，其角色不再是〔為了〕[xxvi]猜測或詮
釋神想要說的，而是知曉祂是在何處及何時說話；在何種形象下以及因為何種理由，祂對世界、歷
史及道德的真理賦予象徵。如此，人們進入了一座迷宮，而基督宗教至今尚未從中走出：它形成於
自然的實證科學與啟示之間的關係、自然宗教與聖經訓示宗教間的關係、介於理性的至高地位和不
可化約於此的宗教經驗之間的關係。所有這些問題之所以誕生，乃是緣由於神之話語採取了新的模 133
式。

論述的一般秩序，在十七世紀初期，一定還有其他的變動。但這些已足以標定哲學論述的突變，
而笛卡兒的作品乃是此一突變的見證。哲學論述決定性地由聖經闡述解脫而出：後者自此之後給自
己的任務，乃在於決定那定位、限制及更動神之永恆言語的「現在」，而哲學論述的任務將會是知
曉哲學論述的「現在」如何能允許達致一無時間亦無地域的真實[xxvii]。我們看到哲學論述和宗教論述
從此邁向正好相反的方向；說到底，這解釋了它們的主張具有平行性，而它們直到今日還經常向
對方尋求支持；然而，事實上，它們不再能按順序排列（比如其中之一重複另一個、或是它們都隸屬於一 134
個更大的論述）。如同科學論述與哲學論述分道揚鑣，不能再是同一個無分別的知識的一部分；有一

xxvi．推測字詞：手稿缺字。

xxvii．寫於頁緣，之後刪去：「哲學詮釋其自身真實如同神之言語」。

邊的陳述，其真實並不求助於它們在此一世界的支撐，另一邊的理論整體，其主張則是顯示論述的普遍真實和發言主體位置間的必要關係。最後，哲學與所有可能作為虛構敘述、神話與寓言的相分離：一個不斷想像虛構其發言所處「現在」的文學將會誕生；而哲學則進行此一「現在」的分析，追尋透過它而顯現並決定它的源起或意義。面對其他各大類型的論述，哲學突然成為它今日依然所是的樣態：一個奇特的論述，它宣稱透過支撐它的現在的真實而能達致真實。現在我們能夠理解，在《唐·吉訶德》及《新工具》、伽利略及理查·賽門出現的數十年間，哲學由此一確認出發來建立自身，而那是對它而言，唯一不受懷疑的：我思（*Je pense*）。由於它除了此一單純的自明性之外，完全不接受其他出發點，我們可以說西方哲學奠立了它的基礎，換言之，它將自身隔絕於所有其他的陳述形式之外，並標明它出現於一論述類型，而此論述與它自身的「現在」，結下了立即、不可抹除及不受限定（indéfinis）的諸種關係。

CHAPTER

seven

第七章 哲學的一般布署

- 哲學論述與宗教經典註解之間的比較
- 闡述作用
- 哲學論述的存有模式：四個根本作用及四個任務
- 哲學論述自古典時期以來的必要性
- 神、靈魂及世界
- 哲學作為形上學的摧毀
- 特殊形上學的消失及一般形上學的位移
- 康德及新存有論的形成

La disposition générale du discours philosophique

論述的一般體制在十七世紀所遭遇的各種突變，其快速的描繪允許我們提出某些見解。136

首先，它允許完整地補充說明哲學的特點。我們已經看到它和科學陳述的系統之間如何區分（也看到它們如何相互趨近），以及它內含的自我正當化作用（而那與科學如何自我正當化是如此地不同）含帶著（impliquer），並運用一個主體理論，不斷地重新開始主張將它建構得像一個科學論述。我們也看到它如何與文學作品相區分，以及它的詮釋作用如何含帶著基礎的追尋，以及一個終極的計畫，即如同一件藝術品般，為一源起性的意義賦予表達。我們最後也看到它如何對立於日常話語，如何天真地施行所有天真性質的批判，驅散表象、顯現潛意識、引發主宰及改變事物秩序的幻想，而這單 137 純只是透過意識掌握（prise de conscience）的啟迪。現在，我們可以加上第四個根本的區分：自從笛卡兒以來，哲學論述與聖經闡述相接近，因為它也必須正當化一個不存在任何地方或時間的真實與它出現時所透過的獨特話語之間的關係；就此意義而言，兩者從來沒有如此接近過，即使那是以一個舊約聖經的引述句便可作為證據的時代，或者那是在西方哲學思想必然信仰基督宗教的時代。但在此同時，哲學論述以不可能混淆的方式，自我區別於宗教經典註釋，因為它所涉及的並不是要去分析，在一個時刻、一個世界的特定地點，真實展現於其中的變動、象徵活動、形象，而是要說明不 138 論這論述的「現在」是如何，都能允許它達致真實，而且此真實並不依賴於它。

有個作用平行〔於〕宗教經典註解（exégèse religieuse），但卻是〔和〕它反向而行，這便是可被稱為闡述（commentaire）[1]的作用：針對一個真實的論述，透過所有可以視為內含或外顯的語言、形諸語言文字或沉默的，找出它多少覆上罩紗的側面，而它以其未處於特定情境、未被言說的真實，包裹著所有可以被提供的展現。此一闡述作用可以採取兩種形式。或者是將所有被說出的，置放於真實本身的標準之下（在所有的論述中區分出何者〔為〕[i]真確、何者〔為〕虛假，何者是本質的、何者是和狀況有關，何者是有效的、何者是失效的），如此根據真實判斷將所有說出的加以分解，之後再將它們重組以形成真實；如此一來，科學、觀察、歷史、虛構敘述或宗教，將會置放於哲學之下，由它判斷其中應該受到肯認的真實；但在此同時，它們也提供給哲學，於它的真實之中不經中介立即可有的內 139
容；闡述的作用便如此地採取了百科全書的形式。[2] 或者，相反地，這個作用的施行是透過收容所有任何主體、在某一特定時間及地方可以作出的發言：這裡涉及的是找到使論述必須經受的轉化，以使它能夠如此模糊隱約地在它之中所露出的真實中取得一個位置；闡述作用此時採取了靜思回想（recollection）、無限定並耐心聆聽的形式，對象是所有可能的發言，因為在所有這些連續低沉的聲音之中，存有模糊不清的言語，而哲學的角色便是為它發聲：哲學在展開之後，將持有真實的論述。這兩種闡述的形式無法共容：但在兩者各自的遠端地平上，出現了以其本身作為世界邏各斯的哲學的偉大幻象，而這是在其特有論述之中如此，不論那是百科全書或靜思回想，就像在宗教體驗中，聖經乃是恆在者的話語。哲學的第四個向度便如此地得到界定：作為世界的邏各斯，如同它有意作 140
為根本的意識掌握、作為一個絕對源初意義的表達、作為一個嚴謹的主體理論。

i・推測字詞：手稿缺字。

於是，哲學論述的整體網絡可以由其主要的線條加以重構。此一重構，我們了解它是由笛卡兒事件，或是以更普遍的古典事件的分析為出發而達致的，也可以由對於論述的不同可能模式的抽象反思而達致。事實上，這兩個描述無法各自單獨分離地達成，但我們也不能阻止它們相互依靠。實際上，由哲學的論述模式中，有可能推衍出哲學整體的一般布署（dispositions générales）；實際上便是此模式使得它有其獨特性：因為哲學並不等待由其「現在」來完成其意義，它並不是一個日常的話
141 語；然而它也不會進行使此一「現在」失效的工作，或是以其意願來形成它，或是由一個先前的或外部的言語來接收它，它無法被化約為科學體系、日常語言、宗教經典註釋。一旦此一模式受到界定，便可容易地指出使它得以存在的諸內在作用；所有這些作用都受制於一具問題性質的關係之下，而那是連結論述的支撐與在論述中被說出者兩者間的關係。哲學在作用時，像是一群命題整體，在它們的陳述中，應該要說出它們由何而來（在空間中的哪一個地點，時間中的哪一個時刻，經由哪一個發言主體），而此一支撐又不會使它們失去一個沒有面孔的真實，此真實將包裹著空間、宰制時
142 間，由命題們所形成的此一論述，可以在其真實中，整全地重拾〔說出〕它們的「現在」：由此，便有了論述的**正當化**（*justification*），而此一論述雖然連結於一個獨特的「現在」，卻宣稱本身為真實；將此一「現在」**詮釋**（*interprétation*）為真實的露出可能（possibilité d'affleurement）；在一個將它變形的意識掌握中，對此一「現在」進行**批判性的重拾**（*reprise critique*）；對已被說出且有其實際情境的論述的**闡述**（*commentaire*），作為一個真實的可能支撐。在第三層次，可以看到這四個作用（fonctions）在其中發揮的論述建構：以某種方式，它們形成哲學的大型組織綱領（grands plans organisateurs）ii ——

但那並不真的是由它賦予目光，而毋寧是在一種半遮蓋的光線下，將顯現出來的元素相互連結。這些建構可藉不同的方式回應一個單一且相同的作用性要求：闡述的作用，可以在百科全書或記憶的形式中完成；批判的作用，可以由對表面做解釋或對潛意識做揭露的方式達成；詮釋的作用可藉生 143 成的分析或意義的尋求達成；正當化可以組織於一揭開遮蔽的理論中，或者於一顯現的理論中。最後，巨大任務的輪廓顯露在最後一個層次，它們使所有哲學倡議保持警醒，並使得〔它們〕投身於一個無疑看不到終點的艱苦勞動：這些任務包括為邏各斯發言、改變日常生活、發現根本及具源起性質的意義、主體的理論。這四個任務構成了哲學某種可見的主要軀體：哲學史家總是執著於它們、它們的主題、它們提出的問題、它們運用的概念——或是借用而來的、或是整體全新構成的——彷彿那便是不可改變並且持續的背景，由其中所有的哲學，一個接一個地誕生。事實上，這些任務只是哲學論述，以其模式所產生的最遙遠後果：它們就像是哲學論述在其前進並同時增加體量的過程中，於其自身之前描繪出來的地平線。不過，想要了解什麼是做哲學，不能把它們當作是不變的 144 問題並以此出發：必須要做的，乃是透過一種「模態演繹」（déduction modale），重構此一被稱為哲學的論述內在固有的必要性。

然而，此一論述的存在，並不是由一個和語言或是發言的可能性同樣古老的先驗（*a priori*）開始。

■

ii・刪除：「哲學可見的軀體」。

由一個論述的獨特模式、各種作用、種種理論形式、一些總是被重新執行的任務所構成的這個整體，事實上，乃是出現於十七世紀；我們是在它之中，學習如何辨認哲學——對於此一哲學，我們過去樂意想像它是在希臘的思想中找到它最初的源起及可能性。的確，比柏拉圖更早許多，便存在著我們稱之為哲學的論述；我們總是將它們接受為如此，理由首先是它們某些數量的主題和我們的哲學 145
是共同的（對於知識進行普遍的靜思回想、對於臨在與日常作批判、起源的追尋、真實論述的界定）。我們也因為如下的理由將它們接受為哲學，我們的文明對於哲學要求的，也是當時的哲學被要求的：進行診斷（當所發出的提問不是論述如何運作，而是它的文化角色），而那看來便是哲學的存在理由。自從笛卡兒開始，就如同在古典時期之前，非哲學（non-philosophie）向哲學要求的，一直是說明現在發生了什麼、當前顯示而又隱藏了什麼、是何種晦暗或邪惡、何種墮落或遺忘，將我們和那真實的存在分開，而我們要為它重新建立何種言語。然而，雖然有著文化中恆常的此一角色、即使某些主題有可類比性，甚或也許是同一性，我們所熟悉的哲學論述，其整體乃是形成於十七世紀。沒有任何其他 146
哲學論述、在任何其他時期，能夠像它擁有如下的特性：如此的存有模式、如此由不可或缺的諸作用（fonctions）[iii]構成的系統、如此一套可能的理論構成、如此一套的必要任務；簡言之，支持並連結自從笛卡兒以來哲學中各個明顯可見的主題、概念、問題（即使它重拾一些問題、再度運用一些主題、借用一些概念）的整個裝置（appareil），只隸屬於它及其論述。

論述抽象而一般的界定（它同時對立於語言體系，也相對於實際說出的言語）[3]，無疑使得一種獨特的潛在可能性（virtualité）可以受到標識：一個陳述的整體，它可重拾在其中被說出時的「現在」，以

進行它的正當化和詮釋，在其中進行批判或對它作出闡述。但此一潛在的可能性只是銘刻於論述的
性質之中。如果要它能在一個文化中真正地實現，必須有一個條件，但只需要此單一的條件；但它 147
同時是〔……〕[iv]及複雜的；由這些帶有其各自獨特模式的論述所構成的整個片層（nappe），能夠
允許它並且為它留出位置。換句話說，論述的潛在可能性，並不能單以其自身即構成〔其〕存在的
可能性條件；對於每一個文化而言，都存在著「論述片層」（nappe discursif）的歷史；在其中有時會
產生整體的重新組織，此時新穎的論述類型出現、陳舊的類型消失無蹤、某些會整塊地崩壞，有些
變動如此之深，使得人們不知道以同樣名稱稱呼它是否正確。對於笛卡兒以來形成的哲學，我們真
的可以說它和之前的論述真的是同一個嗎？而它不到一個半世紀以前仍是自然科學、對靈魂及神的
認知、神學的女僕、和天啟智慧相合的自然智慧？

無論如何，自從笛卡兒開始，思想中可被標識的大主題中的每一個（其中有些是第一次出現，而 148
其他的則是長期以來即被提出的），這些大主題中的每一個之所以存在，只是因為它受到論述本身的必
要性所召喚：並不是因為這個主題由一整個傳統流傳而下，已經存在於哲學家眼前，或是，受到他
的目光突然照亮，它才被說出於陳述、被捕獲於一概念組合之中，並被轉化為理論；完全相反，如

iii．譯註：雖然 fonction 也可以甚至是經常被理解為「功能」，但因為傅柯在此書中將它們置於一多層次的系統中，為了避免誤解，翻譯時大多譯為「作用」，以彰顯它們在系統內部（有時是相互連結）的角色。

iv．手稿缺字。

果它在一個系統中出現，那是因為哲學論述，為了其自身的存在，要求它被說出。在哲學論述的諸
作用及它運用這些作用所完成的無盡任務之間，在那被打開的空間之中，所有西方哲學的概念找到
149 了它們的位置及存在理由。它們之間可能具主宰力的不相容性，並不指向哲學視野或系統之間的根
本對立，而是指向一整組的變項，透過它們同一個單獨的論述作用可以發揮作用。自十七世紀以
來，哲學對於它要將其理論化的主體，便是如此相續地採取非常不同的形式：思考的實體（substance
pensante）、理念的理念、印象及印象的意識、自我、具超越性質之主體性；[4] 然而，對於一個由《規
則》[5] 出發，思考整個歐洲哲學邏輯一致性的目光而言，由如此不同的觀念所組成的整體所形成的
概念集合，使得哲學論述可透過它們而正當化它與它特有的「現在」之間的關係。以同樣的方式，
在詮釋作用，和與它相對應的任務，即顯現源初的基礎，在兩者之間所形成的間隔中，有一系列
150 的概念可提供作為其等值者：由一無限的意志所創造的有限悟性、由人的潛在可能性及根本需求
決定的人之本性、經驗一般而言的可能性條件、在歷史中形成且展現的精神（Esprit）、事先構成的
意義（significations préconstituées）之源初層次。在批判的作用和改變世界樣貌的任務之間，也棲居著一
整組的觀念，它們為了論述的一般經濟（économie），可以相互取代：透過認知的冷靜主宰激情、想
像、身體、甚至自然整體；在道德的歷史來臨過程中發現道德的律則；對於人在其中迷失自己的
所有異化作出意識上的掌握。最後，在闡釋陳述和世界邏各斯的解碼之間，可以發生的有神正論
（théodicée）、普世歷史的理論、一般邏輯、遍歷所有在世上作用的矛盾的辯證法。

看到這些重新被分成不同集合的哲學觀念，我們也許會有的印象是，它們比較不是在回應論述

中的作用，而是一些非常古老的問題，它們如果不是屬於整體人類特有的問題，至少也是西方文 151
化[v]特有的憂慮，包括它和宗教、神話學、道德論、宇宙思辨、科學之間的交纏。這不就像是靈魂、
世界的秩序及宿命這些持續千年的問題，經由其他的語言及體系轉化，重新出現於這些有關主體和
源初基礎的分析，以及改變世界或解碼其理性的努力中嗎？那麼，將整個西方哲學單獨由其論述模
式出發而作出演繹，很可能是虛幻的？此一演繹是不是只以一個視覺遊戲，反轉了事物的秩序，並
相信會在論述的必要性本身之中，發現哲學的對象，但實際上反而是這些對象，因其特性，排除了 152
其他論述形式？我們自十七世紀以來所認識的哲學，不就是我們回應問題的方式，而這些問題比哲
學古老許多，也比哲學擁有更深厚的根源？

在此必須導入一個重要的區分。古典時期進行了重大重組，以新的模式將整個論述的一般體制
（régime général des discours）作了重新的布置，在此之前，哲學和它的支撐——它的這裡、它的目前和它
的發言主體——之間，並沒有後來使它具有其特性的關係。這當然並不是因為，它是一個和其他論
述相類似的論述，而且它也沒有具區分力的標準。然而，不論它的獨特性如何（需要進行一個完整研
究才能決定此一獨特性是如何構成的），它的論述模式，使它可以將它所談論的，當作是一個由外部提
供給它的對象領域（champ d'objets）——向它提出同樣的問題，或是以同樣的謎題來逃脫於它。由此， 153

v．刪除：「以其全然的厚度」。

產生了數個後果，首先是這些對象的持久性，它們確保了哲學的連續性，並且——透過不同的意見
和多樣的概念——允許它成為一個根本上是一體的論述。另一方面，哲學與神學命題及科學陳述之
間進入一種經常是不確定的、有時是不自在的關係，但這和笛卡兒之後所建立的，無論如何，乃是
非常不同的關係：因為在此之前，哲學有一個對象領域，如同神學與科學（於是，就原則和一般形式而
言，哲學與它們乃是同質的，但就領域而言，則可相互區分）；然而，也就是在其特有對象的界定方面出了
問題，因為在對象方面，哲學和神學及科學有部分的共同性（至少在某種限制之下以及就某些面向而言）。
哲學的對象是神、靈魂及世界。如此，它和神學有連接關係——但也有所不同：因為後者談論的神
乃是出現於聖經中的神，也就是作為發言主體的神，而祂談論的即是祂本身。哲學與邏輯、數學及 154
物理學相連接，但在此也有一差別：和它們相對立的是，它的對象不是世界的某一個部分，或是理
性的某種方式，而是靈魂本身及世界的整體。作為一個其對象領域為神、靈魂和世界所界定的學科，
哲學過去曾經全然是形上學的：特殊形上學（*metaphysica specialis*），這時，它處理的是其中對象之一，
其形式為神學、心理學及理性物理學；普遍形上學（*metaphysica generalis*），這時它將這三組重新聚合
起來，形成一個共同的類項，成為它要處理的、具普遍性質的對象——而那便是存有（l'être）[6]。直
到十七世紀（在此，源起〔origine〕的問題並未被提出），形上學便是哲學，而它所形成的論述對象有神、
靈魂及世界。

人們大可說十七世紀之後，哲學多少以不同的方式，持續地談論神、靈魂及世界：〔……〕笛 155
卡兒《沉思錄》的論證次序可為此〔做〕證明，還有在《康德遺作集》中有不可勝數的文本，規

範超驗哲學的主題為自我、世界及神。[7] 然而，事實上，在此表面的連續性之下，發生了一個具決定性的事件——這三個元素在其接續及論述發展連貫中，發生了一明顯可見的擾動，顛倒了其次序——但相較起來，此一決定性事件卻更為重要。這事件在於，神、靈魂、世界，對於哲學而言，已不再是對象（objets），而是成為其論述內部的作用元素（éléments fonctionnels）。要以其存有模式出發而存在，哲學過去的確曾經不得不談論某種像是神、靈魂或世界的事物。但從此之後，它們成為哲 156
學論述經濟以及它和其「現在」之間無可限定的關係中的一部分。由這個時刻開始，哲學探討的神和亞伯拉罕、以撒及雅各的神不再同一，即使祂們可能會交換面容；由這個時刻開始，世界作為哲學家思維的主題，離物理學命題越來越遠，雖然他們不停地在其中尋找支持；（由）這個時刻開始，存在於血肉之軀中的靈魂（âme incarnée）、負有原罪的靈魂、意識指導中的靈魂，不再是會思考實體的靈魂、和身體結合的靈魂、和印象及想像有關的靈魂。

然而，更重要的是，停止作為論述的對象，而成為其中的作用元素，靈魂、世界及神便不再能作為外在且穩定的參照系統（référentiels）；從此之後，它們的地位只是和一些變數一樣，可以在某 157
些條件下滿足哲學論述內在固有的要求。神在論述中的作用，很能夠藉由經驗的先驗條件、在世界中顯現的精神，或是有限性的源初經驗來施行；靈魂在論述中的作用可以由「我思」、超驗主體性、身體本身，或是身體和世界之間持續且變動的關係來施行；至於世界，它在論述中的角色，可以由一受創造的擴延、經驗的全體、現象中同時具無上主權但又隱藏的理性來扮演。簡言之，神、靈魂及世界失去了作為首要及構成性對象的優越地位，進入了一個它們在其中其實也可以不存在的系統，因為它們的不存在和此一不存在所能採取的多種形式，精確地扮演和它們同樣的角色。世界可以有一個封閉的形式，並且構成〔一個〕完美的宇宙，或是相反地鬆解於一個無限的空間；靈魂可以是不滅的，但它也可以是會滅的，具物質性的，以及，就其實質而言，與身體是同一的；神可
158
以存在，祂可以死亡或是從來未曾存在過，但這些都不重要：具有根本重要性的，乃是祂存在於論述網絡中的一個特定點，作為一個元素，它的形式可以改變，但它的作用維持著一種持恆性。在十七世紀之前，所有將哲學論述固置的事物，使它面對一個由各種對象構成的領域，並將它建立為形上學，所有這些在古典時期進入論述的遊戲：所有這些都成為與它的要求相關，以至於神、不滅的靈魂及有限的世界不再是不可或缺的，這時，不可或缺的乃是一個其中有不同變項的遊戲（jeu de variables），而神、靈魂及世界在其中只代表可能的價值。

從此之後，神存在於哲學中的條件，只在於祂可以被祂的不存在取代——其可以採取的形式包括具有巨大力量的自然、絕對精神，或是存於有限性之中的人本身；可取代靈魂的，則包括純粹主
159
體、精神原理、內在性、身體；可取代世界的，則為空虛的空間、相對的時間。於是，在哲學之內，安居著一整套的對立組合：包括神存在對立於神不存在、非物質性的靈魂對立於身體性質的靈魂、一個有限且可分解為由不可再分離元素組成的世界，相對於一個沒有限度、可以無限分解的世界。然而，此一諸多對立項的組合，它所指稱的並非一個不可由經驗達致的對象領域，而且因此座落於有限悟性的邊界之外，它所指稱的，毋寧是下列的事實，意即這些對立項，它們指涉的並不是哲學論述的對象，而是指陳其作用方式的條件，而這些項目在其中互相排除，卻又相互對等。因而，並

不是因為理性的自然幻覺，使這些二律背反（antinomies）無限定地重生，並使它們的元素在一個系統中回應著另一個：這些二律背反乃是含帶於哲學論述的模態之中的——它們在其中不是〔作為〕矛盾（contradictions），而是作為選項（alternatives）。8

下面這個事實於是得到解釋：直至今日，已有三個世紀，西方哲學不停地成為形上學的摧毀及 160
終結。實際上，由傳統以來直到十七世紀，形上學乃是一個以靈魂、世界、神為對象的論述。然而，無需證明它們無可懷疑的不存在，甚至不需要以一種或另一種方式停止談論它們——或是它們的等同物——不必迴避它，哲學便已放棄成為形上學，而弔詭地，這正是由哲學最接近這些「對象」的時刻開始，它將它們同化，而且就像內化了它們，使它們成為其論述中的作用元素。西方哲學並未殺死神、驅除靈魂、將世界棄置於物理學家手中；它不停地質疑它們作為對象的地位，但仍讓它們建立起一整套關係系統，後者與其自身論述是一體的，而且在其中，出現了它們不存在的可能性。 161
因此，不應將神之死、靈魂的否定、世界作為問題的放棄和形上學的終結相混淆；這兩個事件系列有其關連性，但仍是明白分開的：神、靈魂、世界進入了一個論述，在其中它們的存在及不存在同樣都是完全可能的；它們並未消失，而是被置放在一個分別生與死、光明與晦暗，曖昧不明的門檻上，至於作為談論這些對象論述的形上學，則是完全地被摧毀了[vi]；此一摧毀終極地弱化了神、靈

vi．刪除：「這點允許理解兩個在歷史層面有其重要性的事實」。

魂、世界的存在，但並未使它們成為不可能。

我們理解為何西方形上學的終結，傳統上被標識為發生於康德的時代，並且被當作是批判哲學的效應。這是因為康德在嘗試界定認知一般性客體有可能是什麼的時候，解明了以下的事實，即和神、靈魂、世界之間，是不可能建立起客體性質的關係的；而在此同時，他也著力建構一些哲學論述，在其中，它們的存在，不再以作為客體而被提出。[9]在此一意義下，我們的確可以說，康德的作品是整個西方哲學的重心所在。然而，仍必須說明，具決定性的突變，乃是發生於十七世紀，並且正是由名稱帶有《形上學》的《沉思錄》產生的，在其中，神的存在、靈魂的認知及世界的實在受到召喚來為論述的真實奠基。[10]在中世紀傳統中，所有被稱為「特殊形上學」的，在此文本中有了一個一般性的布署（disposition générale）、一個基礎，以及許多作用，而這些又使它宿命地走上被摧毀的道路。此一摧毀本身曾經長期處於模稜兩可的狀態：當哲學繼續談論「同樣的事物」時，它可以被視為仍然且一直是一種形上學（伍爾夫〔Wolff〕[vii]為了重建第一哲學所做的努力，乃是由此出發才成為可能）[11]；然而，因為它之所以能夠談論它們，乃是緣由於哲學論述對其自身所做的正當化，形上學的可能性也可以受到否認（如同在洛克〔Locke〕或康狄亞克〔Condillac〕作品中的情況），而其名義乃是心智唯一能達致的真實。由康德開始，我們知道形上學的不可能性和客體的一般地位有關；於是進入模稜兩可狀態的，乃是此一形上學的對象：神、靈魂、世界開始可以不存在。後笛卡兒的形上學摧毀，由其特有的模稜兩可之中離開，正是為了於康德之後，以明顯的方式，延伸於它過去對象無可斷定的存在之中、以及具威脅性的死亡之中。

162

163

在哲學論述展布存在中的此「特殊形上學」之摧毀，並沒有對稱地引發「普遍形上學」的摧毀，此處產生的後果毋寧是其位移。作為存有（l'être）的理論，中世紀的第一哲學界定了心智可以達致 164 的最一般對象，而神、靈魂、世界從屬於它，而它就像這三者都隸屬的一個類項（genre）。存有論（ontologie）過去曾是所有形上學不可或缺的基底，其絕對的起點。但是由於哲學的傳統對象因不再作為對象而消失，存有論也不能保持同樣的角色。就某種意義而言，我們甚至可以說它隱身而去：它過去以作為客體的一般理論而存在，但當這些客體不再是客體，它又如何能維持其自身不變？古典哲學不再將本體論認知為其先決條件。然而，哲學論述之所以能以其特有的模式運作，其條件是由其支撐出發，它有可能說出真實——條件因而是它所談論的（世界、靈魂、神）以一種或另一種方式存在；因而，在其論述的歷程中，它有能力陳述存在的事物。它因而需要一個存有論能力（pouvoir ontologique）；它不需要在其發展中包含一個有關存有的初始論述，而這論述會成為普遍形上學或第一哲學；它本身必須作為此第一哲學。當特殊形上學的對象成為論述中的作用，普遍形上學的角色 165 乃由哲學來扮演，而這時哲學是論述性作為（entreprise discursive）。由此而來的是古典哲學一些獨有的特徵：每一個哲學論述都積極地想成為哲學的重新開始，由它出發，真實將可由不可懷疑的方式得

vii・譯註：Christian Wolff（一六七九—一七五四），德國哲學家、數學家，他將哲學進行系統性的分類，比如理論哲學和實踐哲學。

到奠基，而存有也以其特有的形式和地域（sous sa forme et en son lieu propres）受到辨識；所有的哲學家在發言時，沒有必要發展出一套存有論，而是要使得一論述存在，而那便是它自身的存有論。於是，同樣地，至少在語言的理性使用中、而且當它形成一邏輯一致的論述時，它會具有下列特點：即有能力指稱、命名及表明（démontrer）存有；後者因而能以其真實藉由語言再現。達致存有者的可能性，因此存在於語言之中——但也同樣是錯失它的可能性；如此便解釋在十七及十八世紀的思想中，存在著唯名論性質的概念批判及語言再現性質的理論，而它們之間具有類似孿生及不可分離的關係。166
存有從來不是完全地被給定，因而也不允許有一個一般理論可以說出它是什麼；但它可以在一個關於其中被陳說者的論述中得到顯現與證明；論述並非在存有的普遍環境之中展布，但它可以、也應該再現它；它可以說出存在者（ce qui existe），它應該說出為何此一存在是確定的。並不令人驚訝的是，古典時期哲學以存有論據開場，而它允許由神的概念直接證明神的存在，並間接地證明世界〔及〕其他人的存在。[12] 即使走出了此一論據，古典時期哲學家[viii]的論述從來無法避免論證在它當中成為再現事物的存在：這是為何它從頭到尾乃是一個再現的形上學（但那是以作為「普遍形上學」而言）。[13]

反之，自康德以來，當「特殊形上學」的消失已由客體理論確立，後者將會扮演第一哲學的角色。在古典時期哲學家的思維中，「普遍形上學」（至少是在表面上）被消除，而其殘存主題（即使它 167
們已失去作為對象的地位），由康德開始，其情境則是一項一項地翻轉：形上學及其特有的主題，變得無法達致；而如果它不可恢復地受到排除，則有賴於一外顯的一般性客體理論，而此一理論作用

起來便像是存有論。與其像古典時期哲學家一樣，以取消存有論來改變形上學的地位，康德的革命
毋寧是在於，以一個新的存有論來消除形上學。這個新類型的存有論，其目標是建立起一個被給定
於經驗中的客體的一般理論：因此它將和一部現象學或者完全同一、非常相近，或者深度關連。也
就是說，論述將沒有提出存在證明的必要，它將不必區分經驗中，何者是存在的、何者是不存在的；
它必須要做的，將是建立一套理論，談論在經驗中顯現並被給定作為客體者。[14]不再需要區分存在 168
與表象；必須要做的，乃是建立現象的存有學，而由此一存在，它可以與出現或隱藏〔於〕現象之
後的明顯區分，人們將其等同於形上學，而它終於受到革新的存有論影響，應可使幽靈消失。如此，
一方面與客體理論相關連，〔另一方面〕與經驗內容的現象學描述相關連，十九世紀的存有論將採
取兩種同樣可能的形式：或者它在某一客體理論中尋找最一般的種種形式，在其中的現象可以被提
供給經驗——而那將是形式存有論（ontologie formelle）；[15]或者它在所有客體關係之下尋找，以便為
其奠基，並尋回其構成，現象能夠幽暗地指出，例如在客體性的缺口當中能得到助益，相對於它更
加根本的事物；那將是對比客體出現更早之前，但也與它有一後撤關係，即對意志、生命或大寫存
有（Etre）所作的論述。169

然而，我們看到，無論如何，自十七世紀以來，西方哲學之中存在著一個不可抹除的關係，它

■

viii．刪除：「直到康德」。

乃是存在於形上學的摧毀與存有論的重建之間。完全沒必要在西方思想最古老的使命中尋求其起源；[16]此一關係的律則乃存在於哲學論述三個世紀以來受到界定的存有模式之中。

CHAPTER

eight

第八章 論述的兩個模型

- 哲學論述作為歷史上出現的哲學體系的可能性條件
- 自從笛卡兒以來，受到哲學允許的兩個選擇系列
- 後笛卡兒哲學論述的第一個模型：揭露、起源、表象、百科全書
- 後笛卡兒哲學論述的第二個模型：顯現、意義、潛意識、記憶

Les deux modèles du discours

至此受到分析的，乃是從古典時期以來，被強加於哲學論述的必要性層次。這些必要性完全不 170
是根植於哲學的一般本質之中，或是存在於它的起源對它所設定的去向中；但我們不能將它們等同
於不同體系內部的建築結構（architecture）。哲學論述有其特殊堅實性，它同時作為在特定時間點湧
現的歷史現象，也作為以其上無它的方式穿越由哲學家們建造的多樣命題集合的網絡。即使它相較
於在歷史上出現的各種體系，皆保持著後撤，並不會阻止它在此一歷史中保有其出生地及參照座
標。因此，必須不把它當作所有體系〔的〕形式性律則，而是將它當作某些數量的體系實際出現於 171
歷史當中的歷史性可能條件。[1]所有笛卡兒以來的哲學皆遵守論述的此一法則。如果它們彼此有所
不同，乃是因為論述模態強加於其上的條件，留下某些數量的選擇點未受決定；而如果透過這些分
歧，我們能在它們彼此之間找到可類比性或親屬關係，那是因為不同的可能選擇並不是相互獨立
的；在某個點或某個給定層次所做的決定，必然在它處呼喚另一個；換句話說，體系不會直接以獨
特的選擇組合形成個別化；在哲學論述特有的法則之外，以及在如此被描繪出來的空間之內，體系
還受到各種可相容性類型（types de compatibilité）的支配。

為整個後笛卡兒哲學劃分出重點的，有兩個〔最重要的系統〕，在分析它們之前，必須先簡短
地指明這些選擇點（points de choix）所處的位置。我們立刻要注意的是，它們並不處於由哲學特有的
論述模式所要求的四個作用（fonctions）的層次上，但也不處在另一個極端和這些作用相對應的四個 172
第一級領域（domaines primaires）。反過來說，我們會在位於這兩者之間的中間地帶遭遇它們，而它們
也分屬不同的群集。首先有（為數不多）的，各種理論形成的可能選擇群集，這些理論允許大型的

作用得以施行。我們之前已經標識了它們[2]：論述的正當化作用，可透過揭露理論或顯現理論來施行；詮釋的作用可透過起源理論或意義理論來施行；批判的作用可透過表象理論或潛意識理論來施行；最後，闡述的作用，可以透過百科全書理論或靜思回想（recollection）理論來施行。另外一個群集（數量則更為眾多）集結了可相互等同的概念集合，透過它們可以為第一級領域之一劃分出內部 173
格架：比如說主體的領域之分析，其分析可以透過這些概念，比如會思考的實體（包括所有與它有關或由它衍生者）、「理念的理念」、綜合活動、精神、超驗主體性。[3] 最後，第三個群集乃是由可能的思路貫串次序的選擇所形成的：所遍歷之元素推出順序的選擇、推論形式的選擇。後面這兩個群屬是最為人所熟知的——老實說，也是唯一為人熟知的；因為是由它們直接構成供人閱讀的哲學作品。對於人們所稱的「哲學」，一般是以概念選擇來加以界定的；人們描述作品則是依照其思路貫串次序的選擇，而此一哲學便是在其中顯現。哲學史家除了將一位哲學家的概念選擇轉移到另一個選擇的語彙中，或是將一個作品中顯現的思路貫串以另一個可能的次序加以展開之外，沒有別的作法。然而，在此時，此一程序的存在理由無關宏旨；是於一個類同的次序中，展現這些被轉移的概 174
念，或是以更加嚴謹的方式及更具體系架構性（architectonique）的方式，在一個被調整過的次序中，重建這些源初概念本身，知曉哪一個更為「忠實」，同樣也是無關宏旨；這兩個方法可以相互對立，宣稱其中之一比較具有孕育性、另一個更為精確；事實上，它們乃是屬於同一個層次的。它們只能觸及哲學史最明顯可見的層次，並且其本身便棲身於此一歷史所提供的各種可能性之中：這是因為，在絕對必須及共同的布署的基底上，某些數量的路徑選項（bifurcations）仍是開放的；受允許的是，位移概念、思路貫串方式，或是其中或多或少的一部分，以形成一既成的哲學的哲學類同物（analogon philosophique）。但最核心基要的是，了解這些可以容易感知的選擇，它們本身是被收納在由其他決定所形成的整體中。這些決定，界定了排除及可互容性的重大形式，描繪出歷史明顯可見的 175
依循路徑。哲學的歷史，如果至少要重新掌握使它成為可能的事物，其書寫不應由個別的體系出發，而是由論述模式加諸於其上的一般性條件出發，並接續由選擇構成的階序層級出發，這些選擇相互統領也相互包裹。4

我們前面已經看到，自從笛卡兒以來，哲學所允許的第一個選擇系列，乃是關於大型的理論形成，透過它們，論述的四大作用得以施行。事實上，應要採取的四個決定，彼此之間並不是相互獨立的；單一的一個選擇，便足以約束其他三個將要跟隨而來的選擇。如此一來，在此一仍然非常一般性的層次，存有的是可相容性的兩大型態（types），相應於十七世紀以來在西方可見的兩種做哲學的方式。

其中第一個大的型態將各種揭露、起源、表象、百科全書的理論相互連結貫串。實際上，當哲學以在純粹的注意力動作（un acte de pure attention）中的真實之彰顯而正當化自己（這個動作原則上是自由的，但就其內容而言是完全受到決定的，並且像是被它充滿），它給予支撐它的「現在」，給予正在說出它 176
的動作本身，一個絕對優越的地位；此一論述的時刻，便成為真實湧現的時刻。在某個意義下，這裡涉及的是一個既沒有受到任何其他事物規定的動作，而只是由在這裡及現在發言者的自由注意力所主導。不過，此一動作並不是一個繁複的操作，也不是諸活動的建築結構；並不是它建構了論述的長程整體；它所做的，只是為它開放了一個已然存在的真實，而它等待著論述揭露其面紗。此一縈迴且正當化哲學家論述的動作，無疑地，需要不停地更新，以支持論述的每一個次單元（命題、允許由一命題過渡到另一命題的連結、組成它的〔項目〕i）；但此一動作就其自身而言，並不算什麼，而 177
且它會在它所允許說出的事物中消失蹤跡，它不是別的、只是陳述的一個模態；那便是正被說出者毫無疑問的確定性。為了哲學論述得以存在——並且得以被正當化——有一個動作必須是可能的，並且以某種方式可以為所有的發言主體使用，並為他保證，他論述中的這裡和目前會向他送交一個沒有時間性的真實。由此，便有必要將此一論述主體重新放置於此一先於他存在的真實之中，並顯示以某種屬於純粹自由及純粹注意力的動作，如何可以為他將之如實地重建，並解釋這個總是可能的動作，將一直保持懸置狀態，並由此理解真實應是在陰影中等待著當前論述的湧現。如此，揭露的理論，當它涉及論述的詮釋作用時，以一起源的分析來組構自身：論述的「現在」，如要能正當 178
化為真實的承載者，只有依靠我們在真實和所有任一個發言主體之間，界定出一個初始的、具奠基性的且無可摧毀的關係，接著又界定出一整組事件、意外或機制，它們雖不會排除或中斷這最初的關係，卻會將它遮蔽並使〔它〕失去它的限制力量。此一初始的關係，乃是亞當式的顯而易見（l'évidence adamique）、乃是存在於原罪之前的認知，或是在任何反思、任何符號及語言的抽象化之前，

i・推測字詞：手稿難以解讀；刪除：「概念」。

即給予感官的印象。如此，當涉及的是正當化哲學論述，揭露（dévoilement）的選擇，引發了一個起源理論的選擇，而這是當它涉及詮釋此論述的「現在」之時。此一結合揭露及起源的必要性，又在一個確定性理論中具體成形——不論此確定性是無可懷疑的證據或是感官沒有中介的印象；使論述得以正當化的確定性，解放了一個和真實的關係，而它絕對具有源初性，並且不是任何後來的事件可以磨滅的。如果我們回想起正當化作用的關連項是主體的初級場域，而詮釋作用的關連項乃是基
179 礎的第一級場域，我們便會了解為何確定性（證明或印象）暴露出一個統一的領域，在其中主體扮演著源初基礎的角色。由此一特屬於發言主體並內在於其言語的動作出發，任何真實能夠得到陳述：奠基的主觀形式便是確定性。我們因而可以說，證明或印象的學說形成了一個巨大的綜合整體，將正當化及詮釋〔的〕作用、揭露的和起源的理論、主體和基礎的第一級場域，整合為一[ii]。

180 另外兩個選擇必然受到第一個選擇引領。如果論述是由確定性所正當化，而此確定性乃是與真實關係的源初形式，它的批判作用只能在一表象的分析中施行。實際上，在哲學論述中湧現的與真實的關係，應該以此獨特的事實〔就在此論述中，它在其中以其自身出現〕，要能解說它只是在發言主體的注意力動作中顯現，而在所有其他地方它將消隱，或是無論如何終究無法為人掌握。哲學論述不能在確定性形式中展開，卻不同時陳述及解釋它與真實關係的脆弱性，即使那具有源初性質：它應該要述說，錯誤是如何到處存在，在每個時刻都可能發生，除了在此特定地點、時刻，在其中發言主體以完全的確定性說出他的論述。解釋錯誤，並不是將它界定為一個無特別理由的斷
181 裂、或是因為某個古老事件而產生的遺忘；而是去顯示，它是因為與真實的關係本身而成為可能；

即使是最先犯下的原罪、即使是墮落（chute），其根源也應該是在它之內。然而，如果那源初便給予我們的真實有可能脫離我們的把握，那是因為我們不能將它完全地掌握：我們是有限的造物，而且此造物有其身體這個事實，阻止我們單單僅用一個關注便能掌握整體的可理解關係；我們只能在一些形象之中捕捉住它的片斷，或者我們是在可感的形式中，收受了〔它的〕部分整體，而它們內撤於自身當中，只以符號或象徵示人。簡言之，透過感官及我們內在所有屬於身體的部分，真實並〔不〕總是且持續地以明確證據的方式來到我們面前，而是以想像的形式。後者並非錯誤：它只是——但這便是緊要關節——我們和真實的源初關係中的潛在可能，而這使得它能脫離我們的把握。這是因為，真實被給予我們的時候，乃是以形象的面向給出，於是我們便有機會將這些形象當作真實本身，在它們之間建立起沒有穩定基礎的關係，並且對它們產生了未受注意力規則管轄的判斷。然而，這便是表象（apparence）：並非是錯誤或幻覺本身，而是和真實之間關係的可感的、具身體性的及想像的形式，它們出現於感知或記憶之中，而透過反思，它們乃是產生不確實判斷的機會。表象的批判於是立足於一種生發過程：在與真實的關係中，發現可能產生錯誤的點位；接著分析這些表象〔的〕形成機制，遠非真實的相反，它們乃是其可感的面容、收攏的、表意的或象徵的形式

182

ii・刪除：「另外兩個選項可輕易地由此而來。一旦實際上透過確定性界定了揭露初始的真實，哲學論述的批判作用只能在表象的分析中施行。這是因為，發言主體透過注意力找回的與真實的源初關係，乃是一個必須由其自身的不穩定性解釋的關係：真實必須在此被給出，但其方式是它可能喪失」。

（廣延的感知、自然的判斷、性質的感覺、自發的感受）；最後，界定可以由此可能產生所有種種不確實判斷的可能性條件，而這些不確實的判斷，有成見及不專注的心智會將它們與真實相混淆。

哲學論述中的詮釋作用和批判作用之間的關連，在此種論述中必然是建立於一起源理論和表象
183 理論之間。此一關連採取的形式乃是一複合的學說，在其中以一理念的發生學，組構著（articuler）想像的分析和錯誤的分析。然而，與起源理論及詮釋作用相對應的領域，乃是奠基（fondement）；透過表象理論與批判作用相對應的，則是有一個世界需要加以轉變的領域。由一個領域到另一個，錯誤及形象的發生學扮演著綜合原理（principe syntactique）的角色：實際上，一旦我們決定了發言主體相對於真實的源初性（originaire）和理念性（idéale）位置，一旦我們能由此一位置出發，標定了表象的源頭、定位所有錯誤的可能性、並且顯示它是經由什麼樣的機制建立的，哲學論述便能施行其批判作
184 用，並且著手轉變世界，其方式或者是形成一個完全真實的知識並使人得以主宰自然，或是使人得以主導其想像、不至於為表象所提供的任何錯誤機會所席捲，或是揭發成見、幻想、不真確的信仰，而後者在人群間堅實成形，在他們之間立足，產生不公不義的機構、不理性或野蠻的宗教、迷失正途的科學及哲學。無論如何，總是透過與真實的源初關係的重現天日，人得以擁有世界、征服激情、獲得拯救、尋得至福、改善眾人的命運、建立幸福的共和國。

於是，要證明以下這點是容易的：選擇表象理論以施行批判功能必然宿命地引領出建構一世界的邏各斯，但這並不會在記憶與靜思回想的形式中進行，而是在百科全書的形式中進行。實際上，對於所有尚未通過確定性考驗的，也就是所有尚未被引領至真理的源初形式的，必須將之當作純粹

185 簡單的表象（既非真實亦非虛假）；我們應該將所有無法通過此一考驗者，當作是錯誤及幻象，而只
有能在一個具確定性的論述中占據地位者，才應該被當作是真實的。檢驗（examen）的規則及完整的
檢驗必須產生。對於由經驗而來的簡單知識（自然的事物、它們在感官經驗中被賦予的樣貌、傳統流傳給史
學家的事實），檢驗的構成應該由一系列個別的觀察構成，它們各自陳述所有個人[iii]可以或應該可以
感知及辨識的事物，只要此個人在必要的時刻出現於、或曾出現於適當的地方。相對地，對於經由
純粹的推理便能建立的認知，檢驗的任務將是發現一個具自明性、因而也就會為所有人接受的出發
點，由此開始，便能在完全的確定性中，推衍串連一系列真實的命題。由此產生了兩大談論世界的
論述類型，或說兩種將世界轉化為論述的方式：其中之一是陳述之間不間斷的貫串，它們彼此透過
186 推論互相連結；另一種則是觀察及經過驗證的事實的累積，它們彼此印證及互相交纏。一方面，我
們會有一個獨一無二的論述，在適合於它的秩序中開展；另一方面，則會存有一整組的論述元素，
在它們之間必須能找到最有用處的秩序安排及最自然的分類。演繹及分類，允許由表象的批判性及
全面性檢驗過渡至理性的發現，此一理性不停地在世界中發言，而這便是哲學家的論述必須重構
的，就好比宗教論述必須重構神的言語。這一類型的哲學，它的百科全書式的計畫，必然將是雙重
的，但彼此之間沒有任何矛盾：一方面會有知識的貫串連結，由最簡單的、最基本的及最立即確定

iii．刪除：「不論任何時刻亦不論任何處所」。

的開始，一直到最繁複的；哲學論述此時採取的形式會是具持續性及完整性的論證性專題寫作（其中的例子顯然是《哲學原理》〔*Principes*〕或《倫理學》〔*Ethique*〕，[5] 但也包括康狄亞克的《課程》〔*Cours*〕或《理念學要素》〔*Eléments d'idéologie*〕[6]）；和它相對但也相關的，則是受驗證認知的格架（拜爾〔Bayle〕的《辭 187 典》〔*Dictionnaire*〕或《百科全書》〔*Encyclopédie*〕[7]）。

哲學論述的四大作用以如此的方式相互連結，並連結於四個與其呼應的第一級領域；然而這個整體之所以能夠形成，乃是透過一系列相互決定的選擇。對於揭露理論所做的選擇，便含帶了由其他三個理論形成的選擇（起源、表象、百科全書），並且又由此出現了新的哲學元素：確定性、生成分析及檢驗的綜合性單位。我們還可以輕易地界定這些單位中的第四個——它將最後一個作用（闡述〔commentaire〕作用）連結於第一個（合法化〔légitimation〕作用），於是將世界的邏各斯或理性之領域相協調於主體的領域。此一單位將論述的作用迴圈關閉，並將哲學之揭露真實建立於此一世界的邏各斯之中，而後者正轉化為一本百科全書：如果哲學論述能夠照明一個至此未受陳述的真實，那是 188 因為真實的認知——來自推論亦來自經驗——已經開始散發其光明；現在人們正由其黑暗中走出，而他們的知識散發於事物及理念上的明晰，正是允許他們使用其天生的明智（lumières）。於是，如果哲學家說出了真實，那並不是不顧他由其出發而做發言的獨特支撐；相反地，他之所以能陳述一個其真實缺乏時間及地方的論述，正是因為他的支撐便是這裡及現在，而啟蒙之光由此一端點以全然的慷慨向世界照耀。哲學論述的「現在」，乃是《百科全書》卷首插圖所呈現的：太陽昇起之時，光照世界，真理顯現。此一光照以自然光明的形式，構成了所有知道如何運用其自由及注意力的主體的立即獎償。
　　哲學論述的整體統一於是得以封閉於自身之中，同時形成了因其內部相容性規則而成為可能的 189
兩大型態之一。我們看到所有以此模型發言的哲學家被加諸其身的任務：它們乃是由綜合單位所界
定，而它們允許由一個論述作用過渡至另一個，調節一個受選擇的理論形成以適應下一個、並連結
兩個第一級領域；確定性的使用，以生發形式分析想像、激情及錯誤，表面的全面檢驗，使應該光
照世界的知識得以增多，它們構成了哲學論述的迫切需要（impératif）——至少就此型態而言。由表
面上來看，這些律則是由哲學向可能和其鄰近的、但必然是外部的領域借用而來：諸科學構成的範
例，包括它們自有的真理及確定性；一個文化的，或者可能只是一個社會群體為自己建立不奠基於 190
宗教的道德所做的努力；一個社會或是階級的危機，它在理性知識中尋求宰制的工具或正當化的方
法。[8]如果問題是以意見為角度被提出來（也就是說，我們提問的是，就其歷史現實而言，誰是這些發言主體，
他們陳述、書寫、閱讀、複述哲學），很有可能我們會發現這類的原因。但這些原因並沒有以其自身決
定哲學論述的形式與內容，因為如果我們以其作用方式向此論述提問（也就是去問，一般而言，就在它
之內〔被〕陳述者而言，任何發言主體的相對位置），我們便會發現它對自己提出的任務，在現實上乃是
由其自身特有的經濟（économie）所規定的。
　　這第一道分析一旦做成之後，便能更輕易地描述第二型態的哲學論述，後者的存在是在笛卡兒 191
之後才成為可能。它是由一系列的選擇構成，並精確地和之前我們所界定的相逆反。它選擇的是顯
現（manifestation）、意義、潛意識、記憶，而相對於此，第一型態則選擇揭露、起源分析、批判、百

科全書的形成。然而，諸決定之間的貫串推進在這二類情況中，就和在第一類情況中同樣是必要的。
如果哲學的「現在」不是一個因為哲學家的注意力而產生的自主揭露，而是一個在其中真實有如自
行到臨的必要端點，那麼便不一定要界定與真實同時是源初性和理念性的關係，因為它會在一個它
自有的動態中提供；就在他知道之前，它便包裹了將要陳述它的主體。因此，遠非要以所有真實的
源初揭露來衡量論述的「現在」，並努力使一者與另一者相當，必須要做的嘗試，乃是重新把握在
192 哲學論述的這裡、目前、主體中可能顯露出（affleurer）的真實。既然它等待著論述才能顯現，真理
是隱藏的，但它也擁有屬於它自身的可見性，因為是它包裹著哲學家的論述，同時既承載著它，也
懸置在它上方，將它拉向光明，並且自發地在它之內發言。於是哲學家的論述就不那麼需要使用其
確定性，以尋回其初始的（premier）、自此之後成為終結的連結，而比較是要迎接如其所是給出的經
驗；它必須在其論述中為它保留位置，沒有分割也沒有區辨，不會在超越它之處、也不會在它之前，
尋找至少一個不可懷疑的元素，而它可以作為其奠基；它應該以經驗作為現象的立即形式及內容來
接納它，要提問的也不是〔它的〕無疑不可觸及的起源，而是在它之中顯現的：也就是它的意義
193 （sens）。現象的學說將顯現的理論和意義的理論相連結，就如同確定性的理論將揭露的理論和起源
的理論相連結。它也使得主體的領域和奠基的領域互通。但它在它們兩者之間建立的關係，和確定
性學說在它們之間建立的正好為逆向關係。因為如果哲學論述作為真實的顯現，必須陳述安居於現
象中的意義，相對地，並不是主體本身，在其經驗中展現為奠基者；相反地，在它的每一個意識形
式中（不論就其立即的感知或悟性而言），它乃是受到在它之前的意義生成（significations）所決定與奠基

的，並且它們強加於其上，如同一個形式的或物質、邏輯的或歷史的先驗。於是，如果論述諸作用
之間的關連將詮釋（以及意義的理論）和合法化（以及顯現的理論）牢牢相連，相對地，領域之間的關連，
則以逆向的方向建立起來：決定主體顯現軸線的，乃是種種奠基性的意義生成。同一個將意義安排
194
於顯現的純粹力量的現象學說，對於主體，則相反地將它安排於更具奠基性的要求。由此產生的是，
這一型態的論述，並〔不是〕以線性的方式，由給予主體本身初始的不證自明出發，由一個確定性
進展到另一個確定性，而是要在主體之中尋找顯現的初始形式，接著要超越它，尋找那穿越它或主
宰它的形式及意義生成——如此，為了某種自我奠基，將那原先作為它出發點的，重新置入疑問。
由此，另外兩個型態的哲學論述，由此一更普遍的模型出發、浮現：純粹是演繹性質的哲學，在其
中，主體乃是被置放於真實、純粹思維、精神或存有的自主動態之中；或者是反過來的另一種類型
的哲學，在其中必須透過經驗主觀面的折曲（主體作為現象），解碼意義的生成，而論述中的真實乃
是奠基於一種退行的模式（mode régressif）之上。

一旦哲學選擇的是現象的分析及其中意義生成的詮釋，它的批判功能便不再能以表象的還原來
195
施行，而是透過研究潛意識的決定來施行。這是因為，現象的意義生成，如果說它安居於其飽滿之
中，如果說它滿布於其中最顯著的事物之中，卻不會直接地由一個立即而無中介的閱讀來提供；它
的出現，需要一套特定的分析，在其終點，才會出現意義或形式結構；但它們被發現已經存在於此處、
祕密地規範著現象的律則，為它們強加其面向、內容及貫串。意義生成並不像起源那樣，界定著一
個和真實之間的初始關係；它並不呈〔顯〕一個確定性的絕對形式，而由它出發，所有的認知得以

196 受到判斷；相反地，它顯現出現象遵循著一些律則，其中有一些是絕對普遍的、另一些則是特殊
的；只有在這樣的法則之中，猶如真實的某些事物才得以出現。意義生成並不開啟真實絕對且無限
的空間；相反地，它界定真實經驗可以在其中形成的基本界限。[iv] 尋回同時存在於現象之中，但又
在其中被提供的意識之外的意義生成，於是便成為界定經驗的界限——這些界限不應只是隔障、也
應是構成性的形式。批判分析由內在於現象的意義生成出發所發現的無意識（non-conscient），描繪出
所有經驗的有限性（finitude）。它也許是受到外於經驗的狀態所規定（人類的生物學結構或是存在的歷史
197 條件）；但它也可是一個純粹的形式，一種被決定為不能是無限的樣態。因此，意義生成的理論及
潛意識（inconscient）的理論，乃是彼此相互組構於有限性的分析之中，[9] 就好像在另一種類型的哲學
論述之中，真實的源初關係學說與表象的學說，相逢於想像與錯誤的生成學之中。

最後的決定必然跟隨著前三個。如果批判的角色是使得限制經驗的諸形式 [v] 得以出現，如果它
必須使它們呈現得像是縈繞著經驗外顯內容的無意識，那麼哲學論述不必區別虛偽與真實，將前者
排開，只迎接後者；它要做的反而是去執行沒有限度的任務，即結合所有可以提供於經驗的事物；
但這靜思回想工作的進行方式，將會是使所有隱藏於現象中的、所有在現象中無意識的棲居者、所
有那些對它們而言是在內在的外來者、所有那些同時是使其獲得生氣、將其形成並將其限制的，得
198 以在將其重構的論述中臨現並且呈顯。闡述的功能將不會像在另一型態的論述中一樣，以一種真實
的百科全書的方式施行，而是透過在記憶中，把握所有可以供給經驗的事物。然而，此一把握將不
會只是一種累加的編年記載，而是經驗和存在其內部的外來者互相和解，並能將其界限重拾且加以

使用。由批判作用到闡述作用的過渡，因而是由一種可以被稱為「去除異化」（désaliénation）[10]的學說所確保。透過記憶對經驗的掌握，將哲學論述獻給了一種恆常持續的歷史任務：這是因為，經驗的巨大靜思回想應該要能展現真實的動態如何能在時間之中完成，並且，〔彰顯〕它的哲學論述，如何不會錯失其出現於此一歷史特定之點。哲學、思想，以及以更普遍的方式，文化的歷史，將會充當哲學的正當化地層。從此之後，所有哲學的自我呈現，將不會是智慧之光突然湧現的時刻，它反而是記憶前來封閉迴圈的時刻，並且重新把握整個哲學的首要歷史使命之本質。歷史的學說，在此一型態的哲學中，對應的是另一型態中的啟蒙學說（la doctrine des Lumières）：它使闡述作用與論述自我正當化作用相互連結。

199

針對後面這三種學說（有限性的分析、去除異化的任務、歷史的反思），必須重新提出一個已經針對現象學說做過的解說。後者將意義生成的理論放置於顯現的理論之後，但也相反地將主體的首要領域（它對應的是正當化）置放於奠基的領域之後（它對應著詮釋）。此一搖擺也在其連結模式中出現：如果說的確是由現象的意義生成出發，我們才得以發現經驗的潛意識界限，這整個有限性的所有分析卻只有在世界已經改變之後才能進行，而這時它已完成自我批判，而決定經驗潛意識形式的條

200

iv．刪除：「這些界限，依其定義，並不能在現象內部被如此地給出」。

v．刪除：「非意識的」。

件，已變成了意識掌握的條件。奠基性意義生成的發現，其順序是在世界的轉變之後。但此一世界的轉變，它的完成並非以一種斷裂的方式發生，像一個純粹且簡單的事件：除非所有被收納於其中的邏各斯，以及記憶巨大的任務已達成其全體化（totalisation），它才會發生。不過，此一最終與其自身和解的世界觀，它如要轉化為外顯的論述，如果不是透過哲學家、透過他的言語，將之轉化為歷史？於是，世界的邏各斯被交付給正在哲學論述的當前及這裡之中做發言者。我們了解為何此一型態的哲學，總是包含著兩種方法步驟：一是逐步向前的進展，它們透過演繹或解釋，使論述的主要功能得以相互連結；另一個是向後退行的步驟，它則是逆向而言，由一個領域退向一個在〔它〕之前的領域，以顯示第二個領域已經包裹且奠立了第一個。遵循第一個模型的哲學可以像一個線性論述那樣構成，其起源是一個固定的出發點，它根據一直線向前的步驟，利用哲學論述所運用的自然智慧之光及確定性，引導至啟蒙在世界中的進展，而哲學只是其中最普遍的形式，相反地，其他的哲學則回返重新思考它們所演繹的結果以產生奠基；在引導論述由其初始的顯現[vi]作用至其最終的世界的記憶和靜思回想作用之後，在一種永不停止的憂慮中，這些哲學發現世界觀整體被托付給它們單一的論述；相對於透過論述所做的啟迪完全有權利與世界的智慧之光相連通，主體及歷史的關係則開啟了一座無限的迷宮。

vi．刪除：「真實的」。

CHAPTER nine

第九章 哲學、形上學、存有論

- 兩種哲學論述的模型與兩種類型存有論與形上學間的關係
- 前康德哲學作為再現的形上學與內在於論述的存有論
- 後康德哲學作為人類學與外在於論述的存有論
- 康德的批判所產生的位移
- 費希特與胡塞爾

Philosophie, métaphysique, ontologie

這兩種哲學論述的界定召喚某些數量的補充見解。

202 這些描述中的每一個都是完整的，因為它們可以在自身之內完全閉合，作用、理論網絡、第一級領域精確地相互調整適應，而其貫串相連的方式又可回到其出發之點。然而，有許多次而且幾乎在每一個時刻，我們會看到新的選擇點（points de choix）出現：比如說，確定性學說，可以使一個有關自明性的方法得以產生，但也可以使由感官印象出發的分析得以出現；現象條件的研究，允許一種由形式原理出發的演繹，也允許主觀經驗的詮釋；為世界賦予秩序的理論網絡，可以含帶一個線 203 性系列的順序化根據，也可能含帶著任意的分類；批判意欲〔顯露〕的隱含（implicite）[1]，有可能是經驗的外在決定、有限性的實證及可觀察形式，或者是構造（constitution）的根本活動之內在界限。在做出第一批決定之後，便會看到一整個系列的新決定；它們又再允許了其他的，而透過這樣的繁複發展，哲學系統便有可能個別化，並且採取可受辨識的獨特形式。所以，先前的分析所描述的，並不是我們可以觀察到在歷史中存在的哲學體系；那也不是收集真實存在的哲學體系相互類似的特徵，而是兩組條件的集合，它們彼此互相排除，而所有的哲學事業必須在它們之間做出選擇，才能以作為哲學而獲得存在。三個世紀以來，所有哲學家能夠發明及應用的概念，所有那些他們能向其他學科借用的，所有那些能位列於哲學的概念，其條件是它們可能的位置及可能的作用方式，已經 204 被論述的經濟事先指明。

哲學論述兩大模型之間的對立，不只局限於我們方才描述的元素。它們與先前所做的一個區分相吻合，而那是關於存有論及形上學。我們曾看到，自從笛卡兒以來，所有的哲學論述展開、並且一再重複一項摧毀的行動，即和靈魂、神、世界之間的對象關係，而那關係過去在經院哲學中，曾為「特殊形上學」奠立基礎；我們也看到此一摧毀可以採取兩種形式。在其中一個狀況中，形上學的不可能性並不是直接提供的；對存有理念的批判、存有者的普遍範疇之消失，使得形上學對象的存有論基礎遭受剝奪，然而，這些批判及消失仍給予論述（給予字詞及思想）再現的可能性，而其對象便是它們過去作為其理念和名稱的事物；論述的存有論作用方式，為那些在形上學中不再有傳統地位的對象們，確保了它們的存在。在另一個狀況中，哲學論述質疑靈魂、神、世界作為客體的可 205 能性，但這次是以事物及人的存有之存有論反思為名義。然而，與這兩類型的形上學及存有論關係對應的，其中一個是哲學論述的第一組模型（其特徵來自四個選擇，包括以揭露所做的合法化、起源的分析、表象的批判、以安排秩序進行闡述），另一個則是其第二組模型，以相逆反的選擇為其特徵。現在要分析的是此一連結。不過，必須立即提醒注意的是，如果這兩種哲學形式乃是因為十七世紀初的論述大突變而成為可能，它們在歷史中則是相續顯現的，第一個是在康德之前，第二個則是在康德之後。[2]

一個以揭露作為其自我合法化手段的哲學，預設著可能有一個論述的模式連結於一個這裡、目前及獨特的主體，而它能在此一將它特殊化的「現在」之中，建立一個和一個無時空的真實無可懷 206 疑的關係。這個關係是立即的：它不需要任何事後的核實；它並不符應任何模型；它本身便是存在者的直接掌握；它的陳述同時便是它所說事物無可懷疑的感知。以揭露為其作用的哲學論述必然應該具有第一級的本體論能力。它並不是在存有的一般概念中（因而是在一本體論）中遭遇它將面對的事物；存有者在論述中的給出是以受感知的模式進行的。於是，如果說哲學論述[i]遭逢靈魂、神及世界，它不會以將它們當作存有的一般領域中之對象的方式來對待它們；它要求感知它們的存在。

但即使在到達此點之前，仍然有新的選擇可能性出現。論述此一特有能力，即為存在者提供觀[207]看（donner à voir），而不是以一般的存有概念來界定它，但此一能力可以兩種不同的模式隸屬於它。如此的力量可被認可為屬於論述，但是獨立於它所選擇的字眼和符號，只依憑它的「現在」的優越地位：注意力的動作使它能在發言同時也看到存有者。論述揭露真實，像是立即的思維、直覺性質的感知，而這些都獨立於其由語言文字構成的軀體：的確字詞可因其模稜兩可、無區辨能力，阻止此一光明穿越論述——這就是為何必定不能過度信賴並且要對之仔細選擇——但它們並不是此一光線的決定者。我們理解，在此狀況下，論述的大問題乃是建立連續性，由一個自明的掌握過渡到另一個，建立起像是代數學者和幾何學者們所知曉的長段論據貫串。不過，論述也可以藉由字詞本身[208]持有本體論能力；這時它的揭露能力將是間接的：它必須透過的中介將是語言文字元素的表意特質。如果字詞有說出真實的力量，那是因為它是符號，而且透過鄰近、類比、參與，它觸及了它作為其符號的事物；主要的問題將是進行語言及符號的一般性批判，並且只使用足夠接近其符旨的字詞，以使得它的意義可以被所有人辨識。如此便產生了兩種哲學的對立，一方面是如同笛卡兒及史賓諾莎的哲學，論述在其中的責任是以自明的推論連結真實命題，而另一種則像洛克、康狄亞克或休謨的哲學，在其中論述根據一種逐漸加強的複雜性，使用符旨自明的符號（字詞）組合。我們稱之為笛卡兒式的或史賓諾莎式的理性主義，意味著哲學論述的思路貫串推進，乃是依照一個對它來

說是外在的，並且是借用自人們唯一認識的完美演繹體系（數學：代數或幾何）。我們稱之為洛克、
康狄亞克或休謨的「經驗主義」，不要求此一演繹模型；但這是一個在其本身內部必須進行疊合， 209
由感官的印象等出發，產生由符號、聯想、理念形成的理論；在經驗主義中，符號、印象及理念的
分析，同時扮演著哲學論述及其可能性理論的角色；由此產生的是它針對「理性主義」，以及以更
普遍的方式，針對哲學的批判面向。然而此一獨特的布署與史賓諾沙及笛卡兒的哲學，具有同樣的
可能性條件。

在同一型態的哲學論述之中有此一對立，足以解釋在十八世紀初，存在於萊布尼茲（Leibniz）與
柏克萊（Berkeley）之間奇特的對稱。他們位處於古典時期哲學的兩個極端。萊布尼茲的計畫——這
是它和笛卡兒的計畫之間得以區辨之處——實際上在於形成一個語言，它可以為在立即無中介的直
覺中被給出者，形成一個完全是論述性質的素材集合（corpus）；這裡涉及的是，在笛卡兒主義只尋 210
求心智的感知動作之處，展開一文法工具，它可為所有可受區辨者，指派一個獨特的符號；一個由
各自可區分明白的元素所組構的論述，取代了每一個立即明白的掌握（saisie）。然而，此一語言將
不會是在經驗中自發形成的語言；後者與它所指陳的，只有一些模稜兩可的關係；必須要形成的語
言是，在其中各元素的指陳將沒有曖昧性，而再怎麼複雜的關係，都可以受到轉譯。如此，哲學論

i・刪除：「在其作用的過程中」。

述不再需要以一個外部模型來保障其推論貫串的模式：它本身將是所有可能的排列組合的計算；而且它將不會需要重構其自身語言的經驗性生成發展，因為它將是有意地根據精確的形式規則構成。一個完全有權利被稱為存有的排列組合的語言[3]，便如此地被組織起來。

211 柏克萊的思維工作與萊布尼茲的正好相反。對他來說，要做的是推翻所有的一般性理念，而其後續結果則是推翻所有非良好形成的符號，它們對哲學家的論述，遮蔽了純粹與簡單的感知。這是因為，感知除了在個別性的形式之外，不會存在：存有完全地存在於其中——在感知的獨特事實及被感知的獨特事實之中。於是，解脫了對它造成紛擾的所有符號之後，感知終於能成為存有的純粹掌握。此一存有不應被了解為超越表象的實質；它便是此一表象本身，而它就像是神對人所說的話語。於是，如果所有的一般性觀念和字詞應該被懸置，以使知覺得以立即掌握可以被感知者；這是為了掌握此一神之語言，以及此一符號整體，透過它們，祂的存有，在此一世俗世界中對我們來說便成為可感。萊布尼茲以完美的語言轉化整個世界，使他得以透過論述顯現神沉默的運算；柏克萊對語言所做的批判，則使他得以在感知中表面沉默的世界裡，聆聽神無間歇的話語。[4]

212 無論如何，在任何選擇之中，古典時期的哲學鬆解了形上學傳統的對象關係，而那是它與靈魂、神及世界之間所建立的關係。並非它嘗試論證它們的不存在，也不是以認識觸及它們的不可能性；而是相反地，為了確保論述自身的運作，它絕對地要求它們的存在。比如，確定性的學說，對於作為形上學對象的靈魂，並不提供達致它的路徑，但它將思想當作確定性的一般形式，而思想是靈魂的根本屬性以及它的首要活動；在思想的形式之外，不會有自明性、不可懷疑的印象。[5]我們能確定的第一個事物便是它，而在此意義下，我們永遠知道我們正在思考。但這並不意味著，有可能明確地感知所有在思考之中發生的事情（有些判斷迅速到我們〔無法〕掌握，有如此無限多的小〔……〕[ii]使得我們無法細數它們的細節），它只是在說，我們完全無法否定此一思想的存在：而這就是為什麼， 213 它比身體更容易認識，後者的存在無法以如此直接的方式確認。確定性學說迴避靈魂成為形上學對象，但它含帶著它的存在。於是靈魂作用起來像是一個存有論指引（index），而它將影響到所有在確定性中被提供出來的事物。被思想所標定的事物可以不存在（就此意義而言，靈魂作為思想、推理及知識的對象，有可能會有一大部分受到閃避）；相對地，思想本身不能不存在；而這是為何主體作為一個與合法化作用相關的領域，不只是一個有可能的分析場域，而且是以全然的確定性存在。主體作為揭露的端點，同時有能力作為所有認知的基礎。以同樣的方式，神在對錯誤和想像的分析中有其必要，在由初始的奠基引導至世界的臨在的發生學整體中也有其必要。確定性實際上提供了基礎認 214 知的模型——為真實的發生過程，在理想上及應然面上，充作所有經驗的起源。然而，就我們的認知整體作為而言，並不只是確定性而已：因為，由我們的第一群確定性開始，我們的心智便開始出錯；想像及身體為它提供了持續的錯誤起因；而思想雖然不能不知道自己是存在的，卻也不能忽略自身是有限及受限的。錯誤及想像的發生永遠相對於一個無限的悟性，而它對所有的事物都有確

ii・缺字。

定的認知。神的存在是以兩種方式被需求著：或者是作為此一無限理念的原因或原理，而相對於它，我承認自己為受限，或者是作為一個保證，保障我運用確定性時，可以發現表象與真實間的關係。6 關於無限此一理念，實際上需要一個原因；一方面，我必須要能由想像及表象出發，發現何者為真：這便需要，在無人尚能知曉之時，存在一個擁有所有真實及持有世界所有法則的悟性（而神將像是真實世界的絕對主體），它在人的四周，布署了一個表象的世界，穿透它，真實的秩序可以受 215
到感知（此時神是所有目的性〔finalités〕的組織者）。在此，我們也看到，神不是作為客體而被給定的，而是作為真實與錯誤、想像的表象的存有論指引。神為源初奠基賦予存在，就像靈魂為主體賦予存在；而且，是祂允許真實的基礎可以同時作為如其所是而出現的世界的原理。至於世界本身，它從未以作為客體的方式被給定，它的無限性從未以一次全然的方式被提供給認知；但對於所有為表象無限定遊戲建立秩序的審視（examens）而言，它是一個存有論指引。即使世界的秩序未能讓人一眼看穿；即使人們能形成的系列和圖表有一部分是人為的，因而有其任意性；但就有可能建立它們的單純事實而言，就事物之間有相似、同一、持續連結之單純事實而言，便能證明的確存有一個普遍的原理，它主宰著所有出現的事物，而那便是世界。因而，建立秩序（mise en ordre）並不只是個單純 216
簡單作用於表象的工作，而這些表象也許不是真實的；〔它〕是一種指涉實存世界（monde existant）的方式；而〔它〕加諸於事物立即臉孔的轉化，有可能同時是世界原理的解碼（déchiffrement）。因而，確定性、發生學及審視這三套學說，雖然取消了靈魂、神及世界作為客體，卻仍不斷地指出（indiquer）它們不容置疑的存在。哲學論述以其作用方式摧毀形上學的同時，不是將它們當作客體重建，而是當作與形上學有關的存在加以重建。這是為何哲學既可以自視為形上學（比如在笛卡兒及馬勒布蘭許的作品中），又自視為形上學的根本批判（比如在休謨或康狄亞克的作品中）；這也是為何，由外部來看——也就是在康德之後——它顯得像一個天真的（naïve）形上學。事實上，它給予了論述對於它不能再將其收納為客體者，證明它們存在的能力。除非靈魂、神及世界存在，否則哲學論述無法完滿這些作用的迴圈，不能說出真實。哲學論述作為思想與字詞的統一體，就它有能力再現真實而言，立基於這些存在。就此意義而言，我們可以說古典時期的哲學是一個再現的形上學。如果我們提問，在啟蒙的學說中有何存有論的指引，將闡述的作用連結於正當化作用、建立秩序的理論連結於揭露的理論，對於此一完滿了哲學論述迴圈的學說，我們將會覺察到受到標指的，很單純地便是哲學論述存在本身——有一個哲學家正在發言這個事實[iii]。因而，圍繞著論述的四大作用，以及它們相應的領域，加上連結它們的學說，不〔斷〕[iv]地出現四個存在，它們相互支持：靈魂、神、世界、發言的哲學家，而他在其論述中，發現他的靈魂存在，而其分析（無限的理念、錯誤），揭露出神是存在的；並且是由這個存在保障了世界的秩序（於是我們也可以由後者證明它）；此世界秩序則允許有哲學家企圖於世界中彰顯、建立、重建世界的秩序本身。這便是為何，就意見的層次而言，我們可以在十七

217

218

iii．寫於頁緣：「然而哲學並不比靈魂、神或世界更加作為對象。」

iv．推測字詞：缺字。

及十八世紀中找到靈魂不存在、只有身體存在的斷定，而神只是人發明的幻想，世界只是一組感官印象，而人們嘗試以或多或少的成功來連結它們。當我們以哲學論述本身為考量，便必須承認，直到康德，都不能有絕對物質主義的、無神論的及唯心論的哲學。

哲學論述的第二種模式（它選擇顯現的理論、條件的分析、隱含者的批判，以及以靜思回想及記憶作為闡述的形式），符應於第二種介於形上學和存有論之間的關係——也就是說也符應於後康德哲學。此
一連結的必要性是容易論證的。如果哲學的正當性來源在於真理本身的動態，即它的自我顯現，那 219
麼主體相對於它的出現，便不是以其無可懷疑的存在，在確定性的形式之中，而是作為一單純及簡單的現象。為了正當化論述的出發點，尋求一重新掌握其自身存在的思想實體，那是無用的：主體的出現，只能作為一種現象性質的顯現。這並不是說它將不存在，而是它唯一彰顯的存在乃是在現象內部被給定的，或是在其中受到隱藏。存有是在現象自身之中被給定，陳述現象的論述乃是存有的論述，而主體，遠非指涉一個更深沉的存在，卻只是個初級的（開始的、立即的、天真的）形式，在其中，存有以作為現象的形式給出。在主體的形上學存在消失的同時，被提出的問題乃是為了知
曉，現象的存有（l'être des phénomènes）在它的根源處是什麼——意志、邏各斯，或是大寫的存有本身。 220
在由主體的形上學存在的不可能性所打開的空間中，存有論提問有了一個據點，並對現象的存有提問。同樣地，神的存在，對於有限性根本性條件及形式的分析而言，並非不可或缺，因為，此一存在只有在這些條件之內才變成可以觸及，於是，神變得只是因為與有限性相關才會出現（作為在不幸及惡運中，有限性出現並向它自宣告的方式；或者是作為有限性嘗試向自我隱藏，在另一種陌生的形式中自我遺

忘或自我迷失的方式）。有限性不再證明神（或者毋庸是，不再需要神而能被思考）；相反地，乃是由它出
發，才能界定所有的存在（被理解為現象的存在）；是它將存有提供給現象。有限性的分析將以其本
221 身成為存有論的基礎。最後，不再需要世界的存在以使得批判能過渡到詮釋、隱含事物的發現、改
變世界的面孔、揭露其中的邏各斯。這是因為，以如此方式被發現的，並非自然的法則，而是人在
其中銘刻及置放的意義。因此，這不會帶來任何事物的發現，只是人的存有透過世界上的所有事物
及他的歷史事件自我展現。確定性、發生學及檢驗的學說，預設靈魂、神、世界作為存有論指引，
以為確定性、整個發生的起源及所有秩序的原理奠立基礎，相對地，現象、有限性和意識掌握（prise
de conscience）的學說，則不含帶這些存在中的任一個，而是現象無限定的豐富和人的有限存有之間的
關係。[7] 自此之後，形上學的摧毀乃是在一個特異的存有論中進行，因為人們在其中尋求界定人之
222 存有，但其出發點是一些現象，而其出現的條件及界限本身乃是由此一存有界定的。便是此一人類
學圈環，使得康德之後的哲學在大約同一個時間裡，採取兩種不同的形式，它們相互對立，但有著
相同的出現條件。其中之一可以「實證主義」（positivisme）一詞加以指稱：實證主義因其宿命（雖然
這並非其初始的計畫）是將存有整體帶回現象，但接著便要求人，作為社會存有、生物學個體或心理
學主體，解釋現象的存有。由這個時刻開始，人類的實證主義分析便以類似哲學的方式運作。另一
個哲學形式則相反，有意使有限性的存有脫離在現象層次所有可以被賦予它的條件，以為它發現一
根本的基礎。

223 至於哲學本身，它已不再如同它在十八世紀，是個證明智慧光明存在的存有論指引；就它自身

的存有而言，它已成為歷史性質的現象。它的存有深植其中，它在特定一時間點中的出現，也只是歷史的存有本身被提供於論述的可見現象之中。這就是為什麼，一方面，哲學論述從此之後將會是整個哲學的自我反省，由它源起的宿命開始，整體重拾它曾經能夠成為的事物。哲學不能規避哲學是什麼的問題，即在那被持有的論述中，它只是片刻地作為其現象的此一存有是什麼的問題。這是為什麼，另一方面，它將不停地提問它和歷史的關係：一位身屬歷史的哲學家（而他終究只是其中的一個現象），有可能陳述真實嗎？當歷史的存有整體，在哲學論述中成為現象時，歷史是否有可能繼續存在[v]？

224

我們已分離出的兩大論述模型，就內容的角度而言，第一個因而是符應一個再現的形上學，及一項存在於論述本身內部的存有論，第二個則符應一人類學及外在於論述的存有論。由古典時期初期開始的論述體制一般性的重組以來，它們便平分了哲學的歷史。至於其中產生了突變，並使模型之間產生置換，這個進展發生於十八世紀後期，並且是圍繞著康德的作品發生。康德所做出的批判可以被分析為將構成第一模型的元素，向構成第二模型的元素做出系統性的位移。

這個位移可以用數種方式加以描述。首先是其中理論網絡的轉化：對於古典時期系統中的選
225 擇，康德提出了取代，而這將成為十九世紀的特點。批判哲學的出發點並非所有認知的不確定性，或是和其相關，主張由一單獨的初始及絕對不可懷疑的確定性出發，而是出發於物理學能將自己構成為科學這個事實，而形上學則無限期地持續著同樣的辯論，[8]它迫使哲學論述以新的方式自我正當化：它應獲得和科學論述同樣的確定性（在這個意義下，古典時期的計畫獲得保存），但此一確定

性，並不是因為它發現了一個無可質疑的真實，而是來自分析科學論述構成其真實的方式。也就是說，哲學並不是要揭露一個只屬於它的真實：它是唯一能夠彰顯在科學中形成的真實，雖然這個形成並不依賴於它。然而，此一真實，如果彰顯它的方式是分析它的起源，那麼我們便只是找到使它變得不確定的經驗性決定，而這也剝除了它在應然面的普遍性：事實上，透過哲學論述，尋找一個由它本身所掌握的、並且不能被質疑的真實起源，無論如何不會危害它；這只是在為它奠基。相反 226
地，對於一個至此只能展現其實然面存在的真實的起源，只是使它返回一個純粹而簡單的相對性。哲學論述無法成為此項真實的顯現，除非它界定了它的普遍條件；這是為何先驗綜合判斷（jugement *synthétique a priori*）有其重要性：[9]它使起源分析得以轉化為條件分析。而後者的角色將不會是顯示，表象世界如何經由一個和真實源初的關係得以構成，而是如何透過一整套運作，以及根據怎樣的形式，認知才能完成：批判因而不是透過分析而辨識何者為錯誤、何者為真實，而是解明那些奠立認知的隱含活動。最後，既然認知是由使它成為可能的動作們所奠立的，那麼，那被提供給心智但卻不能在認知中被提供者，便不應只是單純且簡單地受到拋棄，而應該在一個詮釋它的論述中被分析和解釋。辯證法作為幻象的條件和必要性的分析，這個理念取代了真實的百科全書的理念。 227

然而，還有其他描述康德所產生的位移的方式：我們可以展現現象的學說如何取代確定性的學

v・刪除：「如果哲學家只是歷史的公務員（fonctionnaire），那麼他的公務（fonction）是什麼呢？」

說（這發生於「超驗感性論」〔*Esthétique transcendantale*〕）；（在「分析」〔*Analytique*〕中）有關有限悟性的動作的分析如何取代表象的發生學；（在「辯證」〔*Dialectique*〕中）幻象的必要性的意識掌握如何取代完整檢視真實與錯誤的原則；最後，「方法論」（*Méthodologie*）界定了科學的形式，而後者歷史性的、具體的存在，允許哲學論述得以彰顯所有認知的條件（因而也是它自身的條件）。10 我們了解為何《純粹理性批判》，乃至其內部的建築結構，形成了位移現代哲學論述的工具：其中每一個大的連接關節都符應著其他連接哲學論述作用的學說元素。還有第三種描寫康德所產生位移的方式：這將由他 228 在四個第一級領域之間所建立的關係出發。我們記得，由笛卡兒開始直到十八世紀末，源初奠基乃是接續著主體、實踐則接續著此一基礎，而世界的原理接續著此一實踐；由十九世紀開始，層級接續的關係則以反向進行。然而，在康德的思想中，它們相互之間不論是由一個方向或由另一個方向出發，並沒有這樣的層級隸屬關係（subordination），而是一種符合（adéquation），也就是平衡的關係：主體有全然的權利作為奠基，而奠基也只能在超驗主體性中被發現。這個奠基乃是理性的普遍形式，但是，作為道德律則，它也允許行動，〔它〕並且開啟實踐的領域：普遍的律則與自由乃具有精確的相互性；此一實踐又和一個其中秩序是為它安排的世界相符合。這次，我們看到這三個《批判》中的每一個都符應著兩個第一級領域之間的關係建立與一致恰當，而這些第一級領域乃是為哲 229 學論述所長期建構的。如果我們追加補充，對於康德而言，世界的秩序，如同它在其目的性中揭露的，傾向於將人與人類顯示為歷史的主體，而且整個歷史的匯聚乃是朝向此一顯現，我們便會覺察歷史理論必然完成康德的批判建築。以某個意義而言，自從《〔純粹〕理性批判》開始，所有根本的位移便已經完成；而使得其他批判成為可能的第一批判，同〔時〕於一個更廣大的建築結構內置身其他批判之旁，而要展示它符應著哲學論述的整體運作方式是容易的。

由此一康德所做的位移開始，哲學論述採取了我們自十九世紀以來對它認識的形式。就此意義而言，康德一生的作品位於西方哲學的中心、平衡點，而在此，西方哲學意指十七世紀初起建立的 230 哲學。康德並未和此一論述的存有模式產生斷裂；他並沒有為它發明新的對象或主題；他使其兩個可能的模型發生過渡；如同邏輯學家們說的，他為它找到了一套新的語意學。然而，在發生於批判哲學之前的，和發生於它之後的，這兩者之間並沒有完美的對稱性。由於實際上，因為哲學論述的詮釋作用變成了記憶與靜思回想，也因為我們發現此論述必然和一個歷史學說相連結，第二個模型不能忽略第一個，也不能避免和它產生關係。康德的斷裂（coupure）與先行於它的，總是臨現於繼它而來的哲學論述之中。直至今天的整個哲學乃是後康德的：這意味著它的存在有賴於批判哲學帶來的突變，而它也不可避免地會在康德的思想中找到它的可能性條件，因而，當哲學受邀在它自身的歷史中進行自我的重拾，它必然會對康德展開反思。[11] 由十九世紀開始，哲學想要說它是什麼， 231 就不得不同時說康德一生的作品及批判的意義對它來說〔是〕什麼；但在另一方面，作為後康德哲學，也是指確立批判對哲學所設的條件是什麼，嘗試逃離在康德作品中僅以計畫樣態而存在的事物，並為哲學重新找到一個不僅僅作為其可能性的反思的可能性；於是，作為後康德哲學，同時意味著溯流而上，直到超越康德。於是，回到康德，作為一個不斷在十九世紀被重拾的口號，一直是模稜兩可的：不要忘記康德帶來的突變，這有利於先前於他的哲學形式；但也不要忘記，如果我們還能以一種現代形式來做哲學，乃是有賴於康德在哲學論述中造成的變動。

所有的後康德哲學，因此和先行於批判哲學的哲學，有著一個無法克服的關係，彷彿這裡涉及
的，乃是在康德所界定的空間之中，找回那在它形成之前仍是可能的事物。在這個動態之中，費希
特（Fichte）的哲學，以及，處在另一個極端的現象學，這兩者無疑構成最顯著的例證。[12]費希特由 232
同一性原理所作的演繹，使得哲學論述作用起來，像是一個自明性的揭露，而此自明性應能為它自
己提供正當性，同時也像是彰顯使所有現象成為可能者，並因而形成它們的一般條件；想像的分析
以及有限性的分析將會等同，因為是在想像的形式中，主體確定其自身的有限性；主體意識性地
掌握它是什麼的自由活動（絕對自由），和世界秩序的演繹性解碼，乃是同一件事情。在胡塞爾的
現象學中，我們也可找到同樣的努力，即由後康德的模型出發，找回哲學論述的前康德模型。在
費希特的思想中，這個努力乃是透過[vi]界定一個形式性結構，它由現象與確定性共享（這便是同一性 233
原理），與想像的分析及有限性的分析（這裡是演繹）共享，也與意識掌握及檢驗（這便是《知識學》
〔*Wissenschaftslehre*〕[13]的理念本身）共享。相對地，在胡塞爾的思想中，此一努力則以相反的方向進行，
嘗試奠立形式主義，並掌握其可能性條件：在現象的顯現中重新掌握自明性的揭露；將主體的活動
重新尋回為源初奠基；在表象被提供的方式中，重新發現有限性的形式（隱含者並不是那隱藏於表象中
者，而是在它之中被提供得像是界域〔horizon〕，像是可能的闡明〔explicitation〕）。於是，意識掌握不是其他，
而是想要重新尋回激勵這些界域的目的論，而它使得西方理性（*ratio*）的歷史同時是智慧之光的遮蔽
及重新發現。[14]我們理解為何超越（transcendantal）這個主題重新活躍，被胡塞爾更常地指涉於笛卡兒 234

的創舉，以及我思的揭露，而不是回到康德的「正統觀念」（orthodoxie）：事實上，超越現象學的意義，乃是由後康德的模型出發，尋回哲學論述的前康德模型。胡塞爾逆轉了康德整個步驟的方向，或者毋寧說他嘗試由一超越觀點出發，這觀點保障它抵禦所有的自然主題，重新發現笛卡兒論述中的自明性，以之作為所有真實論述的最終奠基。[15]如此，他得以認為現象學重拾了整個西方哲學的整體使命。[16]

此一失衡使得所有康德之後的哲學，與其前行者之間有一難以克服的關係，而它解釋了為何十九世紀的哲學，其發展總是同時像一個有待實現的計畫，或是像一個即將到臨的完成。這是完成，235
因為由其當前的可能性模型出發，哲學論述嘗試回收及照拂另一個模型，也就是由〔那〕康德轉化而發生的模型，但又和它不可相容：哲學嘗試以一個單一的言語承擔及完全實現哲學論述所有的可能性。但那也是計畫，自從康德之後，哲學再也不能是有關使其可能者的論述：它顯示使之成為可能者（同時使用兩個模型），也是使它成為不可能者——或是突然地使它結束，或是將它推到一個無盡任務的界域中。於是開始有了可以脫離在古典時期界定的哲學論述模式的希望。尤其是在現象學中作出哲學論述的全體化努力，正是這個希望最強烈的表達：人們從沒更熱烈地期待希臘思想可以236
前來解放哲學，使它進入新的黎明。很有可能此一對希臘思想的回歸，〔只是〕因為必須但又不可

vi・刪除：「胡塞爾作品中各學說（現象與確定性）的同一，乃是透過領域之同一於（劃掉之字）一個形式的界定〔……〕」。

能回到康德所產生的要求及幻象（mirage）效果。我們相信，可以要求希臘思想為我們重建西方形上學所隱藏的事物；[17] 事實上，我們對它所要求的是，在我們的論述文法中，使得因為這論述而不可能的事物成為可能：也就是說，一個能終極性地摧毀形上學的哲學，並且以全然的權利作為存有的論述。然而，事實上，一個允許思考形上學的摧毀的哲學論述，唯一能和存有建立關係的，便是透過再現的理論或透過人之存有的分析為中介。

CHAPTER

ten

第十章
哲學的描述

- 作用描述的方法
- 哲學系統
- 四大哲學史類型（系統、體驗、意識型態、解碼）作為哲學論述的四個作用時刻
- 作用描述不可化約為哲學史
- 作品及歷史的間隙作為同時共存之可能性的空間

Description de la philosophie

由於我們已界定了分享哲學歷史兩大型態的哲學論述，而且自從初始的事件開始，這兩個型態皆於十七世紀找到了它們的可能性條件，此處必須暫停，對至此運用的描述方法發出提問，雖然之前我們裝作可以預設這方法是自然而然的。

有第一個獨特性要加以注意。一方面，此一分析似乎足夠完整，足以自我封閉：它宣稱界定歷史上實際受到表述的所有哲學都在其中找到其位置的空間，並且是以如此普遍的方式來加以界定，以至於它們其中沒有任何一個可以逃脫它；它更進一步地宣稱，它描述哲學論述的作用圈環的方式是如此地完整無缺，於是最後一群受分析的元件，會在第一群之中同時找到其支持及後果：圈環至此完美地關上。然而，一方面，就其根本而言，此一描述仍然是未完成的：在每一個時刻，它指出一些逃逸路線，但只是用虛線來標識它；它定位了一些選擇點，並將可能決定留下於空白，而它們無疑地又會召喚其他的決定，更加特殊但數量也更多。由哲學論述的存有模式出發，這些模式決定了哲學，並且不能任它選擇，由四個作用出發，這些作用對於確保它的存在是必要的，由四大相容性類型出發，仍然顯露出許許多多繁生的選項，而我們看不清楚它們應停止於何種界限：最後概念的選擇、意義及使用這些概念的規則的選擇、在所有可能呈現的秩序和模式之間做選擇，又或許，字詞的選擇？由所有這些大部分沉默的選擇所形成的幾乎沒有限定的整體，形成了如同我們可閱讀的哲學論述的可見軀體。[1]

此一作用描述的封閉性，以及相對於此的開放性，那是開放向如此的一大群決定，多到不可勝數，這兩者皆產生了某些數量的問題。第一個是關於所有這些可能選項（的）歷史性實現。由於相

237 238 239

容性的嚴格規則排除了某些數量的可能組合，我們是否可以假設所有哲學論述使其成為可能的，實際上都已經為我們所認識的哲學實現了？或者仍有一些可能性是空置的，之後才會被填滿，又或許會終極地停駐於潛在性的黯淡之中？我們知道，這些問題都連結於哲學的宿命或未來的古老提問。如果我們所談論的哲學論述，尚未釋放所有這些可能性，我們便仍身處於它的界域內部；今天所有可能針對它做出的發言（包括目前正在這張紙上進行的此一論述），仍是它的根本決定的一部分；因而，並沒有由外部發言的權利或簡單的可能性。但如果所有的可能性都得以實現，那麼我們便到達了哲 240 學的終結，或至少是它當前此一開始於十七世紀初的篇章的終局，而且，也許是此一完成，使我們受允許將歷史上實際形成的，分析為由可能選項形成的一個建築架構。於是，存在於現正進行的描述與哲學論述本身之間關係的問題，便得以明確提出：它是其中的一個簡單元素（在所有仍維持可能的決定中，某些新的、尚未被採取的決定）？或者，它標示著一個具有根本新穎性的篇章誕生了？或者，這是針對哲學所做的論述，但就它本身而言，並不是哲學性的？所有這些問題指向另一個，而這卻是相對於它們全體的一個先置問題：相對於我們傳統上理解的「哲學」，這樣的一種描述性分析占據著什麼樣的地位呢？

要回答這個問題，第一步的要做的，在於針對在此描述中被描述的是什麼[i]展開提問：必須要 241

---

i．刪除：「以及它是否涉及史學家習慣上所稱的『哲學體系』（……）」。

問的是，現前分析的對象和哲學史上熟悉的處理對象是否相同。由固定且不可或缺的一定數量的元素出發，我們梗概地描繪了一整個系列豐富的決定，它們有其相互的層級順序，並且互相協同；如果我們持續分析，如果我們穿過最一般的選擇領域以到達最特殊的區域，如果我們系統性地在每一個分叉點順延其中被提出的一個路徑往下走，檢證它是否和之前走過的路途是相容的，這麼一來我們會不會抵達傳統被稱為哲學系統的層次呢？[2] 推導至最終選擇的界定，現前的描述應會等同於根據其根本概念及思路貫串模式，對真實存在的哲學所做的分析。如果我們能達成奇蹟般的工作，我們能將它在兩個向度上加以展布（於縱深方面，直到特定系統的最終選擇；在寬度方面，考量到所有可能的決定，以及其中每一項所含帶的全部），我們也應該能簡單實在地重構出三個世紀以來的哲學通史。就某種意義而言，在描述的最後階段進行的交叉檢核，可以有證據，或至少有以事實加以確認的價值。

但實際上，此一交叉檢核的想法，相較於其終究能提供的令人安心的保障，毋寧說更加危險。原因在於，首先，重新以其可見的軀體來發現系統的許諾，會被後推到無限遠：各處的樹狀分叉，它們將更為局部的決定和一般的必要性相分離，由於其數量如此龐大，要將它們周全地走遍，具體而言是不可能的。假設甚至我們有可能一一通過這些決定的篩選器，到達一個系統的基要特質，而這是任一個歷史學家都可以發現的，但他只要對系統做一個單純簡單的閱讀，那麼我們便如此得到一個確認了嗎？我們會不會懷疑我們是否逆反了分析的順序，將曾經是扮演起始點的，當作是結果來呈現呢？所有這些哲學論述的作用，我們曾經嘗試將其當作前行於每一個實際被做出的陳述的可能性條件，它們是否只是透過抽象化系統中外顯的事物而獲得的？我們是不〔是〕將一些元素推衍及變

243　242

形為普遍形式，而經驗已顯示，它們只是共同屬於數套哲學，沒有更多？

在這裡必須要做一個重要的區分：現在呈現的分析，處理的乃是「哲學」，至少是就從古典時

244

代初期開始形成的「哲學」而言；此一存在的粗獷事實，我們這族群（ethnos）的特徵，並且曾經有、而且仍然有某些數量的陳述及論述，將自己當作是「哲學」而提供出來，而且其中也有不少被承認為如此——這個事實乃是分析的界域（horizon）：分析談論的是它，它也被封閉在其中，但它也是分析一直嘗試繞開的。然而，這個事實並不能被同化於或化約於哲學系統之間的同時存在，雖然它們之間有其相似性、親屬關係或是承繼關係。在其他種種論述中有其「哲學」，並且有一些是無名姓的且日常的，另一些則被指稱為科學、政治、文學等，這是一回事；而就這些論述包含於其中的形式而言，它們之間有可以被觀察到的可類比性〔則是另一回事〕。雖然，這裡涉及的兩個不同的事物，我們也不是要說它們相互之間是完全獨立的，而且其所遵從的兩個體制彼此互不認識。事實上，哲學的概念性組織，乃是依照哲學論述內在的要求及其首要的作用而組構起來的，這一點毫無

245

疑問。然而，此一組構並不是一種純粹且簡單的連續性。嘗試分析「有哲學的存在」這個事實，並且嘗試為此一論述的特質勾勒輪廓，我們並不是尋求界定數個系統中可有的共通事物；我們要做的不是揭示存在於各種可見的解決方案之下的根本問題，而它們以半祕密的方式存在，而且其持續性是可被辨識的；這裡要做的不是，以有點更加一般的，因而也是有點更少受決定的角度，重建文本們以沉默的共謀在三個世紀中可能書寫的整體系統、作品類比物、類哲學（quasi-philosophie），而這些文本中有某些部分，它們要麼相互忽視，要麼相互對立。換句話說，這裡涉及的不是建立「諸概念

的概念」（concepts de concepts）的圖表，使不同的哲學得以在其中找到其一般化的原則及其親緣關係的根據。此處要建立的，毋寧是諸作用的概念（concept des fonctions），而且是這些作用才使得論述得以建造、發明、借用及轉化我們稱之為「哲學的」概念。此一「諸概念的概念」與「諸作用的概念」之間的差異，使我們得以將現前的描述，對立於哲學史，並且也顯示，無論如何，它們如何地保有其相互關係。

一般來說，所謂的哲學的論述向度，意味著提煉出某個領域，它是有先置性及自主性的，而這 246
便是就其全然權利而言的哲學，但它也只能在論述中顯現；這個提煉包括為源初體驗或是其他更古老的概念，找到其概念形式；它包括為指稱這些新概念形式的字詞作出精準的語意定義；它也包括勾勒可以不同形式相連結的理論貫串方式；最後則是選擇出歷程，使得這些概念形成及其歸屬網絡，得以顯現於一系列相互銜接的命題之中。這樣的一種哲學論述分析，預設著哲學作為一個理論場域，是先於其論述而存在的，並且這個場域擁有自身的律則，會由遠端規範將它轉譯為陳述時，我們可以與應該運用的方式。對於一個哲學進行的闡述，奇特地被稱為它的「歷史」，其作為乃是將其論述變得盡可能透明，以便在其下穿透字詞、句子、章節及書籍，得以出現概念的純粹建築架 247
構、無限定地調整變化的獨一體驗、形成一公理系統的根本命題組合。[3]無論如何，這裡涉及的是重新尋回那前於論述的領域（champ prédiscursif），而哲學家可以看得見的論述只是它的一個模型，但老實說，也是唯一的模型；由此一前論述場域，史學家的論述必須建立一個灰色的、弔詭的、附屬的及衍生的模型。由於它自己也陳述了此一前於論述的領域，由於它精確的任務是將它重新發現，

並且界定其中所有的元素，在被分析的作品旁側，它自己也是它的另一個模型。由於它的目的並不
是要在它自身之中直接說出此一領域，而是在它和此一在單一次數顯現領域的模型的關係中進行，
它構成了模型的模型；而前一模型相對於後者，其作用便像是一個前論述的場域。最後由於哲學論
述如要能在其必要性中得到解釋，只在於我們能顯示它是其所遍歷及表述的理論場域的唯一可能模
248 型，史學家的模型應該和他的分析對象完全同一。由此無疑產生了標記哲學史任務及推斷的弔詭：
作為已經收到一個模型的前論述場域的第二模型，它可以宣稱自己是另一個哲學；作為第一個模型
的模型，它使得先於它存在的哲學成為其理論對象，並且不斷地將它連繫於一個前論述領域，而它
自己將是此領域的表述，於是，它可以宣稱自己進行其發生學和批判；最後，由於它和它作為其模
型的，乃是同一，它也只能有一奢望、一標準及一補償：說出和哲學家所說準確一致的。所有這些
總結於一普遍的弔詭：這裡涉及的是史學家所思者和哲學家的思維完全一致的事物，但那又不是一
個實際上被思維過的思維。由此，哲學史——即使自許為最客觀的、最不接近個人哲學史的——除
249 了哲學家的「思想」之外，不能給予自己其他空間（這是他當作是真實的，對他而言是有意義的，是他想
要說的）；〔事實上〕它不能避免——不論它是如何地敵對於所有的心理學——在思想內部有某種
介於外顯與內隱、顯示的與內含的之間的劃分。在它所有的形式中，哲學史都提議說出思想中的未
思（impensé），也就是在所有論述下方做主宰的。

然而，就穿越哲學論述的這些分析，單單只是對立地提出一個維持於此一論述元素的描述，將
會不足夠。需要做的是更進一步地了解，為何哲學論述會允許這種形式的闡述，以及為何它似乎指

向一個先前於它的理論場域。長久以來，哲學史便是哲學的一部分，甚至到了今天，它占據了其中
250 最大面積。事實上，存在著數大類型的哲學史。我們可以很容易地以寥寥數語，便說出它們的特性。
我們可以將一個實存的哲學當作是由一定數量概念構成的一個整體，而其中的每一個概念有其精確
的意義領域，以及可能的使用規則。在這些概念中，其中有某些只能由起始的定義獲得；有一些規
則也必須在一開始便提出，而其他的部分並不能解釋它。必須透過這些初始的元素，才能建構其他
的部分。哲學史的角色，便在於形成作為作品的邏輯架構系統。這個系統是論述的各部分的解釋原
理，也同時是它們相互鍊結的方式，雖然其中有其不連續性及明顯的矛盾，也作為它們邏輯一致性
的標準。哲學史家也可以將論述當作是前於所有概念化的（或許是單一的）某些體驗以語言文字所做
的轉譯；這些體驗位處於哲學的源初界限上；它們之所以是哲學的一部分，是因為它們只在哲學論
251 述中顯現，而它們也脫離哲學的掌握，因為是它們才使哲學論述成為可能。反過來，這個曖昧的位
置，解釋了為何此一體驗一方面和一件作品成為一體，不能由它分離也不能以其他角度加以有效轉
譯；然而，就另一方面而言，這件作品也不能完全耗盡它，對它做完全的表達、加以完全的迴避。
哲學史家也有可能將哲學當作是一種在宣稱為真的論述中的轉譯，而轉譯的對象是一個領域或一系
列的領域，它們都有其自身的組織、合理性、論述性（discursivité）；這麼一來，哲學的前論述領域只
是相對它而言是如此；而哲學則加諸一個補充的論述形式於其上，但它並不是為它的真實發聲，而
是以另一個再現系統來轉化它。[4] 最後，此一前論述領域可以被設想為另一個論述，但它是如此地
252 後撤、幽暗、受遮蔽，以至於沒有人可以聽到它，而不同的哲學如果正是一些為其解碼所做的努力，

運作的乃是仍可達到我們的一些符號：每一部哲學作品，就其內部的一體性，提議某種符碼，而它們允許可以為一些被撕碎的、如謎題般的元素賦予意義，而這些元素是透過自然、世界、歷史及人們的話語給予我們。[5]簡言之，當我們開始將哲學論述參照於一個前行於它、但又作為它基礎的領域時，我們會被引導至將哲學或者當作系統，或者當作體驗、意識型態、解碼。

針對這四種哲學史的類型，可以作出某些補充觀察。基於以上所述的理由，當哲學開始和它自身保持一種具歷史性質的關係，這四種形式便相續地出現，但其順序則和前面呈現的順序相反：人們曾嘗試將每個哲學當作是一個獨一無二的邏各斯的部分解碼，此解碼同時有其基礎、又是虛幻的，只有真實的哲學，也就是最晚近的一個，才是它完整的靜思回想；接下來，人們嘗試界定哲學轉化構成它前置領域的科學的、宗教的、政治的內容的方式（它一方面受其支持，又同時將其遮蔽）；人們也曾嘗試重建位居於每一個大哲學論述背後的體驗（直覺或對世界的感知），而它乃是一再進行其不可完滿的轉譯；最後，更加晚近地，人們嘗試在每部哲學作品中，重新發現其中的系統性邏輯一致，而它可以毫無矛盾地將論述的各段落加以統合。[6]然而，哲學本身自從一百五十年來所激發及維持的這四大類歷史，即使它以最外顯的方式來尋求它，也完全不是以非哲學的角度談論哲學；但它們也完全不是接近具有原創性的哲學，即使它們嘗試令人覺得如此。簡單來說，它們只是哲學對它自身的作用模式。實際上，這四個歷史形式，乃是點對點地符應著哲學論述的四個作用。系統分析對應著合法化的作用，因為這裡涉及的是，歷史學者要找出使得論述內部出現的陳述成為真實的定義、概念、命題的演繹規則的整體。根本體驗的分析，對應的則是論述的反思作用：它所做的

254　253

實際上是將可能存在於論述起源的事物重新置於光線之下，而這是一種意念的生成史，它總是重新將其激發，並且也界定其界域的極限。將哲學解釋為意識型態，乃是將自身重置於論述的批判功能中，並將它作用於自身；這是在尋求界定隱含性元素有多少負荷出現於論述之內，它激起了何種表象的系統，而在它之內，又有何種實用操作是受到瞄準或施行的。最後，將哲學當作一個獨一無二言語結結巴巴的解碼，乃是重拾所有哲學論述的詮釋功能，因為這裡涉及的是重新找到一個邏各斯，而哲學就像是它易於遺忘的記憶、小區塊的百科全書。當哲學史認為自己乃是哲學的「一部分」，它這麼想並沒有錯，而且就此意義而言，它和科學史是對立的，因為後者從來不曾成為一門 255
科學，也和文學史相對立，因為文學史也從未直接地、以完整權利的方式成為作品[ii]。哲學史安居於哲學論述的運作之中。

但它並不只是構成了哲學論述的反射身影或無根據影像。相對於哲學論述，哲學史要扮演的是一個非常精確的角色。第一眼看來，雖然哲學史的獨特對象是哲學論述的所有展現，但它產生的後果似乎是抹除其特定的形式；透過它，我們要瞄準的，不單只是這些「還原」（réductions），它們使哲學呈顯得像是宗教形式的遺留殘生，或像是政治操作，我們指稱的不單純只是哲學的「意識型態」還原，而且的確是它的歷史的四個主要模態。這四個模態實際上都是突顯論述作用中的某一個，而較不著重其他三個；於是，不再是以作用的異質性來確保論述的完整圈環，我們有的只是一個獨一 256
無二且絕對同質的領域——一整片觀念〔彼此〕相互連結，或者像是一系列必要的推論、一單獨且同一的體驗的主題性或概念性的展布，或者也像是由意識型態轉譯形成的主體、或同一個解碼工作的不同時刻。然而此一論述作用的異質性，它之所以遭到模糊化，就在於此一論述內部有其存在的根據。在西方哲學中，我們曾看到一種和其自身的歷史性關係，它在古典時期結束時被建立起來，而這是在論述的第二模型[iii]取代其第一模型時，它並未將它抹消，而是將它位移、重拾，而且此一參照從未消失。由此產生了將不相容的理論網絡加以統一的計畫；由此產生兩個相關的理念，在其中，哲學的任務是無窮無盡的，其目的總是後撤，而它只能實現於其快要降臨的、即將發生的消失之中。然而，便是相對於此一無限的任務、相對於此一如此具威脅性的終結，哲學史才有一個非常精確的角色必須扮演。如果它以四種形式存在，那是因為此一角色，它是在由論述界定的四個區域中施行，這些領域也透過確保其運作的理論網絡以及相應的第一級領域，得到界定。

257

我們之前已看到，哲學論述必須正當化其自身，因為它和科學陳述不同，並未對發言主體發聲由其出發的這裡和現在進行抽象化。然而，當歷史學者將哲學當作是同質的定義、概念及推論所形成的組織結構時，他便將自己置身於一個理想的向度，在其中哲學論述可以擁有和一系列科學命題同樣的存有模式。於是，我們理解到哲學無需在揭露理論和顯現理論之間做出選擇，因為它論述中的真實，乃是於一個純形式的自明性中提供，而那對於所有的命題系列，不論是什麼，都是有效的；

258

ii．傅柯於頁面下方註記：「我們並不否認在文學或科學論述及書寫它們的歷史的可能性之間，存有一個具內在本質性的關係。」

iii．刪除：「轉變為現代哲學的特性時」。

我們也理解到，一個絕對嚴謹的主體理論不再是一個無限後推的工作，因為發言主體自此之後乃是
在一開始便被提供，在它所有的發言中都獲得確保和正當性，而其形式為內在一致的普遍原則。由
此開始，哲學不再準備好消失於其自身完成的動態中，因為它曾以作為合理的論述實際地存在過。
我們察覺這種類型的歷史分析所帶來的後果：每一個哲學應該能夠被孤立出來，像是一系列不會自
相矛盾的命題；但它們全部都屬於一個準確的批判的範圍——如果它缺乏邏輯一致性，那將是內部
的批評，如果它利用了一些可以被理性地證明為錯誤的陳述，那麼批判是外部的。但是，我們看到
這整套哲學的可能性的論證，乃是立基於不存在的原理，相對於科學陳述，哲學論述有其自身的獨
特存有模式。[7]

我們可以就其他三種歷史形式重啟論證。這裡要做的，只是指出其主要的線條。反思的作用將 259
哲學論述對立於虛構敘述論述：實際上這作用是必要的，因為前者並不像後者是在每一個時刻創造
出發言主體、它進行其發言的空間及時間；它因而被迫在一個擁有真實的源初權利中，或者在允許
它達致真實的條件中，尋求其自身言語的奠基。然而，當歷史學者將哲學當作是一個初始的直覺或
一個世界觀的轉譯時[8]，他是將哲學家（換言之，發言主體）放置於某種先於其自身論述的論述元素
之中：直覺短暫、立即的論述，世界觀無限制的、接近沉默無聲的論述，在其內部誕生了論述及它
的陳述者。此一論述同時是哲學的條件及起源：它為它提供它的真實，但也加以限制。當哲學在其
無盡工作中尋找奠基時，歷史顯示它先前便擁有它，而那便是它以其為出發的、未經反思的論述。 260
但在此，此一可能性的論證，以及立足於虛構敘述論述和哲學論述在性質上有共同的原理。同樣地，

將哲學當作是意識型態對待的歷史，則論證哲學如何在實際上連繫於一實踐，而且，更進一步地，
它本身便構成一實踐，而且它可以真正地改變世界面貌，其條件是它和政治或日常的陳述隸屬於同
一個論述模式。最後，致力於證明哲學論述乃是在解明世界的邏各斯，並且在哲學連續的流變中，
同時構成此一邏各斯的百科全書及靜思回想，這樣的歷史學者，必然預設了哲學論述，如同宗教論
述，在其自身之內，乃是重拾一個絕對言語的先前性。

261 我們看到哲學史是就哲學論述的存有模式而言（由某個被明確決定的時刻開始）成為必要，它如何
成為可能，只能藉由遮蔽此一存有模式，並且將哲學呈現得有如科學、虛構敘述、日常或宗教陳述。
這裡並不是要說這些歷史分析中的每一個，依其類屬而言，乃是錯誤的；也不是要說整體而言的哲
學史，乃是一個廣大的錯誤，而思想曾經迷途於其中超過一個世紀，現在終於必須重新來過，如果
我們想要解放哲學並且使它得以重新成為可能的話。相反地，一旦我們可以展現，此一歷史就一般
而言，以及它曾採取過的各種形式，乃是論述不可或缺的一部分，因此是它的體制中的一部分，那
麼它們便有哲學性質的奠基。哲學史既不是哲學本身的遺忘，也不是它最後的顯現，思想最後的自
我內撤、一種文化形成，或是一個正在消失的學科；它乃是哲學論述的作用時刻之一。它同時是重
要及弔詭的作用時刻，因為它的角色乃是將此一論述的其他時刻同質化，使它們顯現得像是一片連
續的觀念，並且因為它還有另一個角色，那便將哲學論述相對於所有其他論述模式的獨特性加以抹
262 除。但這時要掌握哲學史和在此正在進行的描述之間的差異，便變得容易起來。後者交給它自己的
工作，實際上正是要掌握哲學論述的獨特性。於是，它能夠、必須與如其存在樣態的哲學史會合；

然而，它之所以與其會合，並不是要在其中發現交會——一種與它直角相交的層面，但以歷史觀察的角度受到精確陳述，而這正是它嘗試由哲學論述的唯一存有模式中演繹而得的——而是要將它當作存在於哲學家論述之中的一個元素。哲學史因而不是另一種描述哲學的方式，並且不能化約於第一種方式之中：它本身便是描述的對象，而此描述內存於一關於哲學本身的、更具一般性的描述。

263 存在於哲學史與現正進行的描述之間的不連續性，解釋了某些值得強調的差異。哲學史優先分析的，乃是以其個別性為考量的作品——或者作為書籍，或者作為由第一本衍生而出的、相續出現的系列著作，它將其轉化及發展，逐步邁向一個完結其他，或是將它們留置於懸置狀態的最後著作。於灰色調性中所維持的，乃是分隔作品的空間，當它沒有被忽視時，應該構成它們的共享地帶（lieu commun）[iv]。於是，對於歷史學者而言，只有諸種哲學的存在；至於我們可以在它們之間建立起來的連續性，我們只能在先於哲學的此一前論述領域中尋找它；也就是說，在一個理性的普遍結構中，或在某種有關世界直覺的恆常性中，或是在哲學確保其批判意識掌握領域的特有流變中，或
264 者最後在逐漸達到其顯現點的世界邏各斯之中。使得哲學有其歷史的原理，如此說來，並不屬於哲學。這便造成了，由一個哲學作品到另一個哲學作品，其不連續性大約是完全的：因為，能將它們相連的，永遠只能是系統中的非哲學內容或元素。[9] 在作品之中，真確哲學性質的事物一旦開始，那麼所有的連續性便被打斷了；然而，與此同時，也肇啟了一個新的同質性：那是概念和觀念間的同質性，而其鍊結應該形成作品不受中斷的紋脈。哲學史，至少就其傳統的形式而言，預設著三層的組織：由一流變所構成，不精確且未受良好解明的地層，它同時具有連續性質，又是變動的，它

不屬於哲學，卻能解說不同系統中的相似與差異；接著是哲學本身，它永遠只存在於諸種哲學的不連續之間，它們總是絕對地新穎，總是無法挽回的終結；最後是在這些各自分開的哲學內部，具哲 265 學性質的連續性。最多是有時會出現的，在這些各自分開的種種連續性系列之上，疊加一輕盈的概念網絡，而那是人們假設與數個哲學共通的，由一個哲學流傳至另一個哲學的問題群，大致無分化的主題群，它們遍歷著這種種哲學之中的一整個群體。但如果靠近看，歷史學者便覺察這些主題、問題或概念們，在由第一個哲學過渡到第二個的時候，就其內容、意義和使用規則而言，已演變為它者；以其他角度來說，由於它們是一個哲學之中的一部分，便不能維持原樣；而如果一個系統接納了一個在前存作品中形成且被使用的，那便是將它們當作是外於其自身的論述，如同一個數學概念或由政治所提出的問題。

在我們所運用的描述方法之中，不連續的遊戲是反向而來的。在同一個單一作品中，我們辨識出絕對異質、但又絕對相互地不可或缺的論述作用。這便造成了，以此一角度設想，論述的不同元 266 素很能不遵從邏輯一致的規則，（但）它們不能規避在作用面有其相容性。由此產生了兩個結果，首先此一相容性永遠不能作為針對系統的批評工具或是判定單位；我們不需要提問論述中的不同元

■

iv・譯註：此字原先來自修辭學中可以在許多狀況下通行使用的論理方式；後來引申為「老生常談」、「陳腔濫調」的意思。這裡的譯法考量上下文脈絡，採取依字面意思直譯的方式。

素是否相容；它們無法不是如此，因為此一相容性乃是論述作用的條件，因而也是其存在的條件；描述會被提問的，乃是要了解透過什麼樣的可能性選擇，論述的作用能獲得施行。另一個結果是，在一論述的內部，同一個單一概念可以完美地確保兩種作用：在這些角色之中，各自有其精確的使用規則，而它們很可能不是相同的；於是，當人們只以概念的邏輯一致為角度分析各角色，將會在其中發現異質性，甚至自相矛盾；這不能評判此一受討論的哲學，而完全只是指出此一概念不能進入科學類型的論述。

然而，存在於不同的論述作用之間，此一不可或缺的連結，卻不會指涉哲學家的決定、他思想 267 的嚴謹度、他的體驗的統一性，而是指涉一些必要性，它們隸屬於一般的哲學論述（或者，毋寧說，隸屬於此一於十七世紀初出現在西方世界的論述形式）。在多種多樣的哲學之間共通的，因而不是前行於它或圍繞於它的非哲學，而是相反地，哲學之中所特有的：它的論述的獨特形式。此一描述的基要時刻、飽滿時間，因而不是存在於其個別性中的作品，而是相反地，圍繞著它的、支持著它的，並由一個文本到另一個，由一個系統到批評或反駁它的，構成哲學作為論述的持續性。我們想解明的，乃是作品之間的間隙（interstice）。此時我們發現作品之間相互比較的可能性。此一比較可以兩種方式來進行。〔一方面〕建立作用面的等效性；顯示某些命題的集合、某些概念的組合，在表面上沒 268 有任何共同的特徵，卻是在兩個哲學論述的作用圈環中，占據同一個位置。另一方面則顯示，由對於所有的論述而言都是基本而共同的決定出發，哪一些選擇是共同的，哪一些又是不同的。我們看到，藉此描述可以——就在哲學的層次中——打開一個歷史向度，而這是傳統哲學史只能在哲學的邊界之外找到的：有個空間空了出來，在其中，每一個可能性可以找到它的位置，每個相容性類型都受到界定，每個允許由一種類型的過渡到另一種類型的各式轉化所形成的整體都被描述。人們也許會說那是一段平庸的歷史：真正的歷史是受到時代浪潮所席捲的，由一個連續的因果所構成，擁有深沉的決定，由一個沉默的起源邁向一個持續後撤的地平線的清明。然而，我們的時代終究必須檢討這些古老的主題，它們在過去的世紀中施展了魅力。終究必須承認，時間，便是空間，一個由同時存在的可能性構成的空間，歷史遍歷它們，其所根據的形式，並非誕生於流變的偉大推力，而是那些支配同時存在（le simultané）的法則，而且這些法則也同時要求它轉化為另一個同時存在。必須要做的，無論如何，乃是將此一歷史中的贊成翻轉為反對，黑色翻轉為白色，而這是哲學史家直到今天一直在述說的歷史；[10] 與其將各自分立的作品置放於一個從未受到組構的持續性的無密度蒼白之中，這裡涉及的，〔乃〕是使作品之間的空隙得以湧現，並且由可能性的同時存在來界定其承續。這是因為哲學便是精確地存在於此一地帶之中：在作品之外，在那兒，它們一同站立著。

269

CHAPTER

eleven

第十一章 新的突變

- 哲學的可能性之歷史條件
- 當前哲學中的危機及空虛（困境、遺忘、重新開始、聆聽）
- 尼采與哲學論述的解體
- 對於危機的負面感知與正在誕生的豐饒：哲學動作
- 尼采的「大多元主義」

La nouvelle mutation

因此，哲學的描述不能同化於我們通常所知的哲學史；不只是因為它們並不是同一文類中的兩 270
種模式，也不只因為它們並不以一相互的肯定而互相交會，而是因為它們存在於如此不同的層次，
以至於其中之一有力量——或至少宣稱如此——包裹另一個。雖然如此，它們仍然有一共同的對
象，那便是哲學本身；而且，如果我們能夠顯示，在哲學和其歷史之間的對象關係，其存在地帶及
必要性乃是存在於哲學論述的作用方式本身之中，我們直到目前，仍把描述的地位留置於陰影當
中：彷彿它有完全的權利，無需正當化過程，即能就哲學論述當前的形式來談論它、界定它所提供
的可能性，並且在任何哲學出現之前，即提出能為它表述其轉化的規則，而這些規則使得論述得以
由一個相容性的系統過渡到另一個。然而，我們也必須提問，如此地天真武斷，此一描述性論述是 271
基於何種權利得以將哲學當作它的對象：此一描述和哲學本身之間的關係是什麼？此問題將兩個提
問聚合在一起，它們是相互關連的，而且也不會完全孤立，但如果我們不仔細地將它們以其自身為
立場做出表述，那麼它們便會有極大的、彼此無限相互指涉的風險。一方面，我們必須提問，哲學
是否會自甘於作為描述純粹簡單的對象，或者，毋寧說，此一描述在面對哲學時，能否建立一個距
離且有助於加以全面掌控，以使它能將哲學當作一個完全被中性化的領域而加以遍歷；我們會不會
有這樣的風險，就像哲學史一樣，發現此一描述也受哲學家的論述所支配？它不會因此便失去效
力，但它會失去一種權利，即將哲學當作是一個領域來談論，而當它以其至尊無上的目光穿越其中 272
時，不會遭遇任何陰影；不單它只能以作為論述內的一個作用性時刻來獲得其效力，而且它也會失
去確信，即所有的哲學形式可以被迂迴繞過，並且單以論述的存有模式來加以分析。但在另一方面

也要提問，在今日，哲學的可能性是什麼：既然我們得以就其一般性輪廓，描述哲學論述本身包含的所有可能發生狀況，既然我們可以歷史性地定位由第一型態的相容性到第二型態的過渡，那麼是否有必要假設此一論述的支配時期正在到達終點？我們是不是在以多少外顯的方式表示，它自身已達到其枯竭耗盡的狀態，而且必須被迫讓位給一個完全新穎的論述類型？

我們明白地看到這兩個問題如何可以互相做為另一問題的答案。將哲學當作一個提供作為觀 273
察、純粹及簡單的對象加以描述，這樣的權利，有可能奠基於一項歷史事實，即至少就我們至今認識的形式而言，哲學正在消失；它的無盡言語沉默了下來，像是一個接近呆滯無力的文化現象，餘下的只是一個無法使用的論述的空洞形式。然而，反之，如何顯示哲學論述從此之後只是個空殼，如何確認它將永遠不會再被啟動，如果不是依靠此一訊號，即我們由現在開始可以把它當作客體的方式將其主宰？哲學當前可被描述為諸論述模式之一，是否和它的宿命是同一回事，此宿命自從黑格爾逝世後就以越來越顯而易見的方式，將它化於沉默。最終如果必須接受此一身分，也不會只是
由此一相互指涉的遊戲來證明。如果我們要對這兩個問題做出非循環性的回答，那麼必須提出的問 274
題，便是一個純粹診斷性質的問題：今天，在這個我們將哲學當作論述的一個單純模式談論的獨特的現在中，正在發生什麼？我們可以立即提醒——但也將這些簡註停留於懸置狀態——即以一方式提問，我們面對的是一個處理其自身的現在的論述，如同十七世紀以來的整個哲學；不過此處涉及的不是去問它如何能為真實發言，而是說出這個事件是什麼——它於其本身尚未得到命名的這個開口（ouverture）內部發言。

謹慎起見，必須由最簡單以及最特殊的開始，也就是說由哲學論述的描述本身開始。在進行此
275 論述分析時所涉及的乃是，如果就作品或某些作品群組的層次而言，哲學的特性可以來自其對象、概念、將它們連結起來的推衍系統、其陳述的推進方式，但當我們探討的是更廣闊的歷史集合，比如笛卡兒以降的西方哲學，事情將會有所不同。如果，在做這樣的分析時，我們手頭上能使用的只有像「概念」或「系統」那樣的工具，那我們只能在哲學中找到一系列的個別事件，而在它們之間存有的是相鄰近、可類比或相近似的關係。相對地，如果我們提問的是，哲學論述就其存有模式而言，能有什麼樣的獨特之處，那麼我們便能俯視哲學的組織梗概，及其演變的重大關節。所有的哲學——就我們能透過作品加以分析的——其存在條件，都在此一論述之中。但此一論述絲毫不是一個普遍的形式，具有和理性同樣的普遍性，或是和語言本身處於共同的時代：它是一個歷史條件，
276 在歷史中有其非常精確的出生地與出生日期。於是，我們可以說，哲學論述的分析乃是哲學的可能性條件的分析，但那是它的可能性的歷史條件。這樣一種計畫似乎屬於一套至少可上溯至康德的傳統，並且由於（且因為我們前面所界定的理由）哲學論述，由某個時刻開始，無法避免提出哲學是如何可能的問題，以及提問它應遵循什麼樣的條件，才能展布其自身為一真實且受承認的論述。但這同一個計畫也屬於另一項傳統，而它相較起來，只是有一點不那麼古老：那便是要在哲學、或說諸哲學的歷史性存在之中，找到它的可能性元素。這兩者之間無疑存有重要差別：一方面，我們並不尋求一個將來哲學（philosophie à venir）的條件，而是就已經存在的哲學，探求它的條件；另一方面，我
277 們不是向歷史探求可能性的〔符號〕[i]，而是反過來，由可能性的形式出發而定義歷史。於是，嚴

格地說，這裡可能涉及的，並不是批判事業受遮蓋的重複，也不是將歷史裝扮為抽象的演繹。

然而，即使有這些根本的差異，此一哲學論述的描述計畫，顯得隸屬於一個現在對我們來說是
已然熟悉的界域。這乃是一個無法提問世界、神、自然、歷史的哲學界域，它也無法對自己提問，
使得它自己的發言權利以及將它帶入如此的重複之中的歷史涉入風險。將哲學當作純粹簡單的論述
加以談論，此一理念豈非此一貧瘠化的極致？當我們尋找哲學的一般性可能性條件，我們便被迫將
278 所有的人類認知置入疑問，並且透過它，包括客觀性的地位、體驗的界限、有限性的形式或主體性
的根本動作。當我們在哲學的歷史中尋找它存在的條件，我們詢問的不只是哲學實際上發動的概
念，但也是透過它們，在事件的層面上，詢問生動化文化史的科學性或政治性內容。然而，當我們
將論述模式僅當作可能性條件，或是將歷史當作這些可能性相續而來的實現，那麼以下的兩樣事物
會合而為一：或者，此一描述便是哲學本身，而哲學被化約為陳述並發展其論述的原理；或者，此
描述和哲學是兩回事，但後者雖曾宣稱作為世界及歷史的論述、科學的奠基、主體性或存在的分析，
實際上只是一種獨特的「說話方式」（façon de parler）。無論如何，哲學被帶領至其貧乏的絕對頂點；
279 它的存在危機的最深處，而其出路，只有終結性的消失（在一個也許蒼白的餘生之後），或是對自我根
本性的重新掌握，而這就像是第二清晨。

i・推測字詞；刪除：「證據」。

此危機的理念之所以重要，並不是因為它自長久以來已是一個老生常談的通行套語（lieu commun），而是因為它標示了哲學論述的形式，一個可能具有決定性的變動，如果我們以此一字眼最廣為接受的意義來加以理解，我們可以說，自從笛卡兒以來，此危機的理念和哲學從來並不是完全陌生的。它之所以不是如此，還因為哲學論述必須由一個點、一個地方、一個主體出發，而它們構成了它的「現在」，而它應該要能正當化此一「現在」作為一普遍真實的論述之支撐。就這一點而言，哲學論述的存在本身，它在時間及空間中的突然湧現，以及它找到某個人來為它發聲的事實，所有這些指向一個弔詭時刻特別具有的優勢地位。在那樣的一個時刻，雖是空虛卻已颯颯作響，哲學家開始發聲或書寫，真實的確從來沒有更加迫在眉睫：所有的機緣都應相互聚合，使它最終能光照於一個論述之中；然而，在此一時刻中，真實仍然完全是沉默的，而我們仍需等待哲學家論述中的第一個真實命題，才能看見它離開其深沉的隱退處。此一初始的片刻，標示著一個時刻，這時真理依然內撤，但找到了一個可以其全體進入論述之中的可能；如果哲學家一方面只是此一轉化的工具，相對地，這個轉化卻不只在肇始其論述的純粹興發中完成。因而，這是兩種意義下的危機；或者，毋寧說，可以用兩種方式辨識的危機，因為它是，在真實的歷史[1]中，某種自發的內撤，而哲學家的獨特話語便安居其中；也因為它是由哲學家肇始的舉動，在真實至此保持沉默，而且大部分處於不可見狀態的紋脈中，所打開的一道傷口。

然而，自從笛卡兒開始，此一內存於哲學論述的可能性自身的危機，和今日哲學在談論它自身的危機時所涉及的，相當不同。在十七世紀和十八世紀，哲學的時刻乃是由一個現況系統（système de

280

281

l'actualité）出發而做的反思：一個確定知識的存在（或者是在數學的類屬之中，或是在宇宙論的類屬之中），對比性地指出哲學在那一時代的不確定，並且也同時提供一個真實哲學的模型。那時的危機因而被界定為一種現前狀態的扭曲、知識光明的不平均的分配、由陰影中抽引出首要及根本真實的必要，而後者總是被包裹其中。如此便可以解釋存在哲學與科學之間的認識論連續，而這是整個古典時期思想的特性。這其中的原因並非要在以下的事實當中尋找：即當時的哲學家也同時是科學家，而且他們不會無知於數學、物理學、自然科學；事實上，必須要翻轉推論的方式：如果哲學家也同時是數學家，那是因為哲學論述本身的存在，在此一肇始的時期，只能由同時存有數學、力學或宇宙論等類屬的真實論述而得到正當性。這便是為何，古典時期的哲學，其進展總是透過其同時代的認知形式的擴延或一般化。隸屬於此一大型連續性的，包括笛卡兒的計畫，在其中，思想是根據代數秩序，由最簡單的明證性進展到最複雜的真實；史賓諾沙式的哲學計畫則是在自我論證時像幾何學一樣地開展；萊布尼茲的工作是打造統合的知識；康狄亞克及休謨嘗試發展出思想的牛頓風格分析；思想學（idéologie）則被界定為自然科學。[2]

282

在十九世紀，哲學的時刻——以及使它成為可能的「危機」——乃是以另一個模式接受反思。它不再由一個確定性的知識的存在加以界定，此一知識邀請真實自我內撤，並且迫使哲學使用一個又一個在它處形成的模型；其界定卻是來自以下的事實，在知識中所有被建構的種種真實的共同真實尚未受到表述；它們的奠基仍處於隱含的狀態，而且它們仍盲目於其自身的可能性及目的論。由此衍生了兩個後果。第一個後果是，哲學將無法在和科學同樣的認識論層面展布開來：不論就其形

283

式，或就其首要原理而言，它將永遠不再是正在一般化的科學知識；相反地，它將是透過分析是什麼允許了認識，來重新質疑所有可以被認識的。如果科學的模型（生物學模型、能量學模型、經濟學模型）仍然受到哲學使用，其意義已和古典時期完全不同：此一模型已由它原先的自然效力層次（它在其中出現並被構成的科學層次），轉移到另一個更為根本的層次，在其中它得以質疑或正當化所有的任何一種知識，甚至就是它在其中源起的知識。舉例而言，在孔德（Comte）的實證主義中，生物學與社會學概念便扮演了這樣的角色：它們屬於一個被構成（或是正在構成）的認識領域，然而，透過一個 284 使得它們自我相疊的疊加動作（redoublement），它們允許將人類及其歷史描述為所有可能的認知主體、限制及常態。[3]第二個結果是，使得哲學興發的危機並不那麼是科學認知和哲學認知之間知識上的不平等，反而毋寧是認知（不論它是何種形式）之無法成為其自身的哲學。哲學並非因為它是脫離知識光照之最後陰影部分而必須存在；必須做哲學的原因是，整個世界（日常生活，而知識的狀況並未更好）都被投入非哲學的元素之中；這其中涉及的是，對於在只有哲學才能陳述的根本真實之外形成及餘留的所有一切，進行哲學化（rendre philosophique）。要求建立哲學論述的，比較不是當前的真實，而是現今的哲學空虛（vide philosophique）。由此，出現了某些相關的理念：哲學尚未開始；所有至今 285 被當作是哲學而被提供的，並不太是錯誤，而是非哲學，只是它不承認自己如此；當哲學首度形成之後，它將使世界由非哲學進入哲學；如此一來，它的開端也將是其結束。「危機」於是有了三個相重疊的意義：它是世界的非哲學狀態；它是此一非哲學將要反轉為哲學的轉捩點；也是一個時刻，在其中，哲學在實現自身的同時，也將完成自身，並展開一項無盡的任務。這乃是那決斷性的時刻，它構成的現在屬於費希特嘗試建構科學學說、黑格爾建立哲學科學的百科全書的企圖[4]；它構成了實證主義及胡塞爾計畫的現在，後者意在創立一嚴謹的主體性學科，以成為所有知識的基礎。

然而，在此之後，哲學所指涉的危機又是完全不同的類型，雖然這危機給了它誕生及場所。做哲學的必要不再受現況的系統所支配；它不再由現在的沉默衝力所支配，這衝力要求收受於它的哲學，並且在它當中完滿。如果必須做哲學，如果我們能夠做哲學，那是因為哲學本身已經迷失；不
286
只因為它停留於陰影中，不只因為至今被當作是哲學而被提出的，也許只是非哲學，而且因為我們乃是〔立足於〕[ii]非哲學最極致的端點，因為我們無法知道它在何處、它由何者構成。就某種方式而言，哲學是在它自身之內迷失的：指明它應是如何的現況、接近成為哲學本身臨現的現在，這些都沒有比哲學本身更嚴格地遠離哲學。於是，不再有必要詢問當前狀態，以便由它出發，並根據其模型，界定哲學應該是什麼；也不再有必要詢問現在，以便知道其所缺乏、以及它需要什麼才能實際地成為被實現的哲學。必須要問的是，發生了什麼事，使得哲學如此地和自身分離，並且像是注
287
定遭逢其自身的缺席；那喪失它的，並且發現它之自我迷失的開口是什麼、在今天什麼是這張開的巨口？[5]由此，出現了數個主題。首先是哲學身處其中的極端貧困：失去了它的對象、概念、固有的方法，它能反思的，只有此一自我喪失。然而，由此一哲學的自我喪失，哲學之所以能回歸的，

ii．推測字詞：缺字。

只能透過重新把握自己是什麼，以及它是和什麼分離了：透過回歸它從未停止其所是，雖然它也總是停止其所是之物；足夠近，所以它總是未曾停止如是，但又足夠遠，使它絕對地與其分離，這樣的事物，除了是它所遺忘的，又可能是什麼呢？此一遺忘如此地深沉，就某個意義而言，沒有任何事物可以加以減輕，除非那是輕微的等待、對於回歸的聆聽。這四個意念，包括苦惱（荒漠及貧困）、遺忘、重啟及聆聽，在此時，大約界定了哲學反思的形式，其對象不是它的現況（actualité）的形式、它的現在（présent）的沉默內容，而是它的今日（aujourd'hui）中的空虛、無未來及無豐饒。

288

大致上，我們可將引入這整組觀念的此一突變歸因於尼采。我們在其思想中可看見以下的指向，第一是虛無主義（它完全不是一種哲學形式，而是哲學所有對象的消失，首先是神，也是就世界而言，所有允許思考它的哲學的消失；哲學失去了神，但神也失去了祂的哲學家）；第二是回歸（這並不是回歸向一個〔非常〕[iii]源初的起點，而是在每一個時刻重新開始，而且也沒有任何一個時間斷片其本身不是回歸）；第三是重新以善與惡、表象與實在、存有與真實這些範疇來建構整個西方的形上學（或者，簡言之，哲學所允許的所有一切）；第四則是意志（vouloir）的突然湧現以及對此事件的期待。[6] 然而，如果我們不是將這些觀念與哲學史相對照——也就是說我們放棄質問它們是否能良好終結形上學，或是它們仍屬於形上學的去向（destination）或其遺忘的一部分——而是將它們相對照於我們一路分析至此的哲學論述作用方式，我們便能把握〔它們〕所構成的、非常重要的位移。實際上，如果哲學不是別的，只是它自身的貧困狀態，如果它的對象、概念及形式已終極且無可回返地受到剝奪，如果哲學並不被期待說出真實（甚至不包括它身的真實），而是使它和真實之間有如此遙遠間距的事物，那麼我們便能理解

289

為何哲學論述不必再對立及關連於科學論述以自我合法化。如果哲學是回歸（同時作為此一回歸的炸
裂，以及顯現〔manifestation〕），如果它本身被捕捉於此回歸之中，它便完全沒有必要在反思的模式（mode
réflexif）中尋求，論述如何能和真實有一源初及勢不可擋的關係；它將是回歸，但存在於其純粹的
散失（dispersion）之中，那麼哲學論述和虛構敘述的語言，將是最遙遠的，也是最接近的。它將是詩 290
（詩作為話語模式，並不在任一時刻為自身創造一發言主體，也〔不〕反思其發言的權利：它只是任其湧現）。如
果哲學本身便是遺忘，而且便是在此一遺忘的向度中湧動，它的論述將不會有此一分析表象或陳述
停留於隱含事物的批判作用：哲學應以像錘子敲擊的方式來做哲學[7]，就這一點而言，它將不能和
政治或日常的話語相區分，但作為政治，那是以世界為格局，作為日常，它涉及的是一個超絕的時
刻，在其中，世界的時間正在翻轉。最後，如果哲學乃是對於即將到來者的聆聽，它便不是世界邏
各斯的詮釋；就像米達斯王（roi Midas）[iv]大大張開的耳朵，它任由不需要它的喧譁聲來到它跟前；
而且，就此意義而言，哲學論述其實和宗教論述相距不遠：但它完全不是註釋；而是基督自身的言 291

iii．推測字詞：手稿字跡難以辨識。

iv．譯註：希臘神話中的弗里吉亞國王，傳說因為觸怒阿波羅受罰而長有一雙驢耳朵。

語[v]。

使尼采的作品對整個西方哲學而言顯得如此具有決定性的，而又如此令人煩擾的，強力地將我 292
們置放於它所經營的空間之中，然而一旦我們想要接近它來談論它，便將我們保持在它之外，那不是因為它終極地和我們的形上學絕裂，也不是因為它重新將思想導向它的希臘起源；[8]那是因為它「解體」（décomposer）了歐洲哲學透過它來思考、且尚未停止陳說的論述；它碎裂、解開、一片片撕下那使得哲學論述得以獨立於其他論述，並保障其奇特作用方式的堅強甲冑。自此之後，做哲學，將不再以一個獨特且無法化約為其他的模式做論述，而是在其他論述的空間及形式中做論述，暗暗
地滑入它們發言的地帶：於是我們看到哲學家成為古語文學家（philologue）、歷史學家、系譜學家、 293
「心理學家」、生命和力量的分析者。[9]但這並不意味著它找回了它和知識之間古老的認識論連續性，而那是過去曾被康德的批判所中斷的；這也不是——如同今日仍存在的許多人，他們想要解救哲學，反抗如此的實證性天真——意味著它以〔某〕種暫時的以及方法性的武斷，重拾了有實效的科學的部分內容，以便在之後對它進行質疑或將它奠基於另一個層次。事實上，這意味著，雖然有概念、推論形式、風格或內容上的所有這些差異，存在於哲學論述與科學陳述之間的性質上的古老差異，現在被抹除了。哲學家無需合法化即可由一獨特的「現在」出發做論述，而他的此一現在是同一的永恆回歸；他的論述是永恆的，如同他所宣布的此一回歸、如同此一他本身帶來的回歸，而
那是自從恩培多克勒（Empédocle）[vi]以來，不斷更新的回歸。但是，哲學也不再和虛構敘述相互區分， 294
至少就作為論述而言：哲學家是詩人、戲劇家，他的思想被給出時，有如歌曲、格言、狂熱的抒情

詩（dithyrambe）[vii]；如果他看來像是找回了先於蘇格拉底時期的思想謎樣的燐光閃爍，那完全不代表哲學自我折曲，得以在另一個開始中重拾它全部的宿命；[10] 那代表的乃是哲學的言語，重新找回所有虛構敘述擁有的權利，即由想像創造它由之發言的地帶，彷彿論述乃是自發地出現，來自一股聲音的力量，得以誕生、安置及位移發言的主體，並使其「得到靈感」。就其論述的特性而言，這同一個哲學的言語，也不會和政治的話語可能成為的有所不同：當它被放置於此一時間和它自身決裂的決定點，在其中，所有信仰的地層崩壞，而那原是我們的道德、宗教、教會、機制倚靠的基礎，此時哲學不太是個談論世界的論述，並且受到一實踐要求；它本身便是一個實踐、一個政治動作、一個攻擊；它並非以一般的方式向君主提出其權力理論；當它寫信給威廉二世（Guillaume II）時，在明信片中署名的是尼采皇帝（*Kaiser Nietzsche*）。[11] 在哲學論述與宗教論述之間，也出現了同樣的不連

295

v．刪除：「尼采的作品開創十七世紀以來人們所認識的哲學論述的結構大破壞；使它可以和其他論述模式區辨的堅強甲冑解體了。人們看到，出現了一些哲學論述，其實是單純純粹的科學性、詩性或政治性論述；相反地，人們也要求政治性、詩性或科學性論述要具備哲學價值。更進一步，此一哲學論述的結構破壞，使得一些直到當時在哲學思想中是不可能的體驗得以出現：主體的解離（因為由笛卡兒的思想實體到胡塞爾的具構成力的主體性，主體一直確保著正當化作用和反思作用間的連結，以及存在著一同時可作為奠基的主體）；多神教（因為神及神之缺席不在，兩者皆確保源初奠基及實踐可能性之間的連結〔……〕）」。

vi．譯註：紀元前五世紀的古希臘哲學家，主張萬物的生成和消滅都是無休止的循環運動。

vii．譯註：原指古希臘由男性歌隊所唱的酒神頌歌，並有舞蹈及簫聲陪伴，代表酒神戴奧尼索斯能對人產生的深刻影響。

續性的抹除：就其根柢而言，哲學家並沒有針對他自身說任何事；他是宣說清晨的先知，其發言只是為另一個言語準備道路；這是他加以聆聽的，並且嘗試著重建其永恆持續低語的。

尼采突變為我們準備的，乃是哲學論述特有的困難，它在失去其區辨標準的同時，也喪失其基本核心的作用方式。這並不是說在哲學論述解體時，哲學便消失了：因為此一解體，只是一種負面的感知，因為我們如此習慣於哲學家們的古舊論述，但我們也為自己形成了一個正在勾勒其外形的新構形（configuration）。我們正在持有一些哲學論述，但我們並不認識其地位或性格，但我們又不能避免觀察到它們不再有過去的地位與性格：由此產生了下面的事實，在被給予我們當作是哲學的事 296
物中（它或者隸屬於古老的論述模式，或者隸屬於新的論述模式），沒有任何一處使我們覺得它真正像是哲學，而且，每次當我們設法做哲學時，我們的印象是：我們是以非哲學的元素在發言。然而，在此同時，透過一種其實只是同一現象另一面向的補償作用，哲學乃是在過去它所陌生的論述之中發聲：這並不是意指，比如說數學、文學或政治現在為哲學提供直到現今一直受忽視的主題；而是要說，在科學論述的環境中（比如數學或語言學、比如精神分析或邏輯學），在文學論述之內（不論那是來自馬拉梅〔Mallarmé〕、里爾克〔Rilke〕或布朗修〔Blanchot〕），在政治論述的形式裡，在像亞陶（Artaud）或巴塔耶（Bataille）的體驗裡，哲學的動作（actes）〔……〕[viii]實際上得到完成，而且不會比在那些以哲 297
學家自居的哲學論述之中更多或更少。[12]正在誕生的，乃是一整批的豐饒，而且等比於哲學自認為喪失的。接下來仍須嘗試斷定的是，這些哲學動作是什麼，而它們所處的，乃是一個在其中哲學以完全新穎的模式得到建構的論述宇宙。[13]

但這並不是此一以尼采命名的轉化唯一的後果。哲學論述失去了它的決定及作用，自這一刻起，過去能保障其領域統一性的事物也開始解離：原先為哲學論述將主體和奠基各自的第一級領域相連結的，包括由笛卡兒的會思考的實體（substance pensante）到胡塞爾的具構成力的主體性（subjectivité constituante），曾將靈魂此一形上學對象，轉化為論述中的作用，此一元素在尼采的思想中被解開成 298 為主體的複數性；與其相關的是，在科學論述之中，比如在精神分析論述當中，或者像是在巴塔耶的「宗教」體驗中，我們將會遭遇的，正是此一主體的撕裂（fracture）。以同樣的方式，曾經在歐洲哲學中確保奠基的領域和實踐的領域有其統一性的元素也解離開來：自笛卡兒以來，此一元素，可以是神或神之不在；尼采拔除了此一神論和此無神論的共同根源，宣稱無限量諸神的回歸；與此相關的是，我們之後會看到，在神聖的實證性分析中，以及在亞陶的文本中顯現的，正是此一多神形式的體驗。最後，世界作為實踐與詮釋的統一體，也受到解離：在尼采的論述中，它成為各種相互拮抗、從未和解、從未平衡的力量所形成的紐結，以及相重疊的詮釋所形成的堆積，它們彼此占用 299 對方，並且互相襲取意義。與其相關的是，我們看見詮釋性質的學科、多種意義的尋求、無限註解工作的大量增生，而與此同時，文學不再確保以論述表達世界，以語言、單以字詞的使用來摧毀此一世界。尼采的大多元主義（grand pluralism）和至少由笛卡兒以降的西方哲學如此強力的主流逆勢對一世界。

■

viii．刪除：「（也就是說論述）」。

抗，只有在一個條件之下才能受到肯定：那不是（等同於在柏拉圖或蘇格拉底思想中找到其起源的）形上學的消除，而是界定哲學論述的傳統模式的摧毀。

哲學家本人的散失、爆裂，無疑要由此一多元主義負責（或至少來自它所解放的解離遊戲〔jeu de dissociation〕）。自笛卡兒以降，世界的邏各斯乃是來自做哲學的主體那弔詭且十分封閉的個體性， 300
直到揭露或顯現：在此一個體性中，他發現了確定性的形式，但相反地，他也在其中抹除所有他獨特性的印記。然而，現在此一如此承受重荷、多樣、和隱跡墨水文件同樣模稜兩可的邏各斯，現在論述的真實不再需要被正當化，而是在相互交錯的人聲的複數性中受到肯定，這時，哲學家的身分作為哲學論述的初始及中性的起點，便不再被需要。或者毋寧說，此一身分不可避免地鬆解開了（se dénouer），將哲學家解放為一個真正的人物，並且由其挖空的身分中湧現的是，一群複數的、難以解碼的面具或面容。與其是一位在論述中自我消隱的哲學家，當他在正當化其發言時，於其所說的之中缺席；與其是一位在其論述中跳過所有論證過程，因而能指涉其自身的存在，從此之後所出現的哲學家，乃是一位使他的性格、體質、疾病、神經激動說話的哲學家，而這時他應以嚴謹的指示 301
詞形式指稱哲學論述的主體：瞧這個人（*Ecce homo*）[14]。這表述方式（在尼采是最後的一個，正如「我」在笛卡兒是第一個）將對哲學的主體性格造成逐項反轉：過去是由一個單純的代名詞做主宰，它沒有任何特定內容，而其意義應該可以由所有發言主體一一代入，在它的所在，突然湧現了一個存有，它同時由一個稱之為人的物種以及一個指示詞所指稱，而且後者將它非常精確地填入一個這裡與現在。[15] 笛卡兒式的解決方法是允許主體脫離其「現在」，以便將它重拾於其自身的論述之中，現在取代它的是哲學家針對他自身純粹簡單的覺察：這便是我（le voici）。這便是我，也帶著它作為持有一論述的主體的決定性內容：聰明——如此地聰明——著作書籍——如此好的書——他本身便是個宿命。[16]

在如是的自我指稱之下，哲學家離開了他的論述過去為他維持的空虛中立性；然而，在此同時，他失去了他至高無上的身分；他不再被授予對於他發言中的真實，是於一段獨一無二且連續的經驗 302
中來做出感知。正如他論述持續的線索已被打斷，被不停地切割及重啟為一句句的格言金句，同一位發言主體在每一個語言的閃爍中消失及重生。「這便是我」中的「這」指向他，但就在每次論述重啟時，都指稱一個新的他。論述者（discoureur）此一斷裂及重拾的身分，使得他和悲劇英雄產生了親緣關係，也使他相似於永遠重生的戴奧尼索斯[ix]、相似於在懸索上不停重新開始危險動作的舞者，而那動作每次都表演及象徵著生命及死亡，相似於太陽神、相似於被一個由他處而來的聲音所掌握及放棄的先知；但此一身分也使哲學論述相似於不斷敘說時間的劇場、相似於籠罩著它又在它之內撕裂的音樂、相似於「不合時宜」（intempestif）的寫作、歌曲及時評小冊（pamphlet）。當他開始發言，哲學家便開始存在，但那就像是他者而非他自己的：當他在自己的論述當中前進時，除了他的言詞 303
所允諾的之外，他並沒有其他的存在，而且是依靠其接續而來的詞語而得到生命；他是先知，預知

ix・譯註：在希臘神話中，酒神戴奧尼索斯和其他諸神不同，會定期地死亡及重生，也曾有下地獄再回歸的故事。

他將所是，他是擺渡者，而乘客是他自身的存在；他所做的只是宣告，而他對他自身所做的宣告，
也是他自己的終結，因為他所說的，將會使得這正在說話的面孔，像是一張面具般地迅即消失。經
由此一至上無二且致命的論述，他又再度見到所有那些以蛇與鷹相交纏為其象徵者（被爪子和喙折斷
的圈環、被侵蝕且被毒害的垂直飛行），所有那些，用言語將自己直接送抵太陽及死亡的人。哲學論述，
仍然是、已然是戴奧尼索斯及上十字架者的話語，那是所有的凱撒的話語。在此一重新開啟者的身
分中，哲學家本身也只是由瘋狂譫妄構成的名字萬花筒。

當然，在西方哲學中，這不是第一次哲學家發現自己暴露於多種身分的遊戲之中。齊克果
（Kierkegaard）已然利用許多化名，並且利用名字來位移持有論述的主體。但這裡涉及〔的〕正是「化
名」（pseudonyme），也就是這些人名的角色便是使主體的身分能維持於多個身分的面具之下，並且
在這些將它遮隱的稱呼之下，允許主體可以和單一無二的神有關，並使他得以聽到神對他發出的召
喚，而這是單獨只對他發出的——以這個名字對他發出，而其他人完全不能加以辨識。穿透他由化 304
名構成的面具，神仍能辨認出〔他〕，這便是他作為獲選之人的試金石：天父無需以他的名字來指
稱他，才能對他的兒子說「你將會獲救」，因為所有兒子能具有的名字將會消隱，如果人們將它們
與天父指稱及辨認的至高手勢相比。齊克果的化名遊戲，也就是那在神之前隱藏自己又發抖著希望
自己被識破的狡智：有一天他將被剝除其假名，就像是老人，以其自我出現於神之前及神之中。[17]
尼采不是化名，他毋寧是「多名」（polyname）；在其個別性的響亮指稱之中，在那簡單的語言文字 305
的手勢中，他將其所有語言只單單轉向於其自身，瞧這個人（*Ecce homo*），他發現他便是所有前行於

他的，以及所有追隨他而來的；他發現自己沿著時間四散開來，是戴奧尼索斯及德國皇帝、回應基督的反基督，並且也宣布其回返，上十字架者及聖靈（Paraclet）。所有這些「其他」名稱並不遮隱一個就要被發現的以及與自身和解的身分；它們指向做哲學的主體的分裂、它複多的存在、它在論述種種風向裡的四散分離。

哲學論述與陳說它的人之間的關係，產生了這樣一種突變，開啟了瘋狂哲學家的可能性。這個
可能性不應被理解為給予哲學有權成為不合理或甚至無理性，而是它有權利作為複多的「是」的湧
現，那是哲學家閃閃發亮但又即刻消失的臨在，就在他的肯定的單一吶喊之中。在其《沉思錄》開 306
篇之處，笛卡兒曾接受哲學家可能犯錯，而他的感官可能使他產生幻象，他正在睡覺但自以為醒
了；但他排除了哲學家是那些自以為是壺罐，或自以為身體是玻璃做成的人：「什麼，這些人是瘋
子[18]……」如果說，在《沉思錄》的文本及笛卡兒所有的作品中，瘋狂的重拾的確是以更為一般的
夢的形式來進行的，並且是根據可以主宰的想像機制，這乃是它因為被視為論述者的威脅，已先
受到絕對地排除：《沉思錄》中的發言者說，如果我以他們為範例，我不會比瘋子們更不荒誕不
經。在如此偷偷摸摸的情況下，開始了哲學論述的正當化，以及它具有達致真實的權利的第一個界
定。[19]由於尼采，哲學論述的解體使哲學面對瘋狂時，既沒有保護也沒有防衛。從此之後，瘋狂有
權將它焚燒，就像它有時憤怒地焚燒詩人的狂熱、暴君的譫妄、神之侍者的興奮：如同它對其他類 307
型的論述——文學的、政治的或宗教的——所做的，瘋狂也可以將其權利施展於哲學家的言語之
上。[20]尼采真實的瘋狂，以及在此一瘋狂中，他的思想，就其可以始終如一及具有決定能力而言，

可能被犧牲並且以極端的方式顯現，並不能證明他的哲學在一開始的時候，便為瘋狂的閃電劃下深溝；它們也無法證明——除了對那些有點天真的善意人士而言——尼采沒有瘋（無論如何，沒有那麼瘋……）。它們所標誌的是，對我們的文化史而言，這無疑是最重要的，哲學論從此開始擺脫了笛卡兒以降的存有模式，它不再獻身於巨大的作用圈環，而直到那時，這些圈環曾經支持著它所有的顯現；它自身可以變得譫妄，但仍然是哲學性的，或者反過來，譫妄也可以被當作是哲學論述的極端表現。在尼采最後的信件中，在他對君主的召見、在他寫給史特林堡（Strindberg）的明信片中、在他最終寫給彼得·加斯特（Peter Gast）[x]的訊息中，他的思想的確落入了深淵。但我們可以在其中辨識出其哲學的極限——比較是其懸置而非它的中斷——而且自此之後，對於所有瘋狂，我們都準備好的是，不去問它之中有多少詩意，而是它可以在其深淵中，陳述什麼樣的哲學，這是個記號，標記著哲學以新的存有模式展布開來，並根據新的體制而自我組織。「為我唱一首新的歌，世界獲得形變。」[21]

x・譯註：原名 Heinrich Köselitz（一八五四—一九一八），德國作曲家，因與尼采之間的友誼而留名後世。

CHAPTER

twelve

第十二章 在尼采之後思考

- 在尼采之後，論述的一般性體制（régime général）之重新組織
- 身處哲學極限的論述所提出的哲學問題：邏輯實證論、存有論、實存體驗（vécu）的描述、結構的研究
- 現象學與笛卡兒—胡塞爾論述統一體：具體的純粹描述及奠基的尋求

Penser après Nietzsche

309 在談論到尼采作品中所顯現的新突變時，我們要說的並不是，尼采本人以及尼采單獨地以一個
同時至尊無上而又孤獨的手勢完成了它。如果他的作品成為可能，如果它同樣地可能被聽見如同我
們今天聽見它一樣，那是因為，在它之內，透過它，但也是圍繞著它，論述的一般性體制正在重新
組織。正如同《〔精神指引的新〕規則》（*Regulae*）及《沉思錄》也並未獨自努力地發揮作用，才
造成由笛卡兒至胡塞爾的哲學家論述由之而生的擾動，《瞧，這個人！》也〔不〕是在一個無可比
擬的操作中，產生了我們現在身處其中的變動；在此一文本中，整座論述宇宙風雲變換，顯示出一
310 根本的變動。此一突變，必須設法重新掌握，因為我們尚未因它的過度接近而受到阻礙。但無論如
何，此一突變和十七世紀的突變相比，看起來，要主宰前者可是難了許多：由論述的一個形式到另
一個——由數學到文學或是由政治到哲學——很難界定事件之間的可類比性，以及影響它們的共同
世界的獨一程序。更進一步地，比起古典時期，現象在歷史上似乎更加地分散；在過去，不需超過
半世紀便完成了論述的巨大突變；而現在，我們的印象仍被包裹於一個接近一世紀前開啟的過程的
內部。由尼采、馬拉梅、弗瑞格（Frege）[i]作品幾近同時宣布的，我們已達到其終點了嗎？對於一
個在我們之前許久即已出現的，而且將會延伸至我們爾後的現象，因為它是繁複的、多形態的及深
沉的，我們是它的非自願的同代人，或甚至大多是盲從於它的嗎？然而，當所涉及的恰好是觀看正
311 在發生之事，會產生許多視覺上的錯覺：也許我們嘗試要重新掌握的事件，遠比我們相信的要接近
許多；當我們依其出生年代，將尼采的脈絡安置於十九世紀末，因為著眼於正當化，我們嘗試在很
遙遠以前找尋它提早到來的記號；我們為了感到安心、平息焦慮，尋找一塊穩定的地層——雖然目

前只有動態及空洞——在預備條件剛剛草創之處，我們卻辨識出完成。但我們也可能是相反的幻象的受害者；有可能我們想像自己在參加一個事件，而它其實早已結束；如果我們相信自己生活在一個仍是動態且不確定的論述宇宙中，並且是向未來的突變開放的，那不是因為它的轉化事件尚未完結，而是因為我們仍被羈縻其中，尚不能猜測出它的極限、也完全無法預感其終結時刻。尼采的作品遺留給我們的，是否是一個已經受到天翻地覆式攪擾的，而且擺脫了它之前所有作用上要求的哲學論述？或者，它只是指示出一個論述的先期動搖，而在此之後，此論述的存有模式，將會不斷地發生更多的變動？

在草繪出論述一般性體制的突變之前，必須要提出一個大致可確定的事實：在尼采之後許久，哲學論述尚未達致其轉化的終點，而它似乎存在於一個未能決定的（indécise）向度之中。老實說，「未能決定」（indécision）這詞也不太能適當地描寫所發生之事；因為就思想類屬事物而言——如果我們至少不嘗試由內部來分析它，或是重複被視為是居住其中的隱形動作，而是去界定其顯現的、外部的以及具論述性質的作用方式——在此從來就不存在模糊不清、曖昧混沌、矛盾、未能決斷的解答，而是一整套嚴謹的決定。人們所謂的矛盾，只是同時存有兩個可能及不相容的作用方式；人們所謂的曖昧，只是存在某些數量的選擇點；人們所謂的混淆，只是在決定中具有某種複雜度。如

312

i・譯註：Friedrich Ludwig Gottlob Frege（一八四八—一九二五），德國數學家、邏輯學家和哲學家。

果說，存在某種哲學論述的「解體」（décomposition），並顯現於尼采的作品中，或至少，在其中顯 313 露出它的某些記號，這並不是說，由此刻起，它便進入了一個不確定的階段，而它特有的面相被抹除了，像是整體鬆脫，並且正在等待重新取得一個牢固且精確的構形組合，而它只說著一種不定形的語言，這正是它當前危機的環境。說出哲學曾經有的，哲學論述正在經歷的解體，意味著它喪失了它相對於其他類型的論述至今所據有的地位，而能將它孤立出來的，具區別性的特性，不能再是同樣的，因而，它的運作形式不能以同樣的方式進行分析，也不會有同樣的階段。但就它尚未加入一新的體制（régime）而言，在它之中出現的作用，可以毫無問題地被描述為原始作用的主題變奏，也可以在位移這方面良好地被描述，而這其中發生的改變，幾乎使它不再可能受到辨識。後尼采的哲學，可以正面方式或負面方式解讀。以正面的方式解讀，它將是一種哲學論述新模式的形成，但 314 卻只能在其中以負面的方式受到感知，以灰色調出現並且像是一種空洞的形式；它將由位移、盲目地系統化的間距（écart）所構成，而它們正在留出空間給它，仍然停留於祕密，但已是以至尊無上的方式積極活躍的邏輯一致性。以負面方式解讀，它將是過去的作用及特性的維持、它們對於所有變動的沉默抵抗；其程度如此，以至於人們在其中只感知到這些正面性質的元素，但只是就其惰性和持久性而言。究其根柢，這兩種看似對立的詮釋並不重要，它們具有共同的特徵，它們並不界定事件，而是以這一種或另一種方式對於目前（le présent）給予正面評價。對於後尼采哲學的特性，可以如此形容，即是在其中，哲學論述中過去的諸作用，乃是在一個論述空間中運作，但在這樣的空間中，哲學論述不能再具有同樣的位置及同樣的特性。

在此，我們擁有了一個允許我們就其全幅構思描寫此一後尼采哲學的一般性原理。自從康德以 315
來，對於哲學的可能性發出提問便是哲學的一部分，而且，在某種意義之下，此提問覆蓋了整個表
面。然而，直到尼采，此一提問，乃是在哲學論述的內部，並且是在一個運作方式的一般原理可上
溯至笛卡兒的遊戲中，找到其位置。反過來，當人們學會「以榔頭的敲擊方式做哲學」[1]的時候，
自從尼采對哲學提出質疑，但不是以一般性的方式針對它，就其本質、根源及具哲學意義的可能性
而言，而是質疑哲學家作為一種發言的物種，那麼哲學的問題，便會在一個不再屬於哲學的論述空
間之中，被提出來及不斷地重複。「哲學是什麼？」這道提問，並不會停止作為一個哲學問題；它
已成為針對哲學的哲學問題，但它是在一個論述之中被提出來，而此論述，以其全然的天真或全然
的深度，對哲學論述的笛卡兒—胡塞爾特性保持無知。於是有了以下的事實，即哲學顯得像是和西 316
方的歷史相連結，或者像一段文化插曲，或是它的宿命可見的身軀。由此而來的，乃是此一對於激
進主義的渴望，以它為名義，人們對於哲學之中所有看來被接受為理所當然的，並如此顯露了哲學
論述對其自身給予幽微自信的，提出了疑問。在論述中，不接受任何沒有被重新檢驗或在思維中再
一次操演的，這個計畫，曾確保了由笛卡兒至胡塞爾，哲學論述針對它自身所施行的正當化作用；
從此之後，它受到位移；現在是在自認特別具有哲學性質的論述中，哲學被迫接受或假設一種特別
可疑的分析，才有可能存在。如此，我們發現自己置身於一哲學論述激進內在（l'en deçà radical）的領
域之中——這是今日哲學嘗試為自我奠基或施行發揮的優先地域。「後設」（méta-）、「元位」（archi-）
向度對於與我們同時的當代人而言，顯得像是不可反駁地屬於第一優位。[2]

然而，此一針對哲學論述所做的後撤，並不是來自針對論述所做的一般反思，或其中有什麼不 317
同的類型；它不是產生於一個絕對具一般性的或真正受到中性化的論述環境之中；而是產生於哲學
傳統上對立的四個類型的論述其中之一，而且是在其「天真地」被接受的向度之內。如此，邏輯實
證論在分析哲學論述時，完全不是為了否定其價值，或根本地否定其可能性，而是為了排除任何不
能以和科學陳述同樣手段檢證的命題；由此出發——即由諸檢證方法中的此一共同元素出發，而它
會以同樣方式作用於所有的肯定式陳述——邏輯實證論可以提出如何知曉是什麼可以（依形式或內 318
容）決定哲學特有的陳述的問題；對於所有那些自稱特別地具有哲學性，但又想要逃脫所有肯定式
陳述皆應隸屬的有效性標準的陳述，將被稱為形上學。[3] 換句話說，此處涉及的是構成一個哲學上
真實的論述，但它不會施行此一它自十七世紀以來便被承認的正當化的內在作用。在一種絕對不同
的風格中，但其透過一個具有可類比性的運動，並具有同樣的可能性條件，我們看到一個針對哲學
的論述出現了，以外於所有反思作用的方式向它提問；於是，此一論述在其至尊性之中、在其發言
的地方及時刻當中，就其發言主體而言，乃是自我構成。此一論述包裹了整個西方（作為哲學獨一無
二的地域）、它的整體宿命（作為哲學的歷史）及所有的哲學家（作為哲學論述的發言主體）於一思想之中，
但其中並未區分詩的論述和哲學論述，「當作如同」（feindre）及做哲學（philosopher）。我們此時身
處於一思維純粹而未細分的向度之中，在邏各斯初始的分散之中，又或是在作為痕跡的書寫的差異 319
之中。[4] 於是，所有想確保其哲學形式的，以及確保其透過在傳統哲學論述中施行的反思作用來達
致根本性事物的權利的論述，都變成了「形上學」。因為同樣的理由，人們看到一個哲學分析出現

了，它依其出發的論述，並不和政治論述相區別：哲學和其思辨性的批判作用，於是被重置於一個
論述環境之中，而在此論述當中，將會立即地對人的自由、行動和歷史採取介入行動；哲學不會因
此被撤除，但它會在一辯證法內部展開，而此一辯證法將作為它和政治論述，以及所有人的日常話
語的共同地域和運動。[5] 對立於此一哲學，所有在建立它和實踐之間的關係時，只是透過一[ii]針對
320 表象或內隱做批判的（也就是透過一自然的辯證法的），將會是形上學。最後，有另一個向哲學提問的可
能性也浮現出來，但這次是出現於一個在宗教註解（exégèse）和哲學詮釋在論述上沒有區分的向度之
上：哲學將自己建立為一種解碼，而所有的論述形式，當它們提議詮釋符號之時，不是把符號當作
某一超越性的密碼（chiffre d'une transcendance），而是當作一系列因果中的元素時，它們將是形上學的。[6]

這四種做哲學的方式可以輕易地由一些名字當作象徵，比如羅素和維根斯坦、海德格、沙特、
雅斯培，但最終這並不重要；而且更不重要的，乃是（它們）之間相互占據的論戰位置。具有根本
重要性的，乃是（它們）都被捕捉於一事件內部，而它已由尼采的作品標示出它沉默但具有至尊無
321 上性質的在場；具有根本重要性的，乃是（它們）都因同一組條件而成為可能：有必要辨認出一種
哲學論述，它已經由過去內部運作方式的狀態中解放出來，但卻是由一個尚未特定化的論述出發而
展布開來。然而，對於論述古典模態及其運作方式的此一跳脫，並不會對於包含其所有形式的論述

ii・刪除：「表象的批判（以及一個自然的辯證法）或透過一個解釋」。

宇宙造成全然的質疑。後尼采哲學，就其四個主要的面向而言，的確已經放棄了笛卡兒—胡塞爾式的論述模態（modalité）；它足夠脫離其掌握，以至於能由外部來考量它。但它仍然維持和它相互連繫，而且是透過一個它無法主宰的關係[iii]。這是因為，為了由此一模態中得到解放，它由論述的四大模式（modes）得到支持，這些模式自十七世紀起即圍繞著哲學論述、和它相對立、面對它建立起自己的特有性格、與它保持距離——因而也為它讓出位置。相關於（傳統定義下的）哲學所做的後撤，便是發生 322
在使哲學得以發生的論述空間之中。於是便形成可以將哲學論述現已被放棄的空洞形式當作對象的各種哲學，但它們尚未能主宰此一形式曾在其內裡形成的普遍設計。也因此，它們尚未能掌握此一根本的事實，即古典模態下的哲學論述之消失，乃是和整個論述宇宙的一般性突變息息相關的。

後尼采哲學在論述的一般性空間中的位置，得以解釋它某些數量的主題。除了哲學本身的缺席、消失、遺忘和喪失之外，它實際上不能有其他的對象。然而，此一喪失並未被分析為一種論述的獨特模式的消失，也未被分析為一個在極晚近的時期中，在我們文化的論述體制中發生的事件；實際上，就此體制從未受到質疑，並且被當成所有可能言語的脈絡而言，哲學論述的消失看起來好似沒有日期；或者毋寧如此說，它的消失看來和它的形成是同時代的事，彷彿它只能出生於其死亡的環境中，彷彿它的發言場域永遠只應是沙漠，而它的運作終究徒勞無功。於是，允諾超越今日之空虛 323
的某種未來哲學（philosophie future），其代價只能是哲學回顧其整體歷史。只有當它能夠重新自我掌握於此一純粹的起源之中，但這起源既同時是其開端也是其消失的起因，只有當它能刻畫出此一既具備構成性又曖昧的時刻，哲學才有力量重新說話。一則偉大的神話浮現了出來，而後尼采哲學在

其中找到了它們的理想地域：那是無史語言（langage sans date）的所在，比起所有的歷史更加深刻及古
老，在其中，各種論述形式尚未相互分離。為了與此語言的初始光線重新相聚，任何上溯都不嫌太
遙遠，任何抗議也不嫌太激進；所有的真實歷史、所有可以指定的事件都仍過度負荷著實證性，而
所有的論述回憶也仍過度介入遺忘。哲學的此一回返，其養成準備（propédeutique）如同其逐漸前進
一樣，乃是無限的，但在此前行當中它卻也不能避免中途迷失。無限且悲傷的養成準備，因為它是 324
在一個夜晚的空間中察覺到一個即將來臨的思想的首發記號，但這空間也是空洞且不可回復地缺乏
孕育力的，在其中，哲學從此之後只展現其消失。

過去曾和哲學論述諸重大作用直到此時仍有正面關連的所有領域，事實上被置入了括弧。哲學
無法再將其自身呈現為主體的探究或基礎的尋求，而那基礎同是起源及可能性條件，不能再將其自
身呈現為實踐的理論或世界邏各斯之發現。人們會說，自從康德的轉化以來，哲學早已不停地針對
這些領域採取後撤，而且它也不自認有權利直接達致它們，或以一種全整無遺的方式主宰它們。但
至少在一種無限的、永遠要重拾的、從未停下的任務（tâche）的形式之下，在這些領域和此一論述
之間，仍然建立過一段正面的關係。在此一論述不斷後撤的地平上，顯露了一個時刻，在其中，論
述本身會成為此一領域，此刻，論述自身將成為絕對的主體、所有知識的基礎、真實的實踐，以及 325

iii・刪除：「此一模態對它而言仍是一個空虛的形式」。

世界本身的論述。反之，在我們現在正嘗試描述的後尼采哲學中，和這些領域間的關係只能以負面
的方式構成：哲學如要由它在其中迷失自身的遺忘中被喚回，只有透過放棄這些領域，並且離開它
們。於是，像邏輯實證論那樣的一種哲學——也就是存在於一種宣稱維持不區分科學陳述的判準及
哲學命題的特殊性的論述之中——在其中，哲學的可能性條件，只存在於它明白地棄絕分析如其所
是的主體、棄絕尋得論述絕對源初的基礎（並不存在一般性的後設語言）、棄絕以完整權利及直接地作
為一個實踐（它最多只能作為一個命令式陳述或價值判斷的理論）、棄絕發現一種世界的論述（既然世界最
終不是別的，只是一整組的陳述組合）。同樣地，在某一個論述中，思想將是最接近「當作如同」、最 326
接近德國人在其中辨識出詩之本質的 *dichten*（寫作、寫詩）[iv]，[7]在其中，哲學在這些傳統領域之前，
只能自願地含蓄保留，並做出迂迴[v]，以使自己能由其中獲得解放；如果人之存有受到提問，那完
全不是因為他是所有論述的主體，並且在他之內，真實完滿於作為確定的判斷或自明的感知；而是
因為在他之內造成問題的存有，無論如何不能被界定為主體；而此一存有也不能作為認知的基礎、
客觀性的地層及條件、所有存有者（étant）的起源，而是在其展開中即退隱者，而且遠遠不能讓現
象穩固並給予它一個共同的地域，而是在任何事物出現以前，便指出自己乃是純粹的差異；一切有
意願具備實踐力的思想，其完成只能在一個具立法力量或創發性主體與客體的關係之中——在於一
意志的形式當中，而此意志乃是現象的主觀基礎。我們理解為何一個已經解放於主體的再現及基礎
的追尋的思想，應該要在所有的實踐性哲學中，辨識出意志形上學的顯現；如果邏各斯受到提問， 327
那並非因為它是源初的話語，或是它形成了世界無限的文本，而是因為在它之中及由它開始，展開

了存有的差異。以同樣的方式，我們也可以展現其他兩種哲學的大形式，其完成乃在於懸置直到當時仍是哲學論述的第一級領域。論述特殊性的抹除、原先透過它們可以確保和其他形式可共有分界的諸作用之消失，所有這些意味著，哲學離開過去曾和它必屬相關的領域，並在其中揭發了它的錯誤及盲目的起因。

在所有這些仍和我們大致同時代的哲學中，最重要的乃是再現理論及人類學體系所承受的命
328 運。我們記得，根據哲學論述的第一運作模型，無可避免地將自己構成一個再現的形上學，而根據它的第二模型，它必然以人類學為支撐。然而，不論以什麼樣的方式，二十世紀的哲學，全都將自己呈現為此一形上學的基進批判，或者呈現為一再重新開始的努力，以逃脫此一人類學的諸種預設。不過，事實上，對於人類學或再現的形上學的放棄從來不曾是完全的。而且這是辦不到的，因為後尼采哲學由過去的論述模態之中解放出來，只是為了將自己保持在其外部的邊緣，位於它留下來的空虛的邊緣。再現的形上學與人類學比較是受到轉化、而非真正地被消除：也就是說，它們的一般角色受到保存，但那是透過一整組相當不同的作用。

329 再現的形上學確保哲學論述有重新遇合存有的可能性，而那是透過在世界及事物的秩序中，於

iv．譯註：傅柯在其原稿中保留此德文動詞的原有形式，意思有寫詩、創作的意思。

v．刪除：「由它們的再現解放」。

上帝的保證之下，可以被給予靈魂的。在後尼采的哲學中，哲學論述既然減去所有可以讓它同時達致存有及事物的秩序（存有作為事物的安排布局及一般系統）的作用，應該要在它自身之內，並且是在所有作用的分化之前，持有說出存有的力量；此一力量，遠非在整個論述週期循環的終點受到保障、授予給它，卻早已隸屬於它，因為它是語言；而此一語言越是接近其自身、保守矜持、謹慎克制、嚴謹、經濟，它就越接近說出存有本身。然而，還有另一種保存再現形上學角色的方式，它是明確的逆向而行，即放棄那些確保它的作用：這時人們不要求論述說出存有，而是只透過它的句法組織，形成事物所有可能的秩序；便是在其語言的系統性展布中論述才能是事物的論述本身。我們看到，不論在哪一種情況中，就其整體而言，再現形上學已被放棄；不過它的角色得以維持，但那是以分離的方式達成。一方面，由於它是語言，論述被給予了說出存有的可能性；但在另一方面，由於它是語言系統，它被給予了說出事物的秩序的可能性。[8] 作為後一種的論述類型，像是海德格那樣的思想，也只能是個形上學；對於前一種的論述類型，例如邏輯實證論那樣的分析，則仍深陷於再現的體系之中。實在地說，這兩種哲學形式在其面對面的對峙中，維持著再現形上學的角色，但單一論述所形成的整體已無法確保，它現在同時喪失了判準及作用元素。

至於人類學，它的角色得以維持，但轉移到其他形式的論述上[vi]。我們記得，它的角色曾是保障哲學論述有一可能性，使它可以透過現象及有限性形式的分析，針對形上學進行批判。對於人之存有的反思，也反思關於透過此一存有模式，人如何可以建立和所有其他形式存有之間，以及與一般意義下的存有之間的關係，它過去曾經在哲學論述自身之中，界定了它達致真實的條件。在後尼

331　330

采的哲學中，論述將無需透過對現象的反思或有限性的分析，才有能力對人之存有進行發言：人的存有是像實存體驗現象的描述，乃是全然可以被解讀的，成為立即顯現（immédiatement manifesté）。就此意義而言，人之存有和顯現它的現象之間，從來不是保持一種後撤的關係；它本身便是這個完全被意義和自由穿越的現象，而且僅僅如此。現象的可能性條件，並不需要在一個超越的層次或區域
332
中尋找，而是精確地要在現象所具有的意義之中尋找。現象可以沒有餘留及不透明地受到意義的穿越，這些意義同時是人的存有及自由，而他可以〔將它們〕vii以一個顯現此一自由的描述加以遍歷，並且驅散一個受決定且有限的人之分析，這兩件事實際上是同一件事：在兩者之中，都涉及能達致人之存有，而且涉及到，由此一存有，透過一「純粹的」描述，在它之中自己給出或自我建構，而此一描述即是指一個已使哲學論述所有的布署（disposition）失去作用或產生懸置的論述。如此，在一個新的形式之下，此一描述確保了人之存有的分析功能。至〔於〕人類學的另一項功能——界定人之存有〔和所有其他形式的存有〕viii之間的關係，以作為認知的可能性條件——它乃是受一種位於實存體驗描述對面的論述形式所確保：這是對於一些形式和結構的描述，而人的經驗必須透過它們
333

vi．傅柯先寫下，之後又刪除：「至於人類學，它也比較是受到轉化，而不是被真正地消除。它的角色現在被託付給其他形式的論述。人類學系統便是如此地組成。」

vii．推測詞語：缺字。

viii．在手稿中被刪除。

才能提供；至於這些結構是純形式性的，或相反地是建立於歷史性決定的整體之上，或是建立於語言組織之上，或建立於象徵功能之上，一點都不重要：一種結構性質的模型的描述，應該能夠允許一個既沒有傳統哲學論述的形式或作用方式的論述，也能夠陳述由同時架構了人之存有及認知的諸形式所組成的系統。[9]

我們看到這些新的論述類型（邏輯實證論、存有論、實存體驗的描述及結構的研究），它們都自我呈現為既是哲學、又處在哲學的邊緣，雖然它們在表面上相互對立，並且迫使當代思想進入分散解離的狀態，在其中，哲學的統一性看起來好像快要終極地喪失了；事實上，它們全都隸屬於一個全體的布署，後者將它連結在一起，並且阻止它們能相對於他者獨立存在。此一具有強制性的布署，乃是必須將哲學論述的角色保持於一個論述之內部的義務，但這個論述沒有特殊性，它能給予自己的對象，就只能是哲學論述的消失或缺席。這些表面上如此對立的哲學形式，彼此之間看來如此地互不相干，乃是隸屬於一個非常嚴格的邏輯一致性。要能察覺此一邏輯一致性（cohérence），不能只採用其中的某一種觀點，但如果我們將自身置放於一般性的哲學論述環境當中，或者毋寧說將自己置身於此一保持哲學角色卻不保存它的特定化（spécification）及傳統作用形式的論述之中，它便會明白地顯現。

另外，極具特色的是，至少還有一種形式的論述，它嘗試將它們全部重拾、遍歷它們，並且以單獨且同一的計畫來活躍它們。這個事業，就一種意義而言是顯現及明耀的，就另一種意義而言是祕密且分散的，它就是現象學[10]。我們已然看到，胡塞爾的論述如何依然永遠地屬於古典哲學曾經

335 肇始的此一一般性布署，以至於我們可以談論一種笛卡兒—胡塞爾式論述的偉大一體性。但在另一方面，現象學屬於後尼采思想，其意義是，就像所有的當代反思一樣，在它之中，古典論述的布署已鬆解開來。它就像當前哲學對非哲學所進行的不可能的覆蓋，而哲學也在其中鬆解；它是新的論述模式，位移了所有古典哲學的形式與作用。這便是為何，人們在現象學中重新看見像是一個奠基及正當化所有合理性和邏輯的「素樸天真」（naïves）結構計畫；有如一個環境，在其中宣示了人之存有與存有自身的關係、關於實存體驗的嚴謹論述以及經驗的先驗結構分析。它遍歷了所有當代思想的重大形式，針對它們，它或者扮演了它們所缺乏的根本奠基角色，或可作為其具體準備性前導
336 的描述性論述角色。現象學的分解開散（dissociation），既作為具體事物的純粹描述，也作為對奠基永不竭盡的尋求，乃是它所企圖的作為的兩種方式，一是作為所有這些非哲學的哲學性論述，此一無法實現任務，另一是作為哲學在其中脫去其本身及這些古老作用的論述，以便它可以達致一個新的論述。這也是為何，它同時是先驗（*a priori*）無限的解明，也是回返事物自身最基進的計畫以及最素樸天真的描述。

就它這個位置，使它在一個特定哲學化的論述中重新掌握已非哲學的諸論述，又使它反向地分解此一特定化論述成為其他非如此特定化者，就此我們可以說現象學同時是為我們的思想事業印上標記的真實特性，也是阻礙它的不現實計畫。無論如何，它顯得像是在論述的運作及布署之中，所有可能的疊合中最具厚度的，因為它將笛卡兒式論述的所有運作方式，帶回脫離它的論述模式之
337 上，而反過來，它也容受其他這些模式，將它們當作哲學論述的笛卡兒模式的終極實現。此一哲學，

因為〔其〕其基進主義的計畫，及它想要回到事物本身的意志，被當作是零程度的哲學，事實上，卻是自從三世紀以來，我們所看過曾經出現的，組織最複雜、歷史負載最沉重的哲學。無疑正因如此，它會有此一危機意識，使得它不斷地要求回到笛卡兒時刻：同時作為歷史沉積之下被隱沒的初始時刻，也〔作為〕使其成為可能者被遺忘的時刻。回到此一笛卡兒時刻，重新於其純粹性中掌握「我思」（cogito）、必要者的自明性[11]、重新敘說在它之中顯現及隱身的存有、重新解明所有認知及經驗的先驗形式條件，這在表面上的確是將自己重新移位、身處於此一笛卡兒時刻當中，而那是西方哲學的奠基時刻；這是在重新活化它所有的使命；但這也是重拾整個由那時開始存在的哲學論述的所有複雜要求；這〔乃是〕，在相信自己是回到一初始論述時——根本且絕對的透明——簡單地說，想要重複我們的文化使它成為可能的、使它運作的、任其流傳的哲學論述。具有特色的是，此一自稱要成為第一（première）哲學的哲學，卻是引領至重新拾起、重新開始、重新掌握哲學的整體；以疊合它的方式脫離它。它的議程（programme）原是一整個世界，卻只能產生出無數的計畫（projets）：它們重新開始、在重複時抹除、為了重複而抹除、重新掌握重複抹除而抹除後又再重複的時刻。現象學乃是三個世紀以來，在西方世界中存在的整套哲學論述投放在它自己身上的影子。

338

CHAPTER

thirteen

第十三章 檔案

- 我們的思想當前的突變與針對語言的提問
- 語言過渡到自身之外
- 全整檔案的形成，它作為界定論述保存、選擇與流通的文化形式
- 檔案—論述的雙面現實
- 檔案—論述作為語言及歷史的限制性系統
- 考古學作為檔案—論述的學科

L’archive

339 如果說，自從尼采以來，哲學論述真的是經歷了一整組的突變，其原因並非它遭受了一場危機，而且單獨只有它如此；這原因也不需在它特有的變形能力中尋找。它乃是受含帶於一場涉及論述的一般秩序的重新組織之中。就規模而言，這次的重組令人想到十七世紀的那一場，而哲學與此重組是同時代的事物。然而，對我們而言，它更加難以分析，因為所有我們可以針對它說的，都捲入其中，毫無逃脫的可能。我們如何可以針對我們在其中發言的論述存有模式做出發言呢？如何指陳出
340 我們的論述中所存有的最一般及最根本重要的，如果那應該是它最具動態性的部分，而且必然脫離我們的掌握，因為它會擾亂我們所說事物中的清晰性？無疑地，我們能做的只是遠遠地指陳，並且是以一種不連續的方式，像是用虛線描畫在論述的一般性秩序中今日正在發生的。具診斷性質的簡單標定（simple repérage diagnostique），並不能針對事件扮演具有絕對性質的目光：它毋寧也是其中遊戲裡的一個元素，它們的效力作用點之一，整體曲折發展中的一段插曲——必然相當薄弱——自然地便是他們存在中的無數記號之一。有一大部分很可能是盲目於其所追尋的；它並不是絕對的任意；它像是受到它嘗試想轉趨面對的事件所包裹與席捲。

341 就首度的趨近而言，我們有誘因將我們當前思想中的突變（也許我們整個文化）的特性，以我們對語言所具有的興趣來加以形容：在我們所有的論述之中，我們現在都在不停地談論它。[1] 彷彿這個曾經以其透明性讓我們的思想、認知、言語穿透而過的元素，突然變得厚重起來，開始變得模糊並且產生問題；彷彿我們突然將注意力放在那過度接近我們，使得我們目光對其穿行而過的事物。發現了某些形式系統是被構建而成，像是語言體系（langues）、象徵及其規則，它們規範了表達的

形成以及它們之間的鍊結；發現有些觀念，諸如符碼、訊息、訊號、發訊與收訊、記憶，允許以適
當的方式描述在經驗領域觀察的過程——比如生理學、生物學、社會學；發現表意的系統組織著人 342
類行為及相親近的人際網絡的整個領域；發現有技術允許將系列事件轉譯為一語言，因而能確保其
規律調節。對於所有這些事實，彷彿為了將它們重新覆蓋，還必須加上一門學科或一群學科整體的
建立，而它們專注研究的對象乃是一般性質的語言，並且涉及它所有的形式：相對於語言現象在過
去僅以其作為被認知的民族語言（idioms）的特有歷史事實來研究它們，數十年來，人們努力分析是
什麼構成了一般意義下的語言；不只是在其中尋找所有自然語言之間的共同事物，也同樣地嘗試界
定一套絕對一般的句法或語意學，而它們對於人們自發說出語言和以明確特定目的打造的形式化語
言，是同樣有效的。還有，因為透過一個奇妙的疊合（redoublement），人們在諸論述（神話、民間故事、 343
敘事、文學文本）之上運用了一些分析方法，而這些分析使它們顯得像是語言本身將其語言結構進行
了作品化（mise en œuvre）的程序。最後——也許是最重要的——一部文學作品（但一段音樂或造形藝術
作品也與它類似），顯得像是根據它所運用的、並由其構成的語言的形式可能性來開展。

所有這些事實之間的親緣關係，看來似乎是不證自明的，它們指向一個同時是獨一無二又具有
根本重要性的事件。然而，此處涉及的也是，根據它特有的形式，以及其特有的新穎性，指出它位
於何處。然而，現在要將其指稱為語言普遍的結構化功能的顯明，已變得近於傳統。一切發生得彷
彿是西方思想整體數世紀以來曾進行的一段偉大的、從未中斷的研究，但它也不停變得更加退行與 344
基進（régressif et radical）；這是有關思想本身條件的研究——就是關於其真實、形式與極限。透過一系

列連續進行的重疊作用（réduplications），在其中，人們質疑了認知客觀性及人之存有，最後人們提問，當我們說話時，我們是在做什麼，而透過它，所有認知及能真實地迎向我們的語言又是什麼，而且透過它我們能達致我們自身，以及此一我們相信比所有語言都更古老、更根本的存在，這樣的語言又是什麼。在此一對語言的提問當中，將會做出總結、但也會奠定基礎，笛卡兒對於真實論述初始基礎的追尋、康德對認知限度的追尋、胡塞爾對於形式先驗（*a priori formels*）一般理論的追尋；但總結而言，此一對語言所做的分析，使我們深度地接近，就其獨特的本質（essence singulière）而言，人究
345
竟是什麼。於是，在西方思想中如此根本但又如此難以相容的兩項主題，即人的科學與認知的基進批判，終於找到了它們的鉸接點，而那並非如我們長期所相信的，是在一個重新掌握了自身的意識之中，而是在語言中，並且是在它疊合自身之時。當我們說出什麼是語言時，我們也能陳述什麼是認知，以及什麼是做認知的人。我們的哲學論述中最古老的諸個計畫在此達到巔峰並且得以完成。

此種對我們目前狀況（notre présent）的詮釋，是大家現在非常熟悉的；但它的角色是以屬於過去的論述形構的角度來談論現況；如此，它允許迴避我們陷入其中的突變；並且和緩了我們由它進行發言的立足點中各處迸發的憂慮。其實要做的是接受不連續性，即使或甚至它會取走我們立足其上
346
的地層。我們必須接受我們本身即為差異。然而，我們不應想像語言，以其謎樣的存有，已經前來占據一個地位，並且取得了我們文化事先為它指定的功能。我們不是在提問真實、認知、意識、人性、演繹系統之後，才開始提問語言。今日有關語言的所有問題及學科之所以有其可能及必要，乃是因為一個突變，而此突變將它們與過去分離。對於語言的關懷，並不是以新的角度來回應古老的

提問；〔它〕是以精確的方式，在一個完全重新組織的論述宇宙中作用。和我們位處同一時代的此一突變——甚至更進一步，我們即為當中的元素——它是由什麼構成的？

我們可以藉一個字即對它的特性做出描述，說明在當前的文化中，並非語言重新受到掌握，也不是人在語言中對自己做出了意識掌握；事實上，那是語言不斷過渡到其自身之外（passer hors de lui-même）；離開行列，形成新的空間，而它們總是越來越位於外部，在繁衍其形式時跨越其界限。事

347

實上，如果我們對語言興趣如此高昂，並不是因為我們發現在我們周遭到處都有它的重要性，雖然在過去太長時間裡那些都處於祕密之中；而是因為它自己展布到一個多重繁衍、持續增長且明顯被組構的空間中。語言的諸科學或學科、諸種形式性藝術的建立，只是此一重大事件的表層顯現。許多後果由此產生。第一，在這些知識與發明的新形式，和古老的意識掌握、人的發現、人的知識及存在條件的解明這些古老的尋求之間，並沒有任何對應、異質同形、連續性。第二，在這些架構了語言的語言系統中，於其深處，嘗試發現有語言脫出它自身來談論自己的運動，也就是說，有個論

348

述的新片層被鋪展開來：在語言（langage）中的語言結構（langue），其發現之所以可能，只能由論述的新擴延出發。最後，此一論述新空間的形成，並不會使我們接近我們認知的可能性條件（不論那是經驗性的或是先驗性的，不論它涉及的是心理學性質的主體性或是超越的主體性）：它是向一片目前來說依舊沒有限制的界域展開知識。換個角度說，當代的突變以知識替換認知、經驗與實存體驗；它使論述的範圍之延展，出現於所有針對語言體系的提問之下；它並不重新掌握人，它展布了諸論述各自的外部性。

現在必須更細膩地回頭談談此一突變的不同面向[i]。

349 影響我們今日論述一般體制的突變，可用一個字眼加以形容：全整檔案（archive intégrale）的組織。
在所有的文化中，都存有一個關係網絡，無疑在決定此文化的性格方面具有決定性，雖然它相當難
以掌握；實際上，它不會在一個明顯形成的論述之中呈現，這件事其來有自，即它發揮其影響力之
處乃是在被陳說者的間隙之間、在分離語言可感形式的空白空間當中。這個網絡是由存在於不同層
次元素間複雜的關係整體構成的：它相互連結的有各種言語動作（actes de parole）（這些動作的性質各異：
命令、資訊、規則、祈禱、敘事、辯論等）、諸論述形式（在其中可以發生不同的動作：無名姓的論述，在其中
具普遍性質的命題相接續；指涉某一發言主體的論述，但其方式是隱含的，透過某一數量保持於空虛狀態的符號來
350 進行；論述[ii]的發言主體具有自我反身性，以其身分與情境自我指陳；與其特定狀況相連繫的論述，並透過一個訴
說及召喚的系統和聽眾們產生關係）；可以做為這些言語保存載體的物件、物質和體制（人聲本身——當
涉及的是口說的傳統；可在其上銘刻的石頭、牆壁或金屬；紙頁、卷軸、書籍、錄音帶；置放所有這些痕跡的神殿、
房舍、圖書館；決定保留期限的規則、如此受保留的論述的保密、流傳）；最後，謄寫的模式以及可將論述
轉化為另一個由諸元素構成整體的不同系統（象徵的註記、依形象喚起言語記憶、對於被說出者的摘要、間
接的論述、虛構性質的重構、所使用字辭的全整重製、附帶所有情況的記載、言語的抑揚頓挫及口音）。

將這些不同元素相互連結的關係，界定了一個文化如何連通可能發生的不同言語行動的方式；
351 它如何使諸論述之間產生關連，如何將它們集中在一起、分開、抹除、使其重新活躍、保存其有
效性或令它們重新墜入塵埃之中；它使它們流通的方式——允許或禁止新的發言主體重複被說出的

話、在其中尋找意義、在其中辨識出真實或錯誤；它將他目前的言語動作與所有先前於它的加以連結的方式。存在著一整群的文化特性，它們不能被混同於所使用的語言的形式化系統，也不能被混同於我們對言語、其特性及其效力所做的設想；但它們也不是被混同於決定言語行動的心理學形式、或是混同於意義或縈迴於不同陳述的意識型態內容。此一文化特性，即是諸論述之間如何產生
352
關係。如果我們設想一座神話宇宙的建構如同科學知識的建構，歷史學科或文學的組織，一整套技術的持續展開，商業實務或是政治決定的遊戲——如果我們設想到所有這些總是預設著，作為具體的可能性條件，論述和其他論述之間持續且不設限地更新其相互關係，那麼我們便能理解此一網絡的決定性特質。現在、過去及未來、真與假、有用的及附屬的，在一個文化中，其界定是以這些論述之間的關係作為背景。就時間的組織而言，比如要將現在個體化，以及建立起它與過去的連續或斷裂的方式，便必然含帶著論述的組織紋脈：對一個文化而言，它的現在和它的過去之間的關係，乃是由一整批的陳述所構成，它們被重新實現（réactualisés），之所以可以如此，也是涉及管控這些重新實現的轉化系統、指陳已被說出的陳述的價值或用處的論述形式，在新的論述中，使得已經喪
353
失者被重新發現或使其重新出現時所使用的手段。與未來的關係，將會透過被認為必須以一儀式性

i．刪除：「第一個面向也許可以界定為一個普遍的檔案的形成。由我們文化最古老的形式開始（而且依定義是我們唯一能夠達致的），在論述和這些保存形式之間，存有一個非常複雜、但不間斷的關係。這並不重要。」

ii．刪除：「與一個特定的情境有關」。

同一的方式重複的諸論述，透過人們認為已是決絕不變必為真實的事物、必須受到其他論述檢驗是否為真的事物、透過其所有言語未來值得有其訓誡或規範的事物等。對於真實（vérité）也是一樣：在一個特定的文化中，真實乃是在兩個、或多個、或不特定系列的論述之間的某種類型的關係；在一個具有神聖經典的宗教中，真實被界定為一個實在地被說出的（或實在地受到拒絕的）論述，與一被設立為典律的、無法被任何真實判準化約的文本之間的連結，因為具有決定力的乃是後者（雖然這連結可以有不同的類型：形式上的完全等同、直到字眼本身、透過象徵轉化而得到的等同、簡單的相容性）；例如在我們所擁有的這種科學文獻中，真實乃是建立於一個命題和一系列其他陳述之間的連結（它或是一已受決定的、已經給定的並且含帶有限數量元素的系列，像一些形式性的系統，在其中，所有的命題應該是可以演繹得出；或是一個未受決定的且開放的、尚未完成的系列，就像在經驗性檢證的程序中的狀況）。

無疑地，論述之間關係的生成反過來也受論述之中的陳說所決定：我們在檢證程序中所思維及所說的，或許不明確，但對於一道經驗性的命題而言，卻必然會決定我們在當下記錄可觀察現象的方式（被記寫下的事物、譯寫它們的符碼、它們受保存的處所、它們的分類、它們可能的調動）；同樣地，一份宗教文本的儀式性保存、它的祕密及洩露、對它所做的解讀、人們抄寫它的方式，甚至做此工作所使用的工具、翻譯的技術（當然這是受允許的），所有這些也是反過來，被決定於在此一文化所說的有關宗教真理、啟發初始言語的氣息（souffle）、受促進並顯現於其初始銘刻（inscription initiale）的事件。於是便形成穩定的，而且在每個時刻都受到增強的諸形式，在其中，每一個論述，至少以隱含的方式，規範著它將與其他論述產生關係的方式，以及對此作為的必要工具；反之，也形成各類型

354

355

的紀錄、保存、連結、組合的類型，作為各種陳述連結匹配的可能性的條件，並如此打開一個對新論述而言無限定的空間。然而，我們知道第一論述（discours premier）並不存在，而且如果事實上，至少有些陳述之所以為人說出，乃是在特定時刻（作為語言動作）回應一個非屬語言文字的情境，或是以一些〔語言學的〕[iii]元素指稱一些事物，而後者的存在並不純粹是語言性質的，不存在著論述，不論它是如何——不論我們預設它們如何地天真、自發、具描述性質——是不受由諸論述所形成的整體（ensemble）所限定（conditionné），而它們由近而遠地，形成了它的周遭環境。論述只有在論述之中發生——在一個系統之內，而這使得它在當前回應著一個過去的論述，使得它可以將過去曾被說出的，被當作是真實的（vrai）而加以運用，這使它得以受允諾得到聆聽、重傳、流通，為它保證得到回應、曝露於拆穿或是核實。任何最微小的論述也總是被捕捉於一由論述間關係所形成的網絡之中。這使得當所有的論述全部被置放在一起時，形成一個不可分離、邏輯一致的整體，具有它的自主性。在所有文明之中，甚至沒有書寫系統的文明，都存有這個整體，而我們可將之稱為它的檔案（archive）[2]。一個文化可由其語言、體制、神話、經濟及商業實務加以界定；它也應受其檔案界定——而且它的分量無疑不會更為輕微。

因為它作為陳述應被保留或抹除的形式、在其中受儲存者被整體化的空間、允許確保其維持

356

iii．推測字詞：文字難以解讀。

357 的轉化群體（groupe de transformations）、它們流傳的管道、它們重新活躍起來的可能性，以某種方式，
檔案構成了那被我們稱之為**論述**（discours）的另一面。實際上，後者不能被化約為諸言語動作的整
體、也不能化約為語言的形式化系統；它們乃是由一個特定時代實際被說出的陳述整體（ensemble des
énoncés）所構成[3]——在它們之中，有一些很快地消失了，另一些則受到保存；某些在一個對話或
一個由命題們形成的構句法系列中相互連結，其他的只是純粹、簡單地被重複，而那是透過口說的
傳統或透過文字複寫的遊戲；某一些指涉具體的情境，其他的明顯地與先前的陳述相關，而這些陳
述，便如此以一種走斜線的方式，也就是不需要被直接地重新說出，在論述的現況中取得位置。所
358 有這些陳述相互連結、抹除、交錯、彼此忽略、相互支撐、遵循著不同的限制系統；因而，即使有
它們的麇集擠動，仍有可能在此一巨量群體中發現其構形組合（configurations）及規律性。我們認知到
語言系統本身有其約束限制；我們認知到——或至少〔我們〕嘗試認知——有語言以外的決定原理
（心理的、經濟的、政治的、意識型態的），它們可以解釋某些陳述的在場，以及某些其他論述的缺席。
但是，在論述的層次本身，也存在一些約束限制：發言主體與他所說的之間關係的類型，當一個陳
述和使它誕生的言語動作相分離之後，其有可能的有效形式；重複、延伸、重新活躍（réactivation）
的可能性；在不同時刻，由不同主體所表述的陳述集合之間的關聯系統。我們看到，這些約束限
359 制在陳述這方面界定了論述的內部法則、它的大範疇、存有模式及排列組合，而這符應著（就文化
現象[iv]這方面）我們所稱為檔案的形式。於是，我們在處理的是一個具有兩個面向的現實：那便是檔
案—論述（archive-discours）[4]。

檔案與論述之間有如此的連結性，並不意味著一方之中的所有形象必然符應著另一方同樣的布局安排。事實上，這裡涉及的是一套複雜的系統，它既允許兩種不同的解讀，也允許第一個解讀可以和第二個解讀產生關連，然而，從不會有一個解碼方式是對兩個層次以相同方式有效。我們可以很容易地理解，檔案—面向和論述—面向相互之間並非獨立的。論述—面向允許人們看到發言主體相對於他所說出的，是占據著什麼樣的位置（除了在口頭發言或是在謄寫的物質動作之外，是完全缺席的；透過一個代名詞和副詞的系統被標示；由專有名詞及〔日期〕[v]完成個體化；由許多陳述構成的整體所述說和組成；真實地或虛構地分裂為二〔dédoublement〕，如果他轉述了他人所陳說的言語）；我們可以明白地看到，根據發言主體的此一地位，論述在檔案中不會占據著同樣的位置，也不會被同樣的載體所支持，並以同樣的方式流傳：一個陳述，透過一些指示性質的元素和一種情境相連結，而唯有這情境才能賦予它意義（類似：我在這裡、或是某個人畫了它、或此一房子等），不能刻意地出現於檔案之中，除非那是連結於一個物質性地銘刻於紀念物（石頭、墳墓、畫作、建築）之上的模式，或是在一個論述內部受到轉述，而此論述可以完成它仍停留於虛空中的意義。同樣地，論述—面向允許我們看到種種陳述如何彼此產生關連，並形成一組織結構；然而，很明顯的是[vi]，一系列普遍為真且可透過其一推導至其

360

▌

iv．刪除：「依它們機構性的及民族學的一面」。

v．推測字詞：文字難以解讀。

vi．刪除：「一個陳述，如果它可以普遍地由任何人、在任何情況下重複，乃是衍生自另一個陳述」。

二的陳述，在檔案中所含帶的保存模式，和一系列命令的保存模式不同，後者與一情境相關，並且 361 根據此一情境的發展順序而相互鍊結。在一個特定的文化中，（一方面），只有當其中存在著一個檔案[vii]，才會存在一個論述宇宙（因而這並非如塵埃一般的許許多多言語動作，以等同的方式介入心理的、實作的或社會性的過程之中）；另一方面，檔案之所以存在，其條件乃是陳述的整體，與論述一同達到了某種自主性；檔案，如同論述，就其自身而言並不是同質的；一者之中的差異受支撐於另一者之中的差異，而且相互如此。但是，在檔案諸形式和論述諸類型之間，並不存在雙向的單一關係（bi-univoque）。於是，有可能不直接談論其檔案系統，便為這些論述自身描述在一文化的檔案中出現的論述；但我們仍然可以，至少以靜默的方式，顯現這些論述被記錄、保存、轉化、重新實現、評述、 362 進入流通的方式。反之，我們可以描述被說出者受遺忘及銘刻的模式、祕密和公開的模式、轉化或重複的模式；然而，在此同時，我們也必然會在諸論述這一方，顯現出它們的鍊結形式、它們取得有效性的系統、它們和言語動作之間的關係等。

因為數則理由，將此一檔案—論述的層次獨立出來相當重要。第一，它允許我們將口語或書寫優先的問題，送回它宿命地屬於神話的界域之中；實際上，奇怪的是，我們可以觀察到，當每一次在檔案—論述的體制內出現具決定性的改變時，便能看到同一個堅持不懈的問題重新出現。[5]或者， 363 毋寧說，在每一個突變之中，檔案明顯可見的變化（因為它們大部分是體制性的或技術性的），便使此一主題再度復興，那便是：書寫才是第一，而口語不過是這些具有根本地位的痕跡之動態的、過渡的、輕盈的、絕對不牢固的解讀；而當突變完成，檔案—論述宇宙採取了穩定的形象，檔案便像是為了論述、它的特定重要性及它所要說的服務，出現了如下的主題：口語是根本而重要的，而書寫只是它的可感版本。之後，當我們指出我們的文化中，檔案—論述宇宙所經受的主要突變時，便會看到此一雙重主題群組的數個面向。但根本基要的是，在它們不可分離的關連中——在其中任何的優先性可能只是夢想——將這同樣且單一的複雜現實的兩個面向，即檔案和論述，孤立出來。

更進一步地說，此一檔案—論述的自主層次，使得一個作用元（instance）湧現，它介於我們稱之為思想的以及被認為是決定它的條件之間，而我們無權加以忽視。我們知道這個令人厭煩的辯論：有沒有可能描述、分析、解釋一個特定時代的科學、哲學、道德、政治理論、訴求、歷史觀念、它對其自身的意識，但並不參照形成這些理念或是分享它們的個人，他所擁有的社會形式、經濟條件、真實生活[viii]？如果我們可以略過此一參照，那麼思想的此一力量是什麼？它是由何處得到它的獨立性？它的歷史性法則是什麼？如果我們不能避免建立此一關係[ix]，那麼介於思想和思考它的人的生活或工作狀態之間，應該建立起怎樣的關連體系（可類比性、心理層面的決定、象徵層面的轉化）？無疑地，現在已十分陳舊的這一辯論，意義並不大。因為它正是忽略了此唯一可進行發聲（articulation）

364

365

▌

vii．傅柯記於頁面下方：「人們也許會反駁說，有些話語（最日常的，和最稍縱即逝的情境相關的）並不會出現於檔案中。但這裡所謂的檔案，並非實際上被保存的大批文件：它是在一個特定的文化中、並且在一個特定的時刻中，保留或拒絕的選擇原則；在此意義之下，拒絕、抹除、疏忽和謹慎地保存，都是檔案系統的一部分。」

viii．刪除：「位置」。

ix．刪除：「此一參照，在科學與意識型態之間有什麼差別」。

的層次：這個層次，透過它的一個面向，使我們得以顯現論述的諸形式，至少是部分地決定了（但也留下了許多可能的選擇點）我們可以思考什麼，而它的另一個面向，則使我們得以顯示，在一個社會之中，在諸論述之間做篩選，它們的流傳、存留、儀式性的保存，它們在一個具有不可質疑效力的空間中的銘刻等，是可以被體制化的。便是沿著此一檔案—論述的表面，文化及在其中顯現的思想——或說一個思想及它在其中具體化的文化——相互之間乃是絕對具有同樣之外延的。

最後，此一獨特的層次將它的限制約束系統嵌入於語言體系（langue）和具體實現言語（parole）之間。我們知道語言研究的諸學科是透過什麼樣彼此相續的區別遊戲而奠定的。語文學（philologie）誕生於十八世紀末，彼時，語言及其所具備的再現力量，其廣大連續片層受到分割：於是便出現了 366 各種語言群體和家族，各有其形式特性、轉化及演化的法則、代表性字根的體系、組合、變化及秩序的規則。[6]當索緒爾於十九世紀末導入語言體系和具體實現言語之間的差別時，他所打破的，便是此一統一體，而他使之湧現的，乃是一套關連的系統，它在一個特定時刻，界定一套語言體系，而這是獨立於任何將其顯現並在每一個時刻使它悄悄步入歧途的具體實現言語。[7]由這項區別出發，我們可以一方面界定使一個語言具備其特性的內在系統；而〔在〕另一方面，我們也試著——在一個不再是語言學的語言分析當中——界定言語動作（actes de parole）的不同可能類型，以及在同一個單一動作之內，可加以辨識的不同層次。然而，這也是不夠的。必須要做的是，在言語動作及語 367 言體系之間，承認論述（以及作為它另一面向的檔案）有其自主性。這是因為論述（在一個特定時刻裡，整體實際上被說出的；而且沒有更多）不能由語言體系出發來對其做描述：後者實際上界定了可能性及不可能性的系統，而所有的論述都被收納在其中；它在口說或書寫鍊結的每一個點，都規範著可能的選擇，它也規範著由一個點到另一個點的鍊結規則。但很明顯地，它不能解釋在特定時刻，事實上是這個而非那個陳述出現了；它也不能解釋，事實上在此一命題或此一系列的命題之後，是特定的那一個會接續它而出現；它也不能解釋，事實上，在一個文化中所有同時被提供的語言層面可能性之中，只有一些得以實現：語言的可能空間，相對於真正的論述表層（surface discursive），是無限地廣大許多；而最後、也是最重要的，此一論述表層和語言空間並沒有同樣的構形組合：一個陳述很
368 可以——也必須——棲身於一個語意領域之中或是一個句法的規則之中，但它並不是它們單純的展示。這便是為何，對於一個語言系統的描述永遠不可能等同於描述一個「思想」、「科學」、「哲學」、「文學」，簡言之，等同於描述任何由真實論述所形成的團塊——雖然這些論述的描述仍應含納於由語言系統描述所設定的界限之內。

同樣地，各種言語動作的分析不能窮盡、也不能精確覆蓋論述層次。實際上，這個分析界定了每個陳述中實現的操作：肯定、命令、祈求、「演示」（performation）——它們既獨立於真實的結果，也獨立於所選擇的語言元素。的確，所有的論述都覆蓋某些操作，而後者界定了它所符應的言語動作；同樣真確的是，隨著使它誕生的言語動作有所不同，此一論述也不會有同樣的形式。不過，和
369 語言領域能提供的可能性相反，這些不同的言語動作所提供的可能性數量太少，因而無法適合於陳述構成的巨大量體。言語動作的類型學，允許某種論述的分類，但它過於一般。更有甚者，真實的論述依據特定的單元，將不同形式與層次的言語動作相連結：一個科學論述，依據它特有的貫串連

結方式，可以包含的陳述有觀察、實務規範、演示性命題（比如：「假設有個三角形」）；然而，這些不同陳述們在一個比它們更大的單元中的並列及組織，才應該〔是〕論述分析的對象。8

這個層次，依據我們身處哪一個視野之中，可以稱之為檔案，也可稱之為論述，因而要求我們 370 對原先以為、期待可以統一的諸領域，進行新的區分：在那個被指稱為語言的領域中，這個層次會在語言結構及言語動作之間，使一個特定的層次得以湧現，而它不能被化約為其中任何一者——這便是論述的層次；在歷史的領域中，它使得個人或其生存的狀態，與他們的所思及所說之間，湧現出一個無法被忽略的層次，而那便是檔案的層次。然而，如果我們想到全體歷史學科，不論它究竟如何（這裡必須將其理解為廣義的文化分析：歷史、社會學、民族學），只能由檔案中的語料出發才會有其進行的可能，如果我們想到所有的語言分析，只能由實際論述這座參照系統（référentiel）出發才有可能進行，我們便能理解這個居間的層次，它被卡在語言結構和實際實現言語、思想和生存狀態之間，事實上是由它出發，所有這些元素才能出現、在經驗中被給定並成為分析的對象。檔案—論述暨同時是此一居間不可化約的作用元（instance），又是所有這些區分所根植的共同場域。檔案—論述便 371 是普遍的間隙。如果有可能使它為其自身而出現、根據它特有的形式加以分析、同時決定它的自主性及法則，如此我們便描繪出一個學科的草案，它將同時是其他已經形成的學科之間的中介連結、必要階段，也是使它們成為可能者的分析。此一檔案—論述的學科，將檔案當作論述的銘記、保存、流傳的律則形式，將論述當作陳述在檔案空間中的相互位置——此一學科，我們可將之稱為考古學（archéologie）。9

CHAPTER

fourteen

第十四章 檔案—論述的歷史[i]

- 任何文化走出它自身的檔案—論述系統的不可能性
- 檔案—論述中的內在民族學
- 檔案—論述歷史的重大階段
- 根據所設想的時代參照點出現的歷史中的不連續性
- 檔案歷史及論述歷史中穩定與斷裂之間的相互依賴
- 檔案—論述歷史全體化之不可達致：一個充滿斷裂的世界

L'histoire de l'archive-discours

372 在所有的文化之中，即使是那尚未識得書寫的，都存有一個檔案—論述的向度；因為總是存在
著諸論述的標記、傳輸及重複的形式；也存在一些儀式，它們必然將這些論述包含於手勢、操作或
典禮之中；對於已被發出的言語的流傳，也存在著禁制及規則。而且，說實在的，我們對於異文化
所知曉的，有一大部分是抽取自此一異文化自發形成的檔案。然而，我們對於異文化所知曉的，是
不是由其自身的檔案中借用而來，和另一個完全不同的事實之間，卻是獨立的，但後面這項事實對
我們卻具有首要的重要性：那便是所有我們能夠知道有關不是我們的文化或社會的，無論如何，皆
受我們自己的檔案及論述系統所支撐。如果我們知曉一些埃及或班圖（bantoue）的文化，那是因為
373 我們在我們的檔案中置放了論述，或者更好地說，是因為我們把我們認為可以對它們做出的觀察，
轉變為論述，並且如此將它們置放於我們的檔案空間中流傳。也就是說，不論是什麼樣的文化（即
使它和我們的一樣，那樣地關注與它相異或先前的文化），永遠都不可能走出它自身的檔案—論述系統。
一個文化之所以能通達與它相異的文化，只能是在由它的檔案所形成的環境之中，而且是根據它自
身論述的形式；對它而言，這些界線是不可逾越的。在這些狀況中，我們看到，一個文化對自己的
檔案及論述系統所做的分析，必然會遭遇它自身的極限，而且也無法加以逾越。

當一個和我們相似的文化開始對自己進行反思時，它會或快或慢遭遇它自身的極限：屬於它的
374 語言的、思想形式的、基礎概念的、存在條件的極限；它也會遭逢到它在真實與虛假、好與壞、瘋
狂與理性之間所做的區分。不過，這些界限總是可能被繞過，其方法是乞援於另一層次的分析：我
們對印歐語系語言特有結構的分析，可以將它和其他語言系統相較，並且在經歷反思的思想中或是

日常經驗中推導其後果；而這樣的分析可以在一門印歐語言中進行，並不會減損其價值。反之，檔案—論述系統加諸於文化之上的，乃是它無法逾越的極限：因為這套系統決定了它可發出的陳述、值得被說的、保存的、重複的事物，並不存在於語言這個層次的——因此也就是完全不存在的事物、應該保持沉默的，等等。因此，按照定義，一個文化不可能自此一系統解脫出去，做出它不說的陳述，並且〔使得〕它不能允許的論述得以流傳：因為一旦它形成了，它們便是檔案及論述宇宙中的一部分。我們都理解，在這樣的狀態下，一個文化向來無法提出自身的民族學研究[i]；也就是說，穿越它所有的極限，並且嚴謹地將自己當作一個外在的對象；它所能做的，只是進行部分性質的民族學分析，在其中，只就某些特定的〔點〕[ii]，它穿透了自身的極限，並且將自身與其他的文化形式做出比較。至於針對其自身進行一個普遍性的民族學研究，一個文化則從來無法達致如此：它最多只能由內部，並且是摸索式地探索其檔案及論述系統所規範的絕對極限，而且此時它是命定地盲目。換個角度來說，當我們當前的文明著手進行其他文化的民族學研究時，在研究其他同等重要、甚至更為根本的民族學特性時，它也必須研究其檔案—論述；然而，相反地，當它要將一基進的民族學目光施加於自身之上時，它會將自己置於一個無法超越的檔案—論述環境之中，而且，它所能

375

i．文稿原無章節名稱。參見，上文，第十三章註四，本書頁三二五。

ii．推測字詞：手稿缺字。

做的，也只是無限定地走向此一系統一直後撤的極限。檔案—論述的分析，其價值相當於一種內在的民族學（ethnologie immanente）：這個運動所朝向的，乃是可以允許我們掌握自身文化特有的切割畫分（découpe），而那又使它能和所有其他文化絕對地孤立開來；此運動朝向的是足以作為我們所有可發言及思考的事物的條件、環境及空間。對於所有構成我們的檔案和論述的，進行無遺漏的遍歷，（如果這是可能的）至少會使我們得以將我們自身重新掌握為「族群」（ethnos）。但這是一個我們的論述永遠無法完全執行的事業及功能。

不過，我們能做的，乃是在我們承認為我們自身的，並且也解碼其傳承的此一文化之內，就檔案—論述的歷史，將數個大階段固定下來。如此一來，透過內在的但卻是歷時性的（diachronique）比較，我們得以指陳我們當前的論述及檔案系統的一些特性。首先要指出的是，我們的文化仍保有其某種程度記憶的第一個大突變：它發生於紀元前第八至第七世紀之間，那時多利安人（Doriens）得以將埃及人的子音書寫系統與腓尼基人的音節書寫系統相結合；於是，語音的連鎖以一種快速、清晰、幾乎不產生曖昧性的標記方式成為可能。由此，也開始將史詩歌謠及一整套的口說傳統謄寫為文字：它們於是成為初始的文本，同時在現場、亦是後撤，對詩人們來說是靈感來源，對悲劇來說是共同的說法，對文法學家而言則成為研究對象或哲學家評述的主題。在此同時，論述也依據其他流通系統運作起來：過去文本是在內心背誦，以各參照點或某種重疊句來標示節奏，並以儀式性的列舉來展開（它也許會成為展現記憶力壯舉的機會，就好像在《伊利亞德》中對於阿克伊亞〔archéenne〕[iii]軍隊的清單盤點[2]），它在持續而來的背誦當中受到重複、變化，此時成了應該細心保存並精確抄寫的手

376

377

稿；在此一不會變動的、公開的且書寫的存在中，它成為智慧或知識的持有者，而所有的人，如果他們閱讀它、學習它並掌握其中的意義，便能擁有。自此之後，詩人不再需要召喚繆思（以及優位於其他的記憶），而是召喚詩人們自身即可，並且由這些已被謄寫的論述出發，他可以學習何謂詩歌， 378 他也可以教授它（西蒙尼底（Simonide）[iv]被認為發明了希臘文仍缺少的最後一個字母，也被公認是以販售詩作與授課獲得酬勞的第一人[3]）。法律也可被所有人書寫、認識及闡釋：制定希臘法律的賢人們，如此取得了神話般的地位，猶如源初文本的作家，而他們的文本由此開始是不可更動的，然而每個人也可就（城邦）的事務或是他自身的訴訟，引述法條、加以詮釋，並顯示出，即使外表如此，這法條對他有利，而事實上要做的只是恢復其完整的權利。和此一檔案變動有正相關者，乃是整個論述體制中的突變；在城邦新形成的空間中，有一個論述出現了，它和敘述（*mythos*）相分離，並宣稱自己是論理（*logos*）：對立者之間的平衡、掌握事物間的關係、發現永恆的真理、穿越 379 時間並加以超克的記憶、產生我們已知或已銘記在自然中的事物[v]。[4]此一巨大的突變無疑是在紀元前第七世紀結束，由這時開始，檔案將會在數百年內保持穩定，而論述的存有模式自從巴曼尼底

iii．譯註：古希臘居民的一族群，在《荷馬史詩》中常以其泛指希臘人。

iv．譯註：古希臘抒情詩人（紀元前五五六—前四六七），被視為四個希臘字母的發明人。

v．頁緣下，傅柯註記：「所有這些，參看維儂（J.-P. Vernant）。」

（Parménide）[vi]開始直到希臘化時代，一直維持大致不變的狀況。人們對檔案和論述同時發生的重大轉變保有的，只有一點神話式的回憶，而此一主題仍由柏拉圖加以重拾，在其中托特（Theuth）[vii]這位書寫與藝術的發明之神，將祂們的智慧賜予了人類。[5]

第二個巨大突變很可能發生於亞歷山大城（Alexandrie），那時，彼此不同的語言、文本、書寫、手稿、標記或紀錄系統齊聚一處，互相對峙、同化、翻譯或變換。亞歷山大城的圖書館及其各學派，多樣的族群、語言及宗教社群的並存，翻譯和闡述的偉大事業，不單只是獨特的體制及事件：它們是總體性的文化事實，而它們對於地中海文化能夠形成並維持的論述團塊造成了移動、憂慮、擾動 380 及重組。[6] 諸說混合（syncrétisme）並不是一個變得弱化的思想的自然傾向；這並非一門比較差的哲學，也不是為了建立一個包容調合的宗教所做的嘗試：這是使至此互相仍顯陌生的論述之間產生關係，它們過去不曾有過足夠龐大的檔案，也沒有普遍到足以作為共同說法的論述。希臘初期的文法學家及闡述家所開發的技術被運用，後來受斯多葛學派接收並加以系統化，但這不應造成幻象：在亞歷山大城被維持延續著的，並不是希臘的論述及檔案模態，而是新的檔案及新類型的論述，它們形成於希臘、埃及、希伯來與即將來到的羅馬文化的相互對照交鋒之中。我們看到，出現了一個對所有人而言皆屬共同的邏各斯理念，而且它在每一個人之中，乃是他與神性之間關係的標記；我們也看到，出現了一些技術，它們使得原先屬於不同時代或不同社群的宗教或哲學論述，可以被收束 381 於一個由相同元素形成的整體；我們看到，出現了一些方法，它們使得原先似乎不能被一共同視野掌握的文本或片段，可以被引導至一個可被接受的意義；我們看到一些解碼的類型被系統化，它們允許在不同的形象中辨識出同一個單獨的意義（類型學）、或是在同一個形象中辨識出數個意義（寓意〔allégorie〕）；我們看到大型的文本集結形成了，或是在其原本語言當中，或是透過翻譯的版本，其中有一些目標公諸於世，其他則只能經歷一段啟蒙期之後才能得到閱覽。不過，此一書寫及正典化群集的組織，無疑才是最重要的——在其中，人們盡可能地排除所有被當作虛假的，而且是相對於它，人們將其他文本判斷為真實或錯誤的、或針對它們所做的闡述是忠實的或不妥的。我們進入了一個〔聖典〕書寫的文明，而基督宗教也將嵌入其中：就某種方式而言，後者的形式來自前者，反過來，基督宗教也不斷地加強它、重新活躍它。基督宗教思想便是在亞歷山大城發生的檔案和論述的巨大擾動回憶中，於一群書寫印記以及一本聖經中，尋找它與神直接且外顯的關係。

那麼是否一直到十六世紀，檔案和論述的此一布署對我們仍是有效的，或者，應該要預設另一個突變——在卡洛林王朝文藝復興[viii]的時代，由阿爾琴（Alcuin）所組織的學習標準階段[7]、建構於修道院中圖書館、手稿抄本的重拾、一部分上古文化的重新啟動（屬於柏拉圖主義和亞里斯多德學派的）？

382

vi．譯註：古希臘哲學家（生於紀元前六世紀末，死於紀元前第五世紀），首先是畢達哥拉斯學派，後來是依利亞學派。被認為將邏輯引入古希臘思想之中。

vii．譯註：埃及神祇，相傳為代數、幾何及書寫的發明者。

viii．指的是八世紀和九世紀卡洛林王朝領導下的文化和研究的更新時期。卡洛林文藝復興是中世紀西方世界最初的重大文化復興時期之一，也是一個思想上取得重大進步的時期，這主要歸功於拉丁語的重新發現、眾多古典作家作品的保存，以及對博雅教育的推廣。

以下的作為無疑設下了許多賭注：認為這個時代論述和檔案的保存及流通形式的研究，將會展現非常重要的改變，而我們無疑會看到我們所謂的中世紀的知識、哲學、神學及文學會在其中找到它們的出生地及發展空間。無論如何，十六世紀曾因一個新的突變留下刻印。而且，比起其他的，這突變我們是更加地熟悉。我們認得它的一些技術面向：印刷術的發明，以及，更晚一點，相當顯著的、做為其成果的，書籍的發行普及、古老的以及科學的文本的出版、教學形式的調整轉變、百科全書式圖書館的建立，一整套保障諸論述流通的新網絡。與此同時，也建立起和既存文本的新關係，不論它們是手稿或是印製的：文本的考證、本真性的研究、目標為重建既獨特也信實的意義之闡述、不同文本之間的比較，並將其相互驗證。在此一西方檔案的動員之中，我們看到十六世紀特有的論述及知識的諸種模式顯現出來：博學（作為文本的閱讀、聚積、引用）成為認知的主要形式[ix]、自然的解碼同時是透過書籍，或是，將自然本身當作一本書籍、世界乃是印記及符號的交錯混合，並且必須對它做偵測、拼寫、閱讀及理解，最後是初始書寫（écriture première）的神話——神本身在祂的諸多符號中顯現及隱藏其智慧的寶藏——口說語言只是它高聲的朗讀。

383

384

古典時期的論述與檔案，及其獨特的模態，其建立的背景便是此一重新組織，而十六世紀大致上便標誌著它的完成。在過去整個文藝復興時期，語言，或毋寧說整個符號的群體，曾經同時是知識的工具及內容，[8] 而其麇集攢動引發了認識種種博學、占卜、魔術式的認知形式、所有這些形成世界之書寫的印記之遊戲，而書寫的文本接下來會以它們的方式加以傳播，從此之後，語言會來到協合的方法這邊——它同時是人為的，也是奠基於自然的。自十七世紀開始，符號及語言不再與事物相交錯：它們成為一種分析方法、一種在事物之間（無論涉及數量或質性）把握最小可能差異的方式、一個既不僵硬也無極限的「工具」（*organon*），而透過它，我們可以將各存有者置放於系列或布置於圖表之中。因此，認知不再是形成於辨識出事物標記隱身的所在——在那裡，它們，作為事 385
物的標記，為了向我們打招呼，不停地在閃爍——而是在於建立起由簡單及可組合的元素所構成的系統，它允許分解事物，並將其連結起來：簡言之，便是讓它們本身於其獨特性、構成部分、相互關係之中再現。語言，或者被當作是未定量體的代數，或者被當作自然存有的精確描述，不再是此一堅定的書寫，而其痕跡是從源初之時即被刻劃在世界的臉龐之上的；它運作起來像是一個透明的成規遊戲：它將存有提供給再現，並且允許將再現展布為真實本身的認知。於是，作為所有知識的根源及起因的初始書寫這個主題消失了，相對地，出現了一個逆向的主題：一個認知的計畫，它可藉一個符號影響再現中每一個不可分解的元素，以明確定義的規則結合這些符號，如此形成一個普世的語言，知識前來銘記於其中，並且無限地增生。論述的存有模式乃是由其再現性質來界定 386
的。[9]

如果我們使用的時序參照是相對窄緊的，那麼辨識出分開文藝復興和古典時代的改變的重要性便容易了——這就像是我們可以測量出在初始期的亞歷山大學派（克萊蒙（Clément）、裴洛

ix・刪除：「形式之一」。

（Philon）[x]〕以及第二世紀的闡述家之間的距離。相反地，如果我們採用長時段的時序，以重建足以影響我們的檔案及論述的模態的主要事件，我們便會察覺到，文藝復興在世界的整個空間中喚醒符號的閃爍，並且在每個事物的形象當中辨識出可以掌握它的印記，而且，為了人的目光，在所有地方讓神聖書寫的文字相互交錯，並將存有者綁繫於字詞的偉大織帶，而這使古典時期成為可能，而且在這時代所帶來的完整的文化中，語言系統變成普遍的、溫柔聽話且沒有任何不透明之處的工具，可以服務於真實的認知以及思想的再現。便是在這樣的環境裡，與《唐·吉訶德》、伽俐略的《對 387
話錄》、《聖經語文學》、《沉思錄》[10]一同，建立了論述的古典體制，而這是我們之前所分析過的；也就是在這樣的環境中，可以一一孤立出科學論述，在其中的陳述具備和所有發言主體相互獨立的效力（因為構成這些陳述的符號乃是屬於必要的再現）；文學論述，其中的陳述形成它們自身的發言主體（因為構成這些陳述的符號代表了界定發言主體的再現）；宗教論述，在其中，陳述陳說的是一個源初論述的真實意義（因為構成它們的符號將布滿此一論述的再現，拆解為具有第二程度意義的符號）；最後，則是哲學論述，它應該正當化以及為發言主體說出一個真實命題的可能性打下基礎，而其形式為在此及現在。所有這些不同的模態，其共通之處便是此一論述—檔案的空間，它在十六世紀受到擾動，但 388
我們發現它在十七世紀初便已穩定下來。

這個穩定性持續了多久呢？我們是不是應該將穩定當作是依然持續，而今天我們所有說出的，乃是沉默地停歇於此一論述沉靜的形式、無感的律則之上呢？如果實際上是這種情況，那麼我們面對語言所感受到的不安之情，在我們發言的當下，以及因為我們所能說出的而產生的效應、覺得它的堅實性正在逃脫的這種印象，也只是幻象而已；這些幻象某種程度上是自然的，而它們會使必須要和此論述同時代的人，感覺到此論述是不透明且有問題的。也許必須預設此一古典的論述，乃是被人錯誤地視為已經失敗了，而其實在它面前，以及在我們身後，仍有甚長的餘命：為何它的王朝不會延伸至許多世紀之久？為何它沒有權利，和西方檔案的其他大階段一樣，也能有七、八百年的年祚呢？不過，相反地，的確有許多事實會使我們相信，此一論述的領銜時期會是所有當中最短的，並相信由十九世紀初開始，它的清晰透明，就已一去不返地混濁了。當第一代的語文學家，如博普（Bopp）[xi]與拉斯克（Rask）[xii]，發現了語言的歷史厚度，並建立起比較文法學，這便使得符號的一般分析不再占據主要檯面，這時古典時期不就已然終結了嗎？[11]當經驗科學由再現的理論中解脫出來，有機體的生物學取代了自然史中的系統性分類學，政治經濟學將貨幣交換的描述〔代之以〕生產的分析，它不就已經達成它的使命了？[12]

事實上，古典論述無疑沒有其他大型論述組織那樣的長時段（longue durée）；然而，把十九世紀產生的斷裂當作是根本的，並且在其上強加一不可回返的終點也是不對的。這時的轉變，涉及的乃

389

x．譯註：Philon d'Alexandrie（約前二〇—後四五）為一出生於亞歷山大城的猶太哲學家，耶穌同時代人，思想傾向是使猶太信仰與希臘哲學能相和諧（主要是透過柏拉圖及斯多葛學派思想詮釋聖經）。

xi．譯註：Franz Bopp（一七九一—一八六七），以其印歐語系比較研究而聞名的德國語言學家。

xii．譯註：Rasmus Kristian Rask（一七八七—一八三二），丹麥語言學家及語文學家。曾大量旅行以比較各種語言。

是由十七世紀初建立的論述體制內部的變動調整（modification）。這個變動調整的確是重要的，因為 390
它引發了大多數知識與思想的現代形式。然而，如果就一個相對簡短的時序而言（由兩、三個世紀組成），它可以視為一個徹頭徹尾的大變動，反之，如果以一段更長的時序來看，以我們文化中檔案—論述歷史的整體作為觀察角度，那麼這個由「古典」到「現代」、由再現到人類學、由符號到物體、由秩序到歷史的過渡，乃是相當受限的事件；我們可以把它看作是其整體被安置於一個具根本穩定性的環境之中。[13] 這個事件，可用兩三句話來為其摘要：十七世紀時成為符號的一般系統、再現的形式、認知的一般工具的語言，此時一分為二：它成為一種知識的對象，於是便失去了它的透
明性[xiii]，並且由歷史接收到一些決定力量，而這使它失去了普世性及作為（一種）一般工具的能力。 391
然而，它停留於作為條件的這一方，卻被轉化成了人為自己再現事物的力量，但它是有限的、受限的。這股力量——可由經驗性及超驗性角度來輪替分析——將人置放於語言所遺留下來的這個中空之處。十九世紀所發明的人，在檔案的古典環境之中，只是語言遺留於其身後的陰影，這時語言已不再占據論述的整體表面，並且變成了一個簡單的客體，是各種事物中的一個。人之分析學於是誕生，而十七及十八世紀從來沒有此一需要；所有思想的一種人類學式的形態組成（configuration）由此誕生；人文科學藉此找到了其誕生之地，以及它們具歷史性質的可能性條件。[14]

接下來需要了解的問題是，此時此刻的我們是否與一個檔案—論述的新突變位處同一時代。這
個問題得暫緩回答，以先導入一些已被辨識的事件以及為其寫作歷史的可能性的一般觀察。所有這 392
些以數世紀的間距於檔案—論述歷史中留下印記的巨大不連續性，可以同時使用數種方式來加以描

述：可以技術演變的角度，因為它們和字型的發明、印刷術的發現、書寫板、羊皮紙、犢皮紙或普通紙的使用、抄寫及複製的方法這些事實並非毫無關係；以社會的角度，因為它們含帶著新型經濟流通網絡的構成、特權階級或團體的構成、禁制及發行類型的變形；以思想史的角度，因為人們發言的形式及意義改變人們銘記、保存、重新使用論述的方式。但是此一多樣解讀的可能性，並不指向一個相互重疊的決定力量的組合；這裡不存在著局部及相匯聚的原因所造成的飽合，也不存在更加根本的動機，會將其他不那麼核心必要的原因聚集在一起，給予它們總體性的效率及意義。這裡涉及的比較是協調一致的文化事實，它們不應被解讀為一組連續性，而是形成系統的差異的集合[xiv]。

393

檔案—論述的整段歷史，形成一個由彼此相關的同一及差異形成的複雜系統。如果我們單以論述作為角度，它會顯得是由一系列微小且局部的差異所形成的無限系列來構成，因為每一個論述的片段，它之所以存在、被說出、被記錄，只是在它和另〔一個〕其他片段的差異的層次之上，而它

394

▌

xiii．刪除：「獲得了一種一致性和歷史上的不透明性」。

xiv．刪除：「也許應該試著寫出檔案—論述的歷史，就好像我們可以寫出經濟程序的歷史，或者像語言分析的歷史那樣。布滿檔案—論述的，只有差異。透過它們我們得以標示出一個突變的獨特事件中，沒有任何一個可以有力量促發它。雖然印刷術的發現就編年史而言，對於使得古典論述誕生的突變，不但是此突變中的一部分，也構成了它的首要元素之一，然而，嚴格地說，它並不是其原因。」

也是對其加以回應，並將其重拾調整。在此一論述的片層上，沒有兩個完全相同的點，但兩個論述之所以能顯得不同，只是因為它們屬於一個同質的平面，在其中，一個接續著另一個，並且隸屬於同一個通路，在其中，第二個論述的事件會和第一個事件交錯。允許界定論述元素的差異，仰賴著檔案的同質性。反過來說，檔案中的一個差異——就被說出者的流通或累積而言——其存在的條件是論述沒有改變，並且存在著穩定的論述構形組合。就某一意義而言，檔案及論述不停地變動，而 395 它們的整個歷史之中，布滿著微小的差異。但這些差異之所以存在，乃是相對於另一面向的穩定及同一：建立及維持檔案之連續性的，全部都是論述的事件；設立論述各同質平面的，全部皆是檔案的事件。少了這個互動遊戲，留下的便只有由事件構成的點陣群，但它們沒有同一、也沒有差異。

這點帶出了數個後果。第一，人們除了以檔案的穩定性為支撐之外（而這點使其歷史中性化），無法製作論述的歷史；而人們除非預設論述的同質平面（也就是中性化其持續差異），否則無法製作檔案的歷史。於是，一部存在於其不停地調整變動中的檔案—論述的全整歷史乃是不可能的。我們唯一可以偵測到的全體性事件，精確地說乃是同時和檔案及論述有關的斷裂（rupture），相對於它們，我們可以界定出檔案和論述的穩定時期。

換句話說，唯一可以人為達致的全體性元素乃是斷裂，並且由之而來的是，我們只能透過一個 396 比較的遊戲才能界定它們。這便是為何界定當前的斷裂是由什麼構成，以及我們略顯盲目地預感到，圍繞我們身邊發生的檔案—論述擾動，在其中包含了什麼，這一任務令人非常尷尬。因此，檔案及論述的歷史永遠不能以全體化的風格來書寫，雖然它經常被如此要求。[15] 類似語言的系統，是可以被描述為一個由差異構成的一般系統，例如經濟那樣的現象無疑出自互動及循環的程序，相對於它們，檔案—論述這層面卻是無法被任何全體化所觸及的；任何對它們所做的分析，都預設了先置的差異[xv]。我們現在所處的宇宙，並不是系統性差異的宇宙，而是事件和斷裂的宇宙：〔我們〕身處於某種先置的不連續性之中，我們從來無法窮盡之，也不會遭逢其根本地層、出發之點、決定性原因。我們可在此一事件之雲中移動：試想一個元素不多的系列，或是一個廣大得多的集合，乃是設立了多多少少有其深度的斷裂。因而，我們既不是身處於一個互動的世界，也不是身處於一個差異的世界，而是身在一個斷裂的世界。由此而來的便是思考當前發生了什麼樣的困難：我們尚無法認識其另一岸頭的這道斷裂，是由什麼構成的。[16]

397

xv・刪除：「一個斷裂」。

CHAPTER

fifteen

第十五章 今日的突變

- 全整檔案的出現及其作用方式的轉變
- 言語動作的中性化以及它們在論述增生空間中的分布
- 論述無法耗盡的外部性：論述性的環境
- 論述作為一般性參照系統以及非論述者的可能性條件
- 可轉化為論述此一性質作為論述本身的特質

La mutation d’aujourd’hui

即使有這些標定今日發生何事的所有阻礙，我們卻仍然能指出一些看來是確定的變動。
398 將我們的檔案及論述系統與先前的系統相對立的第一個特徵，無疑是全整檔案（archive intégrale）
的形成。就第一眼看來，我們的文化確實執行了將論述所有產出加以保存的任務；不論它是否開始
認為所有能被實際說出的，絕對不該遭到遺忘；無論如何，所有的言語動作（acte de parole）應該留下
一些痕跡，以便有朝一日可以使用。所有紀錄手段的延展，所有能被說出者或書寫者越來〔越〕細
緻的保存，我們所擁有並可掌握的，我們自身文化或他人文化的檔案之系統化清冊，就某個意義而
399 言，所有這些都見證了，留存及保存論述全體，以便之後隨時利用的計畫。不過這仍只是一種相當
膚淺的現象。以一種更深刻的方式，我們這時代所改變的，並非我們所形成的檔案的數量（數個世
紀以來，它不停地增長），而是它的作用方式。長久以來，也許直到我們的時代，西方文化一直藉保
存論述為自己構成記憶：所有可以——或是值得——在之後能被一個理想上完全相同、對稱、或可
類比於使它首次發生的言語動作重新活化的論述，都受到記錄、銘刻、印記及保持。論述的保存，
使得一個言語動作的永久性延展至另一個言語動作，而此保存的目標完全便是使第二個動作可以連
結於第一個動作。論述保存的模型或經典形式來自言語的記錄，它具有承諾的效力，而其要點記載
400 形成一種可在任何時刻更新的重複；或是來自一段敘事的紀錄，它應該能夠再度為人述說，就像它
首度為人說出時那樣；或者是透過命令的要點記載，使這些命令轉變化為規則或體制，透過記錄被
轉化為實作訓誡的命令遵循，而這也涉及以其要點記錄一個被視為終極真實的知識，它能於任何時
刻被重複、卻不減損其效力；或者是對於可在一個消費或演出中重新實現的作品的謄寫。受保存的

論述，在過去其全體都是轉向終究可能發生的言語動作，而這些動作的可能性、性質與形式乃是在此一論述內部被預想的（當它自己的目標是受到保存），或者至少有一部分受到使其誕生的動作所決定。不管論述在其保存的過程中受到延展或緊縮，事實上都是受使其誕生的整組動作所主宰，而它們同時規範了記錄與保存的形式，以及之後作為二度動作的重構。就是這些過去的及未來的動作，既分裂又重疊（dédoublés et redoublés）的動作，將其律則作為陳述之保存規範。由此產生的事實是，檔案和論述的存在並不以其本身受到感知；它們的效用是作為一種中性的、具惰性的及透明性的物質，允許由一個言語動作過渡到另一個，或者由一個言語動作過渡到它純粹及簡單的重複。發言主體，其所思所感、在其發言時的所知、使它活躍的意圖，乃是論述得以存在的理由，但也是保存它及將它在新的言語動作中重複的理由。論述不是別的，就只是這些動作的顯現，而它們被組合、連結並外推於意識、認識、再現和主體性這些詞語之下。檔案—論述的作用方式，乃是作為言語動作的重構之處（lieu de reconstitution）。

401

然而，此一檔案與動作間的關係，在當前的文化中，卻產生了反轉；或者毋寧說，今日的檔案，只是因為和論述相關便會存在。我們的印象是，今天的檔案漸趨擴大，塞滿了許多過去不會在其中出現的元素，變得越來越缺乏選擇性，喪失了它的選擇原理。事實上，檔案此一擁擠狀態只是一個更加根本的現象的另一面：它來自一個事實，即檔案不再是由言語動作的性質以及將其重複的計畫所指揮。所有的論述皆有權進入檔案，反之，檔案與其說是作為重構言語動作的場所，現在只是諸論述可並存的空間。當然，檔案總是（而且如今更是如此）可以允許新的言語動作重新活化曾被記錄

402

的論述；然而這些動作，就其性質和形式而言，都不再受到原先發動論述的動作所決定。檔案中的
論述，獨立於使其誕生的動作的性質，現在〔是〕提供給的新的言語動作，但它們是完全未受決定
的，並且有可能，〔於這一輪〕ⁱ激發出任何類型的論述。檔案的界域現在是未受決定的。於是，
所有的論述，不論它們的重要性多麼地淺薄，不論〔它們的〕價值多麼地只具備過渡性質，就應然
面而言，皆可成為檔案的一部分，並在其中受到保存；沒有人可以事先說它們沒有被保存的價值， 403
而未來一定不會有一個新的言語動作會對它認真地加以重拾。於是，它們之中的每一個，都應該盡
可能地整全保存；沒有任何選擇上的優先性會被事先地提出，以揀選出什麼是核心必要的，什麼是
次要附屬的。對於所有能被說出的，都進行整全的、精確形式的保存，當然只是理想，而且永遠不
可能達成；但最核心重要的事情乃是，在此出現的反轉，它將論述的保存，由作為結果的簡單角色
（這時首先涉及的是重複這些言語動作，或是產生出可類比的言語動作），過渡到作為一個無條件的先置原
則（因為這裡涉及的是在檔案中保持諸論述的共同存在，而這能激發出眾多的、未受決定的、也許正待發明的言語
動作）。這點會將我們引領至第三個後果：那便是檔案傾向於構成一個由中性論述所形成的網絡，
由它可以誕生出一系列的言語動作，而它們的意圖、層次及形式彼此相當不同。當一個論述被收入
檔案中，它便可以被彼此非常不同的、並且也和原始動作互相顯得陌生的言語動作重新活化（包括 404
闡述、對隱含意義的尋求、語言學分析、主題的界定及分類、形象及修辭方式的目錄、以形式語言加以轉譯、為了
進行統計處理而做的分段、在其旁側或重疊其上的論述）。如此，透過應該重新活化論述的言語動作的中
性化，論述便不再被事先封閉、決定及過濾，它發現自己現在處於一個未受界定的空間之中，而在

其中，它永遠可以向多重方向增牛[i]及繁衍。論述不再是言語動作的支撐平面，而是構成了一個擴展
中的量體，而言語動作前來安居其中，並確保此一增生。最後，這是最終的一個後果：由於檔案－
論述的空間不再由言語動作事先描繪，它不再以一個意識、主體性或認知為依歸，它不是它們的顯
現或外部側面；相反地，它是言語動作前來根植及坐落之處；論述並非言語的痕跡或現象，而是每 405
一個言語動作，在論述所展布的環境中找到它的可能性。言語動作身處論述之內；至於論述，相對
於它自身，乃是身處在一種外部性之中，而這外部性是沒有任何事物可加以征服或窮盡的。[1] 我們
現在是身處於一個論述性（discursivité）的環境當中。

在全整檔案的組織正對面，可辨認出另一個變化[ii]：那便是論述被構成為一般性的參照系統 406
（référentiel général）[2]。透過這一點，我們要說的是，在今日的文化中，就其作用方式或原理而言，論
述皆不再指向一個先前於論述的宇宙——那是由體驗、實存、事物本身或是具體事物構成的宇宙；

i．推測字詞：原手稿缺字。

ii．傅柯首先如此寫道，之後加以刪除：「另一個我們可以作為我們當前狀態特性的特徵，乃是，在此一全整檔案的構成的對面，而且是和它相關的，乃是論述一般性的參照系統的形成。對於這一點必須要有的理解是，所有可以在論述中給出者的轉化。之後必須要立即回應三個反對意見：第一個是指出，自從非常久遠以來，自從人開始說話，他便將其經驗轉變為論述／話語，而這不是別的，乃是所有認知的一般過程；因為我們認知，我們才能將經驗轉變為論述／話語。第二個反對論點在於，如果此一參照系統的構成乃是在於將經驗轉化為論述／話語，那麼它便是根本及首要的；是它〔……〕。」

相反地，不只所有將自身呈現為不屬於論述者，也包括論述本身，都指向了它。在先前於我們的文化中，不論我們賦予它什麼樣的重要性，論述具備的總是一種二次度存有的模式；它不可避免地指向某一對象。這個指涉作用有多種形式。論述的作用可以是對提供於再現者進行指明（désignation）、描述、分析；對於判斷或意志的動作，給予它們一種可被傳播的形式；對於不證自明者，它有作為

407

其傳播載體的功能，它呈顯真實的鍊結，並給予推理可見的軀體；它的用途是使整個由沉默事物所構成的世界可以過渡到光明之中。在過去，它的存在整體一開始便連結於一個比它更為根本的領域，而它在其中的地位是一種普遍的工具。所有的論述，過去皆立基於一個前論述（prédiscursif）環境所具有的先前性和沉默性的堅固基礎之上。在我們的文化中，就在我們眼前，並且在直到我們的論述最微小之處正在發生的，乃是一個反轉，透過這反轉，論述逃脫它曾安居其中並在其中作用的非論述空間，成為指涉作用之具體化，而所有一切皆由其支配。從今以後，非論述者（le non-discursif）乃是在論述的各主軸之間出現與形成。今天，所有的一切，乃是在論述之中找到它的可能性：經驗、現實、存在、主體性、存有，它們不是別的，只是論述中的形象（figures discursives）。

在此要注意的是，不要落入一個詮釋上的錯誤。我們並不是要說，我們的時代發現了論述至高無上的角色，就像一個在陰影中維持太久的真相；我們要說的並不是，我們終於意識到體驗、實在

408

或實存普遍的論述性結構，而且我們開始傾聽那被攪混的言語輕聲的呢喃，而在此之前，在其中除了噪音之外，沒人曾經知道如何辨認出其他事物。事實上，這裡涉及的突變，乃是發生在論述自身體制的內部，而不是在人們針對它所持有的注意力、或是人們所持有的解讀工具之中。在我們當前

所處的文化中，沒有任何事件、存在、事實、知識、作品，其本身不是論述，而且不是在論述之中
發現其可能性條件。人們也許會說，在西方文明中，這種現象並不算如此地新穎：在中世紀後期，
以及整個文藝復興時期，我們不是已經看見這樣的主題出現嗎？即整個世界（充滿其中的存有者、被 409
感知的事物、逃脫被感知的事物、在遠方閃爍的符號）只是由神不斷地向人所發送的根本性話語的諸多元
素（字母、音節或詞語）。如果我們相信黑格爾、甚至紀元前第五世紀希臘人的說法，當他們聆聽自
然時，在其中聽到的是混雜糾結的人聲。[3] 然而，這些歷史上的類同，事實上只是屬於表面性的。
雖然自然或世界在過去可被解讀為一個由句子所組成的巨大織布，但論述並非像今天一樣，成為一
般性的參照系統：將事物轉化為論述中的元素，只是一種手段，以便找到在人與神的關係中，在人
尋找幸福或解脫的企圖之中，所存有的道理、祕密原理、正當性，以及用處。這裡涉及的並不是揭 410
示出所有經驗在其中找到位置的論述性空間，而是猜測出能顯現事物存在之理由的言語——命令、
忠告、訓誡、教訓：過去人們預設其存在、並尋找其種種陳述的論述，只是一種工具，用來解釋世
界，以及它位於人與神之間的中介位置。在過去，並不是一個一般性質的論述性在解釋經驗，而是
透過一個一個的陳述（人們也只是找到它們的片段或索引），人們解釋了事物的形象、位置、獨特的存在。

當前的事件將論述設立為一般性的參照系統，而這起事件完全是另一種類型。它並不是形成於
發現或重建一個源初的文本、一個初始且永恆的言語動作，而是形成於一個我們的文化特有的動
態，它使論述性成為得以給予體驗的一般形式。然而，應該賦予「論述性」（discursivité）這個詞語什 412
麼樣的意義呢，需要什麼樣的意義，才使我們有權說它是可給予體驗的一般形式呢？論述性並不是

指那在其自身之內具有一隱藏論述的事物的特質，也不是指一種形態組合的性質，在其中的各元素彼此保持著和一個論述中各元素同樣的關係；它是能被轉化（transformé）為論述的可能性iii。具有論述性的事物，乃是所有可能根據一整組有規則的轉化而成為論述者。那些不可能經歷類似轉化的，亦不可能以任何方式隸屬於體驗。然而，此一轉化是由什麼組成的呢？一個原先不是論述的事物，如何可以被改變而成為論述呢？我們知道這問題傳統上是如何解決的：原先並非論述的之所以能成為論述的，乃是於再現（représentation）的環境中、透過它的中介方能成為論述。再現將諸事物提供給反思與分析，使它們得以受到一個由諸符號構成的整體所影響，而這些符號彼此相連，便形成了論述。這樣一種構想方式從未消失，而在下面的構思中還能看到它在一個輕微地調整變動的形式之中重新出現：那是一個表面上逆反的構想，它是由語言學的組織中導出事物的切割（découpage）及同一（identification）。在這兩種情況中，語言文字符號和非論述性元素相互連結，但再現已經以作為一個可能的論述與這些元素相接近。事實上，再現的中介作用並不足以遮蔽此一轉化的根本不可能性：如果一個事物接收了一個符號，那是因為它可以作為一個論述的一部分，它在一系列陳述中的位置實際上已被安排、指定，或甚至是由外部而來、並且被留下空白的位置。符號並不是論述的一個基本組成成分：它乃是論述的一項精煉成果。如果我們記得論述的定義是一個內在於（immanent）所有可能陳述的系統，我們便能理解，是論述在單獨地支配指向（régir la désignation）——在一個「事物」和一個「字詞」之間建立起一種符號關係。於是，我們不能說事物接收了一個符號，或說符號劃分事物，並使它們出現於其各自的個別性之中：或者，毋寧應這麼說，如這兩項命題成為真實，其所

413

414

需要的背景乃是一個已經存在並且展布開來的論述。這麼一來，成為論述的「可轉化性」永遠只可能是論述本身的一個性質。我們理解，在這樣的條件下，能夠存在並且給予體驗的，就只有那作為論述的。界定體驗，並給予它可能性的論述性，永遠只能隸屬於論述本身[iv]。

iii．傅柯首先寫下，但之後刪去：「就那一種意義我們可以說，論述性不只被認為是這樣的一般形式，而是實際上演變為如此？所謂的論述性，不能被當作是一系列的實在陳述，它們祕密地活化經驗，也不能將之理解為語言的一種結構，而那是可理解性的普遍原理；必須理解的是，從此之後，唯一有其存在或實在的，只有論述，或是可以實際上被轉化為論述的；如果我們想到，論述的性質之一正是永遠可以被轉化為新的論述，我們便會說，在今天，所有可以被轉化為論述者是存在的，而且只有如此。」

411

iv・手稿末尾有另一版本：

410b 「這裡涉及的，並不是解明所有經驗在其中找到位置的論述性空間，而是猜測能揭露事物存在理由的言語——秩序、忠告、誡命、教訓；我們假設其存在並尋找其中多樣陳述的論述，不過是一個理解世界，以及它介於人與神之間位置的工具。並不是一般意義下的論述性解釋了經驗；而是透過我們能找到其片段或索引的這個或那個陳述，人們理解事物的形象、它們的位置及獨特的存在。

當前的事件，將論述設立為一般性的參照系統，則是完全另一種類型。它並不是形成於一個初始文本、最初及永恆的言語動作的發現或重構，而是形成於我們特有的文化動態，而這使得論述性成為所有可以給予經驗的事物的一般形式。
411b 此一動態並不在於將經驗及其中所提供出來的，詮釋為一系列的命題，或是詮釋為一個以多種方式編碼的文本；它乃是在於，在我們的世界中，所有不能被轉化為論述的，便不再能存在。轉化為論述的可能性不只是真實與否的判準，或是我們正在面對一可以被描述或觀察的現象的符號，或是這是隸屬於一個可能經驗的印記：它乃是純粹地、簡單地和存在同一。如果必須非常簡略地歸結出三個世紀以來西方文化中，『存在』曾經是什麼的歷史，我們會說，它首先是真實，接著是可以在經驗中被給定，而現在，存在，則是可以被轉化為論述。如此，真實、經驗及論述性乃是我們的思想承認存在的三種形式。

412b 在何種意義下，我們可以說，論述性不只被當作此一一般性形式，而是它實在演變為如此？此一問題可立刻再細分為：應如何理解論述性？而我們又如何能說，論述性乃是經驗最一般的形式？對於第一個問題，我們可以如此回答：如果論述被理解為內在於所有實際被說出者的系統，那麼論述性，便是可以激發新陳述的此一系統；然而激發新陳述，便是有能力轉化已經存在者成為從未被說出的命題；因此，那便同時是，使一個新的論述得以誕生——也就是使一個新的陳述系統得以誕生。論述性，便是可以被轉化為論述的性質——而此一性質正是論述自身的特質。對於第二個問題，
413b 我們可以如此回答，即在我們當下的時代，只有那些能被轉化為論述者，才能在經驗中被給出；無法如此的不但『應該保持沉默』，如維根斯坦所說（維根斯坦，《邏輯哲學論》〔*Tractatus logico-philosophicus*，G.-G. Granger 譯，巴黎，伽利瑪出版社，一九九三（一九二二），第七命題，頁一一二〕，而且它也沒有任何可能的存在形式。然而，如果『被轉化為論述的可能性』，如果『論述性』乃是論述本身獨有的性質，我們便了解，在這樣的條件下，只有論述存在，因為只有它才能被轉化為論述。」

Appendix

附錄

編號四與六《筆記本》中摘錄段落

一九六六年七月至十月

在《哲學論述》第二章中提到一九六六年七月二十七日這個日期，似乎肯定下面的假設，即傅柯是在一九六六年夏天撰寫了這份手稿的主要部分，寫作地點是文德孚爾・杜・波圖，並且是在他啟程前往突尼斯之前。這個假設後來被一系列的筆記所確認，這些筆記寫作時期介於一九六六年七月中至十月中，出現於編號六的《筆記本》（法國國家圖書館，傅柯檔案，編號NAF二八七三〇，第九一盒）。

在這些筆記中，傅柯觸及了位處《哲學論述》中心的數項主題：哲學作為診斷的工作；哲學論述和它的現今之間的關係；人的形象的消失，但這消失帶來的不會是哲學作為論述的消失，毋寧是其轉化；考古學作為描述思想的方法；檔案－論述的觀念。

於是我們認為在此刊印它們，並且加上其他的筆記，以及書寫於一九六六年八月二十一日的兩則簡要圖示（出現於第九一盒、編號四筆記本的背面），將會非常有趣。這些簡圖符應著傅柯在手稿第八章中所發展的後笛卡兒哲學第一「模型」（modèle）的分析。

一九六六年七月十五日

哲學作為診斷的工作。時間之書。

思想的考古學

知識　—　當作如同（Feindre）　—　思考

（認知）　（寫作）　（反思）

導論：圖書館。闡述。論述。主體的消失。人的消失並不足夠。事實上，人已經消失了。但是，使它成為可能的依然存留了下來，暗暗地陪伴且維持著它。認知、寫作、反思。

將思想由所有這些當中解放出來。修補由人之消失及人所造成的傷口。最後總算開始談論人以外的其他事物。

一九六六年七月十六日

診斷：但那是誰的診斷？是那在談論及施作診斷的我們自身嗎？這診斷是什麼？說出差異、間距（écart）。說出這使我們保持間距的偏差（déviation）。和過去及未來保持間距。和現今本身保持間距。談論此一間隙。此一不足（défaut）。

但在此必須注意：因為我們可以說哲學論述和其所論述的現今有一項關係，而這樣的關係對笛卡兒或萊布尼茲而言並不存在。的確，對笛卡兒、史賓諾沙而言，有一項任務尚未完成。哲學的現今，曾經是這項需要被完成的要求。沒有任何認知得到絕對的奠基；沒有任何哲學曾帶來幸福。由康德開始，哲學和某種當前狀態（actualité）有所關連，這迫使它揭露幻象、說出現今，並使一種未來成為可能。

就某種意義而言，這是和一種歷史哲學的關係；但說實話，此一關係之所以可能，乃是因為哲學論述在和當前狀態的關係中辨識出它自己。

診斷。差異。不足。阻止哲學成為尼采所預料的那些事物。

哲學的角色，便是它的時刻（*moment*）。這不是它的內在，而是它的外部。

一九六六年七月十七日

然而，今日所發生之事（同時是哲學所診斷的，也是那使哲學得以成為具診斷性的），乃是自十七世紀起，在西方文化中，無疑是最持續的事物的消失：也就是那構成人的朝代的事物。

我們可以說，如果人作為西方文化中的根本範疇乃是在十九世紀出現的，透過一個謎樣的突變，它繼承了十七世紀於另一個完全不同的構形組合中所形成的：那便是再現。古典時期不需要人，其完好理由乃是那時是由再現確保著知識的秩序。但是自十九世紀開始，設立了主體和客體的向度，於是再現演變為人之內部的（一個）現象。心理學的誘惑及超驗的必要性由此而生。

然而，現在就在我們眼前消失的，便是此一構形組合。在人文科學及主體性之中都發生同樣的事。現在取代人及再現的位置的，乃是論述。

但這並非古典時期理解之下的論述，那時論述乃是一批（在語言之外）具有其特定邏輯一致性的符號。針對此一論述，形式主義代表了最後的批判企圖（分析出在一般意義下，是什麼使它們成為可能）。然而，論述並非語言系統（langue）；而是它的某一種使用，某一個實現（mises en œuvre）——就某種意義而言，它出現在語言系統之後，但就另一種意義而言，它先於語言系統出現（因為人們之所以能建立語言系統，乃是由實際說出的論述出發）。

語言存在。論述存在。此一呢喃低語的先置條件。以下的確是一個局部（屬於一種科學）的問題：去了解這是否是語言，論述存在的事實，這些論述之間有什麼關係，以及在這個特定的當下，無論什麼年代，精確地說便是這些論述和我們是什麼有關，形成了我們是什麼的界限——而這便是哲學的問題。

哲學，作為論述的論述。既不是形式化也不是〔經驗〕i。

在此，我們看到它的場域是無限的。實在說，比起現在，它過去不曾有這麼多要說的及要做的；人們的印象是，在這條件下，它可以永遠地活下去。但實在地說，當我們的文化當前的構形組合本身改變時，它將會改變。

它給人終結的印象，只是因為它有部分曾是與人相關的。人們相信當人來臨時，它將會死去——

i・推測用語：手稿字詞難以辨認。

它只存在於人與神的間隙之中。事實上，它死於人之死，而現今它正於此死亡中重生。

我們才是這呢喃低語。

一九六六年八月二十一日

必須修正所有字眼，並且界定它們。

—作用：論述和自身關連的方式，以符應其存有模式。和自身關連：和它所說的相關連，也是說出它的人，以及他與說出它的時刻相關連，因為所有這些都現身於此一論述之中。

以「分析」取代「詮釋」。

—理論或理論形成（但這些詞語並不好）：（理論的）網絡。

諸哲學家的論述

作用	理論	領域	學說
正當化	揭露 顯現	主體	確定性 現象
詮釋	起源 意義	奠基	發生 有限性之分析
批判	表象 潛意識	轉化 （實踐）	檢驗 去除異化
闡述	百科全書 記憶	邏各斯 （認識論）	啟蒙 歷史

這是確保論述作用的陳述整體所遵循的一般形式。這些網絡並不是實際的理論（貫串相續的命題系列），而是理論的形式，或者毋寧說是理論的條件。它同時引發相連結的概念，以及決定概念的論理（raisons）。揭露是一個理論網絡，它允許自然認知的概念得以存在，也就是在自明證據中對真實的直覺掌握，而自然認知使其變得無可懷疑；而這是在一種立即的形式中發生。揭露乃是一理論網絡，以其貫串相續支撐著自然認知、自明證據、無可置疑及立即掌握這些概念。

就這些網絡的命名，必須：

—取代：以條件取代意義，

．以秩序取代百科全書，

．以隱含（implicite）取代潛意識；

—如有可能以其他字詞取代記憶。

—領域：比較是哲學所論談者的存有模式的決定者，而不是哲學所論談的對象整體（就此意義而言，領域經常被放置在第一位：人們忘記哲學之所以談論它們，乃是因為它自身的存有模式）。

以實踐替換「轉變世界」。

一九六六年八月二十一日

針對第九段。

—異質同形（isomorphisme）：此處涉及的不是概念而是作用（fonctions）。

—與再現的形上學和人類學的關係。

—第二形態的哲學立即是思辨的及實踐的。它是最思辨的及最實踐的，因為在遍歷第一級領域（domaines primaires）的理論性科學與這些領域之間，存有雙向的關連性；它們與其是同時受到照明，不如是〔相互地〕[ii]調整。

針對第十段。

〔……〕[iii]方法：

此處涉及的不是概念，而是歷史學家的論述，它們將所有的一切，都下壓到概念層次。

論述作用	理論網絡	第一級領域	工具
合法化	揭露 顯現	主體	確定性 現象
（分析） 反思	起源 條件	奠基	發生 外顯
批判	表象的解體 隱含者的發現	（實踐）	檢驗 意識掌握
詮釋	秩序 記憶	世界的理性 邏各斯	百科全書 歷史

一九六六年八月二十三日

考古學：描述思維（pensé）[iv]的方法。但我們當然了解思想可被投入於一個機構、一個實踐之中，等等。

在做完論述的作用分析之後，必須描述其概念化及系統化。但所有這些都只是「第二次度的精煉」（élaboration secondaire）。

一九六六年九月四日

針對最後的段落。

考古學嘗試找回論述與思想之間的統一。但這並不是出發於（主體環境中的）再現、分析及符號，

ii・推測字詞：手稿字詞難以辨認。

iii・手稿用字難以辨認。

iv・譯註：法文思想的名詞形一般用陰性形的 pensée，但傅柯在此卻使用陽性形式的 pensé（原為動詞 penser〔思維、思考〕的第一人稱單數過去完成分詞），更加強調其動作過程。

而是出發於論述本身，出發於它的散失，它的多樣元素在彼此旁邊及相對地如何〔組織〕[v]。

主體作為論述所構成的元素，相對於它。在外部性中。

論述過渡到它自身之外。

一九六六年九月十六日

在第十三章中，強調檔案涉及到的除了被保存的，也涉及到消失的。

一九六六年十月十五日，於突尼斯

重讀頁〔十三—十六〕：針對「現在」三項組，以對立於語言系統和實際實現言語的方式來界定論述。

也許論述特性的標定可以：

—透過此三項組（及其作用的方式）；

—透過發言主體的位置；

—透過它所建立的參照系統的存有模式。

頁〔十七—二〇及其後〕：無疑必須正當化的是：

—分析論述所產生的；

—它針對論述的狀態，或至少是針對自十七世紀以來論述的一般布署（disposition générale des discours）所產生的。

頁〔五四—五五〕：探討作為一部哲學作品在文學中受重複之特性的模仿及戲仿（pastiche），—比較好的說法是闡述（commentaire）！文學及哲學並不相互〔延續〕[vi]或相互重複。它們是闡述的對象。

這點已完成（頁〔五八—五九〕），但其方式有點太狹隘（為何有封閉性原理〔principe de clôture〕？）。

頁〔六七—六八〕：以反思替代詮釋、條件替代意義。

---

v．推測字詞：原手稿缺動詞。

vi．推測字詞：手稿字詞難以辨認。

一九六六年十月十八日

一、檔案—論述。

二、它的歷史。

三、「今日的危機」。哲學：

—作為正在發生什麼的診斷；

—作為論述的論述，論述的最外層的邊緣，它過渡到它自身之外的形式及時刻（由此產生外部—內部的大型主題群組：它包裹住所有的論述，而它是穿越它們來到外部）；

—作為一種內在的民族學（ethnologie immanente）。

在西方文化中，論述的三重角色是人們熟悉的；但它介入於它被隱藏其下的曖昧不明當中；對於發生了什麼事的診斷，被轉化為現有的事物為何的陳述；論述的論述被轉化為事物以其真實受到顯現（獨立於受批判的語言）；內在的民族學被轉化為人的分析（但不考慮差異）。

哲學論述遮蓋了這些作用。至少我們可以說它現在是受一個一般性的突變的效果所影響，產生了調整變化。這個突變使論述及其自主性特有的穩定性得以出現，而哲學論述正是有為其發言的角色。哲學不再是一個有其特定對象或形式的論述；這是一個在諸論述的間隙中移動的論述，有關論述間關係的論述。

由檔案—論述的角度進行哲學的分析。〔它〕是如何作用的？〔它〕現在是怎麼演變為此一論述的論述？

將哲學界定為一論述中的論述，而此一論述，以某種意義而言，乃是外在於哲學的，而就另一個意義而言，則前來加入它現在所處的位置。

Editors' Note

編者說明

本書書寫情境與脈絡解析

Situation

一九六六年七月，傅柯於文德孚爾・杜・波圖的家庭宅邸中，開始寫作一份以「哲學論述」為主題的手稿，以其格局、雄心及複雜度而言，這份文稿可與他以人文科學為主題所作的考古學並駕齊驅。

《詞與物》（*Les Mots et les Choses*）的文稿是於一九六五年五月提供給出版社的，書本則出版於一九六六年四月，收入皮耶・諾哈（Pierre Nora）主編，甫於伽利瑪出版社推出的「人文科學圖書館」系列。[1]當《哲學論述》開始撰寫之時，正好是圍繞此書的爭論開始擴大的時候，尤其是關於「人之死」[2]這項宣稱。人們在其中讀到對於人文主義的批判，雖然與海德格所做的非常不同，卻重新引發了法國戰後哲學留下深度刻印的問題之一，特別是與存在主義和馬克思主義之間有關的辯論。[3]傅柯認為，「人」在十九世紀被發明出來乃是為了維持一個夢想：在認識它的本性或本質之後，最後終於能使它解放於所有異化和決定所造成的桎梏。人文科學在持續追求此一項人在其中同時是其對象、又是其超越性奠基的認知事業時，卻發現其構成只是諸潛意識結構的表面效果：它們的歷史及作用方式脫離了人的意識及自由的掌握。如此，原先設想是要由人所確保的人文科學中的「秩序」，最後乃是由意義構成系統的結構所確保，而它們之間的關連性之研究，自此之後涉及的不只是語言學〔賈克布森（Roman Jakobson）、杜梅齊爾（Dumézil）〕、民族學（李維—史陀）或精神分析（拉岡），也包括哲學（阿圖塞）。

就在哲學與人文科學當中、結構主義的進路正在受肯定之時，怎能不驚奇於作為《詞與物》一書終局的人之消失問題？對於傅柯而言，此一消失構成了哲學本身重新開始的可能條件：

如果〔由尼采〕發現的回返的確是哲學的終結，那麼，人之終結，便是哲學開啟之回返。我們今日只能在人之消失所留下的空虛之中思考。但此一空虛不會挖掘出一個匱乏；它不會規範出一個要被填滿的欠缺。它不多不少，就是一個空間的展開，在其中，終於有重新思考的可能。[4]

但是，在人之死之後，「做哲學」（philosopher）意味著什麼？在一封寫於一九六六年一月的書信中，傅柯提出「哲學是一個診斷的事業」，而「考古學乃是思考（penser）的描述方法」。[5]《哲學論述》手稿便是銘刻於這些反思的航跡之中：在這十五章已撰寫得非常完整的手稿中，傅柯以考古學方法處理的，便是從笛卡兒開始直至二十世紀的哲學。他在書稿中將現代哲學呈現為一種特定的論述，而它和它自身的當前狀態維持著一種非常獨特的關係，並將當代哲學——那是將尼采的「革命」嚴肅對待的哲學——呈現為一個診斷的事業。[6]

作為診斷的哲學

在一九六六年夏天，我們可以假設「何謂哲學」這個問題對傅柯而言特別重要：實際上，他剛提出申請，由他原先教授心理學的克萊蒙—費爾宏大學借調至突尼斯大學教授哲學，而這是他平生第一次有機會在大學講授哲學。

況且，在一九五〇年代，哲學的地位處於數個法國知識界及大學學界的辯論中心。自一九五五年八月起，海德格便在塞爾席－拉－塞爾（Cerisy-la-Salle）的研討會中提出此一問題，[7]而這在戰後的法國獲得了可觀的回響——在梅洛－龐蒂及瓦爾的作品中、之後則在呂格爾及德希達的作品中，便是如此，但回響也出現於哲學史家的研究當中，他們運用了許多受海德格啟發的概念。[8]而在之後的十年間，哲學的地位仍是法國馬克思主義內部激烈爭論的對象，包含了由沙特到阿圖塞等人，他們對於馬克思及恩格斯的哲學，持有對立於法國共產黨順從莫斯科政策的異端立場。[9]不過，阿圖塞在烏爾姆街的高等師範學院教授研討課時所發展的馬克思主義觀點，其興趣關注的對象也包括理論性質的實踐以及它們的科學性，因而也參與了當時擾動著法國大學學界的其他辯論，尤其是有關哲學與科學以及真實之間的關係。[10]最後，這個討論也會回到學術討論的舞臺前緣，此時涉及的是研究哲學作品或體系以書寫其歷史，其中的代表性人物包括蓋爾胡及維依芒，以及，立場介於蓋爾胡與梅洛－龐蒂中間的希波利特。[11]

針對此一傳統的問題——「何謂哲學？」——傅柯帶來的是一個具有堅定原創性質的回答：哲學是一有其特別性、並受歷史決定的「論述」，以其特定的諸般作用可以形容它的特性，而考古學方法被提出來，用以研究它。不過，在進行此一哲學論述地位的歷史化之前，《哲學論述》細述了哲學的主要角色，這是傅柯交付給當代哲學的，也是傅柯本人想要實踐的：對於現今的診斷。

在一開始的時刻便賦予哲學做診斷的功能，傅柯延伸的是尼采的進路：與尼采相同，他尋求的是使哲學脫離「偉大的『寓意』及『深度』」[12]，而此一「哲學家們的發明」[13]，數千年以來，將哲學界定為一個掌握捕捉事物隱藏意義，並使人及其身體能解脫於惡痛的事業。「作為語文學家的尼采」[14]，乃是第一位貼近「哲學的工作對語言進行根本的反思」，於是能在它的考古學地層中重建其能動性及穩定性。在此一突變後，傅柯主張哲學自此之後是在診斷之中找出一條道路，同時可以脫離現象學及結構主義，此兩者當時在法國處於主宰地位，也脫離想要結合這兩者的嘗試。事實上，傅柯於一九六四年即已寫下在詮釋問題及其技術的歷史中，「〔尼采〕發現深度只是一個遊戲，表面上的一個皺褶」，[15]在《哲學論述》中，哲學演變為一個診斷的事業，因為哲學被交付了一項工作，它表面上「輕盈、隱約——安靜地無用：哲學家應該簡單地說出現在有什麼（*ce qu'il y a*）〔……〕，就在說話的那個時刻本身，沒有後撤也沒有距離」。[16]在陳述出何謂「今日」時，哲學家「只是今日及此刻之人：過客（passager），比任何人更接近過渡（passage）」，身處於「此一奇特而又微不足道的論述，將哲學建構為這樣的一種診斷，而今日它必須承認自己便是如此。」[17]

開啟《哲學論述》手稿的診斷主題，清楚地指涉第十一章中的頁面，其中主要書寫的是「尼采的大多元主義」及其「解離的遊戲」：後者印記了哲學論述的轉化，因為它產生了《瞧！這個人》中「哲學家的分裂」，以及他「在論述所有種種風向裡的四散分離」。[18]在尼采之後，做哲學的主體，不再是此一「發言的物種」[19]，而那原是自笛卡兒以來，被認為應該能揭露或顯現一個普遍為真的論述。他現在無可挽回地根植於其今日與當前狀態，因為乃是透過它們，「哲學論述和陳述它的人之間的關係」[20]才能被重新界定。根據傅柯，陪伴此一突變的，乃是「在非哲學的環境之中發言的印象」[21]；哲學現在是在過去對它而言乃是陌生的論述中發言，但在其中，它仍有可能施行「哲學動作」（actes philosophiques）[22]，而診斷只是其中一個例子。

於是，對於傅柯而言，診斷構成了哲學的一項任務，而此一哲學無論如何有其提問整個考古學地層的使命，而當它面對這些論述的四散逸離，「只留下能動性與空虛」[23]，卻允許它研究「思想在其中展布的空間，以及此一思想的諸條件、它的構成模式」[24]。在《哲學論述》中，診斷允許考古學方法跨越一道門檻：由它的陳述的表層出發，哲學得以達致語言的存有模式，而這界定了它論述作用方式的獨特性，也可以達致對它產生影響的歷史突變。

《哲學論述》撰述完成之後，在立即接續的數場訪談中，傅柯談及診斷。他在其中堅持哲學的任務即「診斷現今」及「說出為何我們的現今是不同的，並且絕對地不同於所有不是它的，也就是，我們的過去。」[25]更精確地說，診斷的行動在於「說出我們今天是什麼，說出我們所說的，在今天意謂著什麼」[26]；此一今日，如同傅柯也在手稿最後三章所解釋的，符應的是「一個文化的現今」[27]，於是，診斷的幅度更為廣大，涉及我們的「文化勢態（conjoncture）」[28]。此一哲學和其特有的今日之間的關係，在《哲學論述》有一系列可觀的分析（以其為對象），其目標是解明「其界定及其存在理由」[29]，而哲學作為論述，其獨特性便在於它應當說出它的現在。另外，此一「當前狀態」主題，對傅柯來說，仍會一直停駐於其研究的核心，終其一生。

哲學論述的當前狀態

如果它和當前狀態（actualité）的關係界定了哲學之作為論述，那首先是因為傅柯設想「論述」為一個特定時期全部「被說出的事物」（choses dites）：它和語言的可能性系統不同，也和邏輯的形式性限制不同。它也不能被重新引向一個「施行發言動作」的主體，[30]因為這主體只能在論述之中構成。在《詞與物》一書中，論述的觀念有一個非常特殊的地位：它被置放於古典的知識型（épistémè）內部，標指著普遍文法的統一原理，並藉此和古典時期符號的存有模式保持一個特定的關係。[31]在《哲學論述》中，該項觀念得到了可觀的擴展：它遠非歷史性地處於一個特定的知識型之內，而是在每個時代都同時涵蓋著確實被說出的命題整體，以及規則性的「內在系統」（système immanent）[32]，此系統確保了選擇、流通及保存，而考古學方法被認為可以提供它的描述。傅柯後來在手稿最末三章中，將其論述分析重新置放於檔案之中，但在此之前，他以一種獨特的方式加以發展，在其中，哲學論述實現（actualiser）語言系統的潛在可能（virtualité），以便「承認屬於它的今天」[33]。

暫且將「和哲學家同時代的知識、體制、實踐、生存條件整體」[34]擱置一旁，傅柯專注於先置性地界定此一「現在」：它並不和哲學論述有「共時關係」（synchronique），它所實現的，毋寧是和它有「同時關係」（isochronique）者，也就是每次當一個哲學陳述實際地被表述時，便會受到重複的事物。為了決定哲學論述的獨特性，傅柯仰仗的是他所認定的一個存在於哲學論述及日常語言之間的根本可類比性。這是他得以對先前的哲學分析賦予考古學形式的拱心石，這些分析事先展開於《詞與物》和他在一九五〇年代的課程與研究之中。[35]

將所謂「歐陸哲學」與「分析哲學」經常被先驗地劃分的邊界加以模糊化，[36]傅柯援引了語言學晚近的產出，即發言動作（énonciation）的理論以及一般語言的哲學，尤其是賈克布森、班文尼斯特、布里埃托及奧斯丁等人的作品。[37] 由此，他肯定地說，任何一個言語動作的實現不能只以其語言結構來解釋。如果人們要掌握一個言語動作產生意義的方式，相反地，便需要面向語言系統之外的事物，並且分析所有發言情境中「外於語言」的向度。在日常語言的作用方式中，所有的陳述和它的外部維持著一種無可抹煞的關係，雖然那是「沉默的、未被說出的」[38]。這關係構成了傅柯所命名的日常話語的「時刻」（或說其「現在」）：

> 在日常語言的陳述（énoncé）中，存在一整套的符號遊戲，可以指涉作出論述或說出話語的明確時刻。不過，「時刻」在此應採取其寬廣的定義：不只是時間上的時刻，而且〔……〕包括所處的空間地域以及正在說話的主體。[39]

更精確地說，這個「時刻」應對的是非語言三項組「我—這裡—現今」，它確保一般語言的同時性作用。日常話語的現況因而是一個默然操作下的產物，它不斷地重拾此一位於語言之外的外部，但運用的是構成語言的諸內在作用，而這是自賈克布森以來，語言學加以研究的對象。不過，相對於日常話語是以內隱的方式覆蓋著它的情境現況，哲學論述則是以疊加及外顯的方式尋回其當前狀態，也就是使它和它的現在的關係外顯，溢出了日常語言的「天真素樸」。[40]

接下來，傅柯專注於透過雙重的操作以精確地說明哲學論述的獨特性：一方面，以說明它不是什麼這樣的方式，將它和其他類型的論述相比較，而這是根據它們各自與發言主體、發言位置及發言的現今之間的關係；另一方面，則是由此差異出發，正面地建立哲學陳述的諸種論述作用。

比如，和科學論述閃躲或將其和「現在」關係的不同做中性化，哲學論述透過其正當化（*justification*）的作用重拾此一「現在」，而這使哲學成為一個雖與科學一樣「宣稱真實」的論述，但卻內建地「連結於一個獨特的現在」[41]。哲學和其「現在」的關係也不完全是由其自身的論述來想像發明的，後者是虛構敘述（fiction）的情況。反過來，透過其詮釋作用，哲學論述分析一個意義或真實如何可以，由某些源起或在某條件下，在其陳述中得到表達。[42]就像我們之前已經看到的，哲學論述也和普通語言不同，因為它不自限於以一種默然的方式實現其陳述中的日常意義。相反地，透過其批判作用，它重疊於日常陳述之上，體現著一種「意識掌握」，並且就在陳說日常之轉化的同時，反映出一種實踐面或政治面的強烈要求。[43]最後，它和其「現在」關係界定了哲學論述，而這關係與使宗教論述有其特性的關係不同，也和其中「先前及外部言語」的啟現不同。[44]如果宗教論述與其「現在」是由絕對的和超越的外部出發而產生關係，哲學論述則是透過其闡述的作用，其目標則在於解釋「受到陳說並有其實際情境的論述」，如何能夠構成一個真實的支撐，而後者使得一「世界理性」的解碼成為可能。[45]

傅柯透過這四種作用——正當化、詮釋、批判、闡述——來定位哲學論述的獨特性，同時也定位它在始自十七世紀的「論述一般體制」[46]之重組中特定的位置及作用方式。

與「現在」的關係和這些論述作用所構成的系統，形成了哲學論述考古學分析的前兩個層次。但是這個分析的格局和複雜度又會加強，此時正當傅柯引入第三個分析層次之刻：「理論網絡」[47]，它構成了「哲學的大型組織綱領」[48]。每一個作用乃是在這些網絡之內施行，產生出四組「論述建構」，其中的諸元素相互排除，因為它們標誌著各種「選擇點」[49]。正當化因而或是在一個揭開遮蔽的理論中，或是在一顯現的理論當中完成；詮釋或完成於生成的分析，或完成於意義的尋求；批判或完成於拆解表象的解釋，或完成於對隱含者或潛意識所做的揭露；最後，闡述或完成於一知識的百科全書式秩序，或完成於記憶無限定的回復。[50] 接下來，輪到這些理論網絡主宰著哲學論述「外顯元素」的接續貫串，形成了考古學分析的第四個層次，也就是哲學的「第一級領域」或是其「重大工作」：主體理論、根本及源初意義的發現、日常世界具實踐性質的轉化、世界的邏各斯或世界理性的述說。[51]

當傅柯著手描述是什麼樣的限制制約著論述作用的可能性、理論網絡及其選擇點、第一級領域之間的聯結時，便顯現出第五個層次，而那也是最終的層次。這是透過主題、問題、概念或學說而達成，它們的功用是作為連結的工具並形成傅柯所謂的「綜合性單位」（unités syntactiques）[52]。這些連結的操作，首先是透過確定性的學說或現象的學說，它組構了正當化與詮釋的論述作用（以及相應的理論網絡及第一級領域）；接著，錯誤生成於身體或想像的學說，以及一個「有限性的分析」，將詮釋的作用連接上批判的作用；再來，表象全面性、無遺漏地檢驗的學說和由意識掌握所產生的去除異化學說，將批判與闡述的作用連結在一起；最後，允許啟蒙之光在世界中發揚的百科全書學說以及歷史的學說，為各個作用的連結循環作出了結，此時，闡述的作用和正當化的作用被連結在一起。[53]

當然，就傅柯的觀點而言，第一級領域和綜合性單位及其概念集合只是「第二次度的精煉」[54]：它們既不構成哲學論述的可能性條件，也不構成其內在固有的必要性。然而，它們重構了哲學「可見的軀體」，而「哲學史家總是執著於它們，彷彿那便是不可改變且持續的背景，在其中，所有的哲學一個接一個誕生。」[55]哲學的陳述團塊，其實現之所以可能，一方面，乃是由於它們和做哲學的主體之間的關係，也和它發言時的地方及時間有關（哲學論述的「現在」）；另一方面，也是由於和它有關的作用方面的限制。自此時開始，傅柯的考古學目標，不只在於以他種方式描寫自十七世紀以來，形成哲學論述特性的浮現及歷史突變，也志在於此描述中重新吸納哲學史的不同實踐模態。於是，在此手稿中，傅柯面對同時代的哲學史家採取了立場（明顯地針對蓋爾胡及維依芒，但也包括阿爾其耶與顧希耶，還有，更隱晦地，希波利特），雖然他並未指名道姓說出他們。透過這種方式，他重新提出了一項問題，而這是自黑格爾開始到他同時代的哲學史家，一直不停歇地提出的問題：哲學史如何、以何種名義，可以是哲學的一部分？

哲學的考古學及歷史

傳統上，哲學及其歷史被視為對一小批根本問題所做的一系列回應，傅柯和此傳統決裂，主張自笛卡兒以來，哲學並不單只是一個「回應比它更為古老的問題的論述」[56]。十七世紀以來，在論述的一般體制中，以及特別是在哲學的論述秩序中導入的不連續性，其構成在於後者專注於一個由對象形成的領域——神、靈魂、世界——這些對象是由外部提供給它的，因為它們對於它而言，「有一部分和神學及科學共通」。[57]然而，這些對象並未消失：考古學進路的原創性毋寧在於顯示，神、靈魂、世界「演變為作用的元素」，服務於哲學論述以及它和「它的現在之間所維持的無限定的關係」[58]。

根據傅柯的看法，「形上學的終結」與康德的作品一起，在十八世紀末才開始變得基進：神、靈魂、世界所指向的，乃是所有認知無法達致的。康德的作品構成了「整個西方哲學的重心」[59]，因為，在此之後，形上學的摧毀不再是存有論的抹除（存有論作為關乎存有的論述），以利於語言的存有論力量（再現的形上學），這摧毀現在立基於一種「新形式的存有論」，它符應著一個「客體的一般理論，如同它在經驗中被給出的」（現象的存有論）。[60]此一「奇特的」[61]存有論，尋求決定人之有限存有，而它顯現或隱藏於現象的描述之下：於是，我們由一種「論述內部的存有論」，過渡到「外於論述的存有論」，而它最終符應的是一種人類學。[62]

因而，就像《詞與物》中談論「經驗—超越雙元組」[63]的著名段落，在《哲學論述》中，「人類學圈環」也構成問題：這問題的特質來自於努力使得人的存有及其有限性成為一個超越的奠基，但又同時是實證分析的對象，其目標是將人界定為「生物學個體」、「心理學主體」或「社會存有」。[64]而且，就像在《詞與物》書中一樣，傅柯在此主張於十九世紀中，此現象的存有論將哲學論述導向意志、生命或大寫存有這些主題。[65]不過，必須要提出的是，《哲學論述》第八章與第九章所分析的再現形上學與人類學，並沒有被當作「知識型」看待；而後來的人文科學乃是在「知識型」之內形成，並具備它們自身的真實要求及概念移轉。哲學論述的考古學和人文科學的考古學有所不同，它的注意力集中於與其他論述接觸時興起的獨特論述：而這不只和科學論述接觸，也包括虛構敘述、日常語言及宗教註解的論述。在《詞與物》中，「知識型」的分析的確已經提到和其他論述類型的關係；然而，這些關係的整體，尚未成為考古學思想描述中的對象。[66]其原因在於，一方面，如同傅柯在《哲學論述》中所顯示的，論述的一般布署無法得到處理，除非先以和當前狀態的關係作為研究主題，以形成一個允許得出不同論述之間間距的基本地層。另一方面，在《詞與物》中，科學尚未精確地以論述為角度受到對待，更沒有強調它的特性在於它和其「現在」之間關係的消除或中性化。

如果說，在撰寫《哲學論述》時所做的筆記中，我們會看到哲學令人好奇的定義，即作為「論述的論述」[67]，那因而比較不是傅柯想要宣稱哲學論述相對於所有其他的論述，具有其優先性，而毋寧是因為哲學論述地位的考古學式歷史化：它的可能性條件乃是由哲學「危機」之診斷而開啟，此危機肇始於十九世紀，傅柯認為，直到現今仍屬於它的當前狀態。

與直到當時不斷被實踐的哲學史相去甚遠，此一歷史化的支撐，並非存在著一個「先置且自主的領域，而那便是擁有其完整權利的哲學」，這表示它安居於一個「前於論述的場域」中，先前於任何可能的論述形成。[68]實際上，如果「哲學先於其論述而存在」，並且在它自身之內擁有「自身的律則」，那麼它將能「由遠端規範，將它轉譯為陳述時，我們可以與應該運用的方式」。[69]這將使「對於一個哲學進行的闡述，被奇特地稱為它的『歷史』」，成為一種重建此一前論述內核的方式，正如它會在每個特定的哲學論述中顯現，或者作為「概念的純粹建築架構」，或作為「受到無限定調整變化的獨一體驗」，或甚至是作為「形成一公理系統的根本命題組合」。[70]哲學史家的論述將會無可挽救地「錯過被分析的作品」，主張可以「說出思想中的未思（impensé），也就是在所有論述下方主宰的」。[71]

然而傅柯認為他為哲學論述所進行的考古學，其所研製的作用描述並不會錯過其所分析的作品，因為它完全地維持在「此一論述的環境之中」[72]，不必求援於外部的領域。哲學史家無疑有理由肯定地說，和科學史或文學史不同，哲學史乃是哲學的一部分。不過他們沒有察覺的是，此歷史完全地安居於「哲學論述的作用方式之中」[73]，而它的大型形態學，如同傅柯所重新描繪的（哲學史作為系統、經驗、意識型態及解碼）[74]，本身也符應著「哲學論述針對它自身的作用模式」[75]。傅柯所展開的考古學進路因而是在哲學論述本身當中，打開了一個歷史向度。時間如此被轉化為一個「同時存在許多可能性的空間」，而歷史的神話，說它是「由一個連續的因果所構成，〔擁有〕深沉的決定，由一個沉默的起源邁向一個一直後撤的界域的清明」[76]，也許這神話終究可以被拒斥。傅柯使「作品之間的空隙」得以湧現，並「由可能性的同時存在來界定其承續」，也就是「在那兒，它們相互支持」。[77]

尼采效應

受到考古學方法的重新提問，哲學史自此之後只是構成哲學論述的「作用時刻」（moment fonctionnel）。傅柯認為，這項操作之所以可能，乃是因為「一樁歷史事實，即至少就我們至今認識的形式而言，哲學正在消失」。[78]人們不再提問，是以何種名義、在何種條件之下，哲學可以由其特有的「現在」出發，為真實發聲。人們對哲學所要求的，毋寧是說出「這事件是什麼——〔它〕在其內部發言，而其本身尚未得到命名的這個開口（ouverture）」。[79]為了理解考古學進路如何得以形成，傅柯著手討論尼采作品中發生的哲學論述新突變。尼采的思想，實際上攪亂了過去所有的條件，這些條件使笛卡兒及後笛卡兒的哲學能夠和其他類型的論述相分離，並且「由一個點、一個地方及一個主體出發，構成其『現在』」，而這現在又受到合法化，得以「作為一普遍真實的論述之支撐」[80]。

在尼采的思想中，虛無主義及神之死首先指出的，便是哲學在論述層面上的貧困，因為它自此之後喪失了它所有的對象，以及用以思考它們的概念和形式。它不再能完成其正當化或合法化的作用，而其作用的對象過去是被它的論述所確保的真實——也就是那自十七世紀以來允許它和科學論述有所區分的；它毋寧自限於陳述「使它和真實間有如此遙遠間距的事物」[81]。由於在尼采的作品中，哲學被呈現為永恆回歸，它接下來便不再是個回撤於其起源的論述，而是相反地，演變為一個總是重新開始的論述。過去將哲學和虛構敘述分離開來的詮釋及批判作用，此時也不再可能了：哲學與虛構敘述一樣，受召喚、想像發明其現在，而每當它突然湧現於論述中便是如此。接著，由於尼采將所有在哲學中仍存在的形上學判定為應該打入遺忘之中，他阻撓哲學施行其批判作用，而這是傳統上將哲學與日常語言相區分的。不再作為「談論世界的論述，並且受到一實踐要求」[82]，自此之後，它和日常生活成為一體，並以「鎚子的敲擊」[83]來攻擊它，而這是在「一個超絕的時刻，在其中，世界的時間正在翻轉」[84]。哲學論述陳說著當前狀態不斷肇啟的差異——而也正因如此，診斷也演變為一個哲學動作。作為「將要來臨者」的聆聽，哲學論述甚至不再確保闡述的作用，而那是使它得以陳說或詮釋世界的邏各斯，並且在過去使它和宗教註解相區分的。在尼采的作品中，相反地，哲學演變為一論述，它「宣說清晨〔……〕以便為另一個言語準備道路〔……〕，並且嘗試重建其永恆的持續低語」。[85]

在笛卡兒之後使哲學能與非哲學相分離的，這點受到抹除，此事見證了由尼采開啟的「危機」，其意義是如何地基進，而且，根據傅柯，這樁危機在尼采之後仍不停地深化。由於此一危機，哲學自此之後被配屬到一個不明確的論述空間中，而它在其中無可挽回地迷失了。如果它依然能被稱為「論述的論述」，只能是在一個條件下進行，即由主體屬格（génétif subjectif）翻轉為客體屬格（génétif objectif）[86]：在尼采之後，哲學滑入諸論述的間隙之間，於是它只能由其極端之點出發、以進行發言，在那裡，過去界定其極限及其可能性條件的地層碎裂開來。於是，哲學重建的比較不是「一個沒有面孔的真實，而此真實包裹著空間、宰制時間」，而毋寧是「空虛、無未來及無豐饒」。[87]然而，此一危機所產生的哲學「負面的感知」，對傅柯而言，只是「習慣於哲學家們舊的論述」所產生的效果。現實中，當哲學逐漸和其他論述產生組構關係，「正在誕生的，乃是一整片的豐饒」，而那是由他所謂的「哲學動作」（actes philosophiques）[88]所構成。

傅柯於一篇一九六七年九月刊出的訪談中提到，在這些由尼采思想導入的哲學動作中，「診斷的工作」乃在於向自己提問：「我們今天是什麼？我們在其中生活的『今天』是什麼？」[89]在著手處理診斷的問題時，傅柯強調考古學隸屬於哲學論述的新模式。此一「尼采效應」結構出為哲學論述考古學設下標竿的兩大時刻，而它們設立於此一考古學對於我們之所是的當前狀態，以及今日哲學所採取的形式的逐漸接近當中。第一個時刻構成於理解哲學嘗試在尼采之後，為了回應他的思想所體現的危機所做的部分、或未完成的努力。第二個時刻將尼采所說的診斷任務加以發展，以達到最沉重及最當前的後果，這項任務賦予哲學家說出「現在發生了什麼」[90]的角色。

在尼采之後做哲學（philosopher）

在《哲學論述》第十二章中，傅柯描述了主要的後尼采嘗試，以面對「哲學論述的解體」[91]。傅柯將它們重置於「一個論述空間中，在其中，〔哲學論述〕不能再具有同樣的位置及同樣的特性」。[92]除了一個他在此章最後探討的例外之外，所有他處理的哲學——包括邏輯實證論、存有論、實存的描述及結構分析，分別聯結於羅素及維根斯坦、海德格、沙特及雅斯培（但其方式有些簡略）——都被揭露為無法達致它們以之為目標的邏輯一致性。努力地想要重新界定哲學論述的極限，它們停留於「哲學傳統上對立的四個類型論述的其中之一，而且是在其中『天真地』被接受的」[93]向度之內。換句話說，它們各自受支持於將哲學化約為它過去曾經與之分離的諸論述之一的同一操作，並在此脈絡中，喪失了它的存在理由及操作性。

首先，邏輯實證論排除「任何不能以和科學陳述同樣手段檢證的命題」[94]於哲學論述之外，它所操作的，實際上是將其論述化約為科學的論述，而後者構成了一個由外生成的（exogène）驗證標準，卻是哲學應該要接受的。第二，存有論將所有目標為「達致根本性事物」[95]的陳述皆定性為形上學，並將其自身呈現為一個論述，而它「在其至尊性之中、在其發言的地方及時刻之中，就其發言主體而言，乃是自我構成」[96]：如此，西方成為「哲學獨一無二的地域」，而此時它的「宿命」被當作是「哲學史」及「所有的哲學家」只能以同一個存有之遺忘為背景才能談論的。[97]於是哲學論述與虛構敘述之間的分野遭到抹除——前者被化約為後者。第三，哲學給予自己描述實存的任務，並將它的論述局限為「政治論述」與「所有人的日常話語」，去除掉「批判性的思辨作用」；它以立即和天真的方式將它介入於「人的自由、活動和歷史」之中。[98]在他與沙特之間的爭論爆發之前，人們在這些段落中看到傅柯對於普遍型知識分子介入的人文主義模態所持的保留態度的開端。最後，把分離它和宗教註解之間的距離去除之後，結構分析目標在於「以將它們當作超越性密碼的方式」來詮釋符號，並且把所有將它們詮釋為「一系列的因果元素」[99]的論述皆當作是形上學。傅柯在此的標的是雅斯培——尤其是他對尼采哲學的詮釋——，對此，傅柯在里爾大學及一九五四至一九五五年於高等師範學院講授的課程中已提出分析。[100]那時傅柯批評雅斯培致力於將尼采流變的內在歷史性（historicité immanente）加以折曲，以適合他自身的「哲學要求」，並轉變尼采成為「基督宗教哲學」的繼承者：尼采對於超越的拒絕「展布於一個內在的世界」，然而「是由基督教超越來賦予它意義」[101]。在文稿中，傅柯所談的形成尼采之後第四種做哲學的方式的，正是此一要求：在這個角度裡，結構的尋求實際上符應著存有超越性的不可化約，而其無限的流變只能透過諸有限結構顯現的經驗才能提供。如果說詮釋或闡述的作用不再能於其中施為，那是因為處在宗教論述與作為「結構模型描述」[102]的哲學論述的無可區分性當中，自此之後，世界的邏各斯之所以受到提問，只是「如果邏各斯受到提問，那並非因為它是源初的話語，或是它形成了世界無限的文本，而是因為在它之中及由它開始，展開了存有的差異」。[103]

即使它們有著表面的多樣性，邏輯實證論、存有論、實存的描述及結構的分析，根據傅柯，卻皆由一個「巨大的神話」所支撐：「那是無日期的語言的所在，比起所有的歷史更加深沉、古老，在其中，各種論述形式尚未相互分離」，[104]對於它，這些哲學中的每一個，以一種負面的模式，只能提供局部的通道。相對地，傅柯將現象學呈現為（第五種）後尼采的哲學，而它乃是在其一般計畫中，唯一一個嘗試與語言的祕密一致性建立起一種正面關係的，對於這一點，其他做哲學的方式，只是部分地加以揭露，但最終無法達成。

在傅柯對現象學的描述中，在其「笛卡兒—胡塞爾模態」下[105]，乃是一個堅實穩定的計畫，它想要重拾那已經被空虛化的哲學論述古老的一般形式，但又同時提議位移所有「古典哲學的形式和作用」，並且透過不停地「回歸笛卡兒時刻」的方式，來重組其他後尼采哲學的零散片段（*disiecta membra*）[106]。於是現象學扮演了「具體事物的純粹描述」，以及「對奠基永不竭盡的尋求」[107]，並且將「重新拾起、重新開始、重新掌握整個哲學；以疊合它的方式離開它的計畫」具體化。[108]然而，對傅柯而言，此一疊合並不足以掌握那超過哲學論述的極限，雖然現象學提議將哲學論述不斷地重新活化（réactiver）以對它再度奠基。

這裡涉及的是相反，終極地棄絕此一西方哲學初始職志的重新啟動，並且一步到位地承擔尼采診斷所指向的歷史不連續性。換個角度，此處涉及的是將哲學的可能性條件問題安置於論述新的一般布署所界定的、仍未確定動態的空間之中。如此一來，西方哲學和考古學的歷史可能性條件終究互相符合，具有共同的目標：描述因哲學論述爆裂而打開的，處於各論述之間的複多間隙中的散落空間（espace de dispersion），期待如此能辨識出歷史中的秩序及突變。為了達成這一點，傅柯提議哲學論述應該要「過渡到它自身之外」[109]：如果說，哲學的角色自此之後乃是說出「它的時刻」，那是因為後者「並非它的內在，而是它的外部（dehors）」[110]。一九六六年十月，傅柯在筆記中寫下，在此達到自身之外的過渡之後，哲學論述被認為應使診斷當前狀態的哲學動作符應於我們文化的「內在的民族學」[111]——此一表述方式會在他突尼西亞時期的某些訪談中再度出現。[112]

全整檔案的構成

民族學的地位在《詞與物》書末[113]被陳述為「反—科學」（contre-science），再加上哲學論述過渡到它自身之外，朝向現今的診斷所指出的外部性，其可能只有出發於傅柯在此手稿中所指稱的「全整檔案的組織」。[114]這項主題位處《哲學論述》最後三章的核心，構成了「尼采效應」第二時刻的發展，以及會將傅柯引導至撰寫《知識考古學》的歷程之初始階段，雖然當中並非沒有猶豫及不通之路。

在第十三章中（「檔案」，這個詞是《詞與物》未曾使用的），傅柯提出，如果要衡量我們思想及文化當前的突變所帶來的影響，僅僅專注於「我們對語言所具有的興趣」以及「語言普遍性的結構化功能」[115]，將是不足夠的。我們事實上仍然會落入「古老提問」的圈套，如果我們仍嘗試在語言背後發現真實、認識或人的本性，或是透過此一對「語言的關懷」，我們期待能實現銜接（但它自此之後不可避免是具問題性的）「人的科學與認知的基進批判」[116]。根據傅柯，相反地，現在是要在論述和知識相互銜接且無可限定的增生中，才能掌握哲學新的可能性條件。[117]後者自此之後轉向考古學，它尋求啟明的，乃是組織論述之間關係的複雜網絡的秩序，而它有數個層次：不只是這些關係所建立的言語動作及論述形式，也包括「可以支持這些言語保存的物件、物質和機構」，以及「謄寫的模式及可將論述轉化為另一個由諸元素構成整體的不同系統」[118]。因而，在每一個文化內部，論述之間的限制，其整體不再能分離於傅柯所指稱的「檔案」：實際上，是在它之中，界定了允許特定文化中論述的選擇、流通及保存的可能性條件，並因而得以解釋它們的具體及物質性存在的理由。

「論述和其他論述之間持續且不斷更新地產生關係」[119]，再加上使這些論述得以於檔案中維持、篩選及流傳的條件，對傅柯而言，便構成了一個「具備兩個面向的現實：那便是檔案—論述

（archive-discours）」[120]。傅柯在《哲學論述》中大量使用這個觀念，但他之後並未重拾它，而它指向了「普遍的間隙」：

被卡在語言結構和言語、思想和生存條件之間，事實上是由其出發，所有這些元素才能出現、在經驗中被提供並成為分析的對象。檔案—論述便同時是此一居間又不可化約的作用者（instance），又是所有這些區分所根植的共同場域。[121]

於是，在這些稿件頁面中，傅柯（再度）界定考古學（archéologie）為一個「檔案的科學」（science de l'archive），或者，更好的說法是，界定它為「檔案—論述的學科」，它「同時是其他已經形成的學科之間的中介連結、必要階段，也是使它們成為可能者的分析」；它一方面研究檔案，並將檔案「當作是論述的銘記、保存、流傳的律則形式」[122]，另一方面，它研究論述，將論述「當作是陳述在檔案空間中的相互位置」[123]。必須妥善了解的是，這樣的進路並不允許必要的後撤，以便將檔案—論述的當前構形組合當作「一個外部對象嚴謹地處理」[124]或依據「全體化風格」[125]來對待它。雖說一個我們文化的「一般民族學」是不可能的，但傅柯卻肯定地說，人們可「摸索地」前進，而那是透過「局部的民族學分析」，以便「透過內部但歷時性的比較」來掌握檔案—論述史上的重大斷裂或「事件」，同時以考古學方式重建「我們文化特有的切割畫分，而那又使它能和所有其他文化絕對地孤立開來」[126]。針對檔案—論述所做的考古學式的歷史化作為，於是符合了某種「內在的民族學」，而它跟隨的運動「朝向的是，足以作為我們所有可以發言及思考的事物的條件、環境及空間」[127]。

於是，傅柯便有可能簡略描繪檔案—論述歷史中的數個重大階段：由紀元前第八至第七世紀之間多利安人（Doriens）[128]所發明的字母到十六世紀印刷術的發明，其間經過亞歷山大城學派的文法學家以及卡洛林王朝的文藝復興。這些轉化的整體同時良好地定調了「檔案面向」及「論述面向」的特性，並在他眼中形成了一座系統，在此系統內部，它們不停地變動調整，但是其中一個面向的轉化只能以另一個面向的穩定與同一作為背景，才成為可理解的：「建立及維持檔案之連續性的，全都是論述的事件；設立論述各同質平面的，全都是檔案的事件」[129]。如果沒有它們，傅柯結論道，「留下的便只有由事件構成的點陣群，但它們沒有同一也沒有差異」[130]。然而，有個問題卻湧現了出來：在這個「由斷裂構成的世界」中[131]，我們如何能思考當前發生著什麼？

對這個問題提供系統性回應的不可能性，無疑標指出傅柯考古學中的一個盲點。但這不會阻止傅柯在《哲學論述》最後一章指出一個特徵，而它有能力協助我們掌握我們文化中的檔案—論述當前狀態的特性：此即「全整檔案的形成」[132]。此一「將論述所有的事實加以保存的任務」，卻和西方文化中非常古老的計畫，即保存論述「為自己構成記憶」不甚相合，而是隸屬於當代檔案—論述的「作用方式」[133]。論述演變為獨立於「使其誕生的動作的性質」，由此刻開始，這些言語動作中每一動作的重新活化於是有可能「激發出任何類型的論述」[134]，檔案的地平於是必然開向「全整保存所有可以被說出者」[135]。在一個全整的檔案中，實際上不可能事先建立應保存的論述，以及言語動作被認為應能將其加以重拾或重新實現的方式。論述身處於「一個未受界定的空間中，在其中，它永遠可以向多重方向增生及繁衍」，[136]如此它便解脫於一「前論述宇宙」（不論那是「經驗的，或是實存的，或是事物本身的，或是具體的」）的所有指涉，而使它從此構成了「一般性的參照系統（référentielle générale）」[137]。

《哲學論述》的書末章節也影射了傅柯考古學計畫與德希達有關口語和書寫關係當代位置之間的距離。就像在之前章節所做的，傅柯提到一些德希達一九六〇年代前期的論文中曾探討的主題，[138]但從來不會提起他的名字，在此他也主張檔案—論述的歷史及其突變「允許我們將口語或書寫優先的問題，送回它宿命地屬於神話的視野之中」[139]。實際上，全整檔案的構成顯示，一方面，並不是書寫，而是論述，由於不再是「言語的痕跡或現象」，便演變為在其中每一項言語動作發現其可能性條件的環境；另一方面，由於檔案不再是「重建言語動作的地域」，便開放於論述無限定的繁衍，但並不會因此將它縮減為書寫及其痕跡不規則的散失，它們默默地使言語本身失去平衡；而是將其置身於一處歷史性的限制空間之中，這些限制規範著論述的累積與使用。[140]

《哲學論述》帶來的貢獻

在將此一手稿託付給檔案特有的動態及我們文化中更廣闊及複雜的散落空間之前，它的整理出版為我們重建了傅柯作為知識分子歷程當中的決定性時刻：對於現代哲學所做的一項考古學分析，此分析也涉及它內部的突變，以及那些在哲學本身的極限中所提出的問題。在一九七〇及一九八〇年代，傅柯曾回返於一些相關的主題，比如處理哲學在希臘出現，尤其是由對詭辯派的排除出發，[141]或是在現代時期之中肇啟哲學與靈性追求之間一個先前未見裂口的「笛卡兒時刻」。[142]然而，這些分析不再形成傅柯於《哲學論述》中所進行的考古學歷史化的結果：一九六六年，此一進路將哲學植根於現今的診斷之中，此一現今界定了我們之所是及我們所能說的輪廓，其出發點在於說出使我們的今日如何與昨日不同的當前狀態，而這是個不斷更新的要求。接下來要做的，除了顯示傅柯以「考古學方法」重新煉製他在一九四〇及一九五〇年代藉以養成的哲學原創方法之外，也包括《哲學論述》預示了他在未來兩個十年期間研究工作的數項主題及主要問題。

診斷、論述及檔案，圍繞著這些關鍵概念，哲學及其歷史的考古學描述得以展開其布局，它們也是傅柯之後會重拾及發展其反思的極重要核心。比如哲學論述的作用方式，以及它在西方文化中的十九世紀「人類學—人文主義結構」，便處於傅柯於突尼斯大學講授之公開課程的核心。[143]另外，也是透過檔案—論述的照明，我們才能掌握方法論上後撤的重要性，得以描述在「被說出事物」中思想的歷史性轉化中作用的，不連續體制的整體複雜度。此一方法論後撤，其所開闢的路徑，與心態史及理念史的路徑不同，而那是傅柯明顯地將在《知識考古學》中探索的。

由許多方面來看，《哲學論述》在《詞與物》和《知識考古學》之間扮演著「連通者」的角色。前十二章是傅柯對作為論述的哲學進行考古學分析——它們延伸了《詞與物》的工作，但聚焦之處不再是人文科學，而是哲學——，到了後面三章則聚焦於「檔案—論述」的分析，以及方法論問題的探討，並為之後兩年《知識考古學》持續的撰寫開闢了道路。在《哲學論述》中位於進路中心的論述觀念，重新退到第二線，以便將知識的觀念置於前緣，就好像《詞與物》中已經發生的狀況；該書的前言曾宣告會有一本即將出現的著作，檢視其「方法問題」[144]。

由於傅柯將哲學論述的「內在作用」（fonctions internes）分析為「論述實踐」（pratiques discursives），他也將《哲學論述》放置於另一個視野，而那很快會成為他和阿圖塞及其弟子們的對峙舞臺。[145]我們也可將他在一九七〇年於法蘭西公學院所做的講座開場演說作為此一將論述安置於檔案的努力的延伸：此時傅柯處理的是「在所有社會中，論述的生產透過它同時受到控制、選擇、組織及重新分配」的「內部的」及「外部的」程序。[146]

最後，一九六九至一九七〇年傅柯在梵森實驗大學中心講授以尼采為主題的課程，在其中，我們自身及我們當前狀態的診斷，由檔案—論述的文化限制擴大為分析「一些力量，因其曾經發生的且當前仍然進行的作用，使得我們現在在此」，而這形成了使考古學銘刻於系譜學的關鍵操作元素之一。實際上，診斷在其中被重新界定為一個手勢，它「針對的是現今的軀體本身」，並使現今成為「存在我們自身身體內的事物」的舞臺；自此之後，對傅柯及尼采皆同，這裡涉及的是在我們的生理學中把握「複多的起源」，而這些起源會開展為相互矛盾及衝突的本能、評價及元素。[147]如此，在一九七一年，診斷指向系譜學家「對歷史的需要」，而哲學本身被認為應該要安居其中，如果它想要「診斷被視為哲學論述者的身體疾病、虛弱及能量的狀態、其裂痕及抵抗，以對它進行判斷（juger）」[148]。

如果傅柯繼承了尼采的遺緒，將哲學家呈現為「文化的醫生」，[149]那是因為他和尼采一樣，認為在醫學與哲學的特質中，都有一種「對抗性」（agonistique）。就一種長時段的觀點來看，人們將會傾向於認為，傅柯在《哲學論述》中對哲學幾近排除性的注意力，之後將會立刻消失，唯有在他生命的後期才會再度浮現，雖然其方式已不相同，那時會因為他對上古哲學的分析而興起，比如對自我的關懷及說真話的作為。[150]然而，這將是個錯誤。的確，傅柯不樂意將自己呈現為哲學家乃是眾所周知之事：在一九六五年時，他已宣稱自己「不太像哲學家」[151]，這個斷定他重複了數次，而且，在一九七〇年代，他以更為決絕的方式加以表達。[152]然而，《哲學論述》允許我們辨識出他的工作中一個可觀的連續性：如果我們對哲學的界定，不是一個時間開端以來即縈繞人類的根本提問，也不是將其他傳統被視為「哲學的」論述延伸至無限，而毋寧是一個對現今做出診斷的活動或當作「現今的歷史」（histoire du présent）[153]，我們便會察覺傅柯從來沒有停止作為哲學家。實際上，如果說，在尼采之後，哲學乃是出現於各論述間隙的複多性之中，那麼，傅柯所做的，便是如此：自一九五〇年代開始直至其生命末期，傅柯發展其分析的空間，便是介於文學、科學、宗教、司法、道德及政治的論述之間，並且拒絕——除了部分例外——對偉大的哲學作品進行闡述。

在一九七八年的一篇訪談中，傅柯正是精確地回頭談論這個理念：「使我並非是古典意義下的哲學家的」，他解釋道，正在於「我感興趣的，並不是永恆」，而是「事件」。[154]他繼續說：

> 事件過去不曾是一個哲學範疇，也許斯多葛學派是例外，對他們而言，這形成了一個邏輯上的

問題。但在此，又一次地，我相信尼采是第一個將哲學的功能界定為知道發生了什麼及現在發生了什麼。換句話說，我們為過程、運動、力量所穿越；這些過程和力量，我們並不認識，而哲學家的角色，無疑地便是這些力量的診斷者，診斷當前狀態。[155]

傅柯所實踐的哲學，因而是一個和現今與事件有關的哲學。[156]它擁有一個批判功能，而這功能，遠遠不是超驗的，「以方法而言它是考古學的」且「以目的而言它是系譜學的」：它是考古學的，因為它並不尋求「得出所有認知或所有道德行動的普遍結構」，而是對待「陳說我們所思、所說、作為的論述時，是將它們當作歷史性的事件」；它是系譜學的，因為它不由「我們所是的形式」演繹出「我們所不能做或認識的」，而是由「使得我們成為我們之所是的偶然中」得出「不再是、做或思考我們之所是、所做或思考的可能性」。[157]簡言之，作為「文化醫生」的哲學家，其目標完全是**批判**的。此處涉及的是，如同巴舍拉所倡議的，不受傳統的價值和階序所拘束，而且，「閱讀所有的一切」，「與自己的文化逆向而行、與自己的文化相互遊戲」：

> 如果可以這麼說，〔巴舍拉〕讓人想到一些精明老練的象棋高手，他們能以點數較小的棋子換到點數較大的棋子。巴舍拉不會猶豫將笛卡兒對立於一位較不知名的哲學家或科學家……而且是一位十八世紀的，天啊，有點……有點不完美或具幻想風格的科學家。他也不會猶豫在同一個分析中放入最偉大的詩人，然後接續的是位不知名的小詩人，而那是他偶然在逛舊書店時無意間發現的……

他在這麼做的時候，完全不是要重建偉大的全面性文化，比如西方文比、歐洲文化或法國文化。這裡涉及的並非要顯示是同一個偉大的精神在活躍著、到處擠動、一再回到同一；我的印象相反，他想做的是以陷阱圈套住自己的文化，使用的是它的間隙、偏差、較不重要的現象、它小小的不合拍、它的走音。158

如果說傅柯的工作，直到他生命的終結，的確是一個哲學家的工作，那是因為他不停為自己的文化設下陷阱圈套——我們也要為自身設下陷阱圈套——以便打開以不同方式思想及生活的可能性。

歐拉齊歐・依雷拉（Orazio Irrera）、**丹尼埃爾・勞倫資尼**（Daniele Lorenzini）

原書編註

第一章　診斷

1　由1966至1967年間，傅柯曾數度著手處理哲學作為一種診斷事業的理念。在一份1967年4月出版於《突尼斯新聞日報》（*La Presse de Tunisie*）的訪談中，他將結構主義呈現為「非專家性質的理論家們努力界定我們文化中各元素之間可能存在的當前關係的一種活動」，並主張在這樣的界定之下，「結構主義可以被視為一種哲學活動，如果我們接受哲學的角色便是做診斷。實際上，哲學已停止想要說出永恆存在者。它現在的任務更為艱難也更加不可捉摸，那便是說出正在發生什麼。如此狀況下，我們很可以說，存有一種結構主義哲學，它的定義是允許診斷出今天是什麼的活動」（傅柯，〈結構主義哲學允許診斷『今天』是什麼〉〔1967〕，收錄於《言論寫作集。1945-1988，第一卷，1954-1975》，德斐〔Daniel Defert〕與艾瓦德〔François Ewald〕主編，拉格蘭吉〔Jacques Lagrange〕協助編輯，巴黎，伽利瑪〔Gallimard〕出版社，2001〔1994〕〔以下簡稱*DE I*〕，編號47，頁608-613，此處引文出自頁609）。針對此一主題，亦參看〈附錄〉，本書頁251-252。哲學作為現前狀態的診斷，此一理念在1970年代末期及1980年代初期又再度來到傅柯思想的中心，尤其出現在他對康德針對啟蒙（*Aufklärung*）所寫的文本持續的閱讀之中，以及在他所謂的「現今的本體論」（ontologie du présent）的研發提煉中。實例可參見，傅柯，〈傅柯所作的導論〉〔1978〕，收錄於《言論寫作集。1945-1988，第二卷，1976-1988》，德斐與艾瓦德主編，拉格蘭吉協助編輯，巴黎，伽利瑪出版社，2001〔1994〕〔以下簡稱*DE II*〕，編號219，頁429-443，此處引文出自頁431；同一作者，〈為了一不舒適的道德〉〔1979〕，收錄於*DE II*，編號266，頁783-788，此處引文出自頁783；同一作者，《自我及他人的治理。法蘭西公學院課程，1982-1983》，格霍（Frédéric Gros）編，艾瓦德及方塔納（Alessandro Fontana）系列主編，巴黎，EHESS—伽利瑪—瑟依聯合出版，2008，頁13-15及22；同一作者，〈自我的文化〉〔1983〕，收錄於《何謂批判？後附自我的文化》，弗魯蕭（Henri-Paul Fruchaud）及勞倫茲尼

（Daniele Lorenzini）編，勞倫茲尼及戴維森（Arnold I. Davidson）導論及校注，巴黎，弗杭（Vrin）出版社，2015，頁83-84；同一作者，〈何謂啟蒙？〉〔1984〕，收錄於*DE II*，編號351，頁1498-1507，此處引文出自頁1498-1501及1506-1507。1978年4月，傅柯在日本進行的一次訪談中主張尼采是第一位界定哲學為「功能在於知曉發生了什麼及現在發生了什麼」，並因而給予哲學家作為當前狀態「診斷者」的角色（同一作者，〈哲學場景〉〔1978〕，收錄於*DE II*，編號234，頁571-595，此處引文出自頁573-574）。1979年10月，傅柯於史丹福大學進行人性價值譚納系列演講（Tanner Lectures），則對此主張做出更為細膩的調整：他在此主張說，即使「尼采全部的作品即是在做當前世界發生了什麼及什麼是『今天』的診斷，此一由康德開啟的提問，乃是整體德國後康德哲學的特色，由黑格爾到法蘭克福學派皆是如此」（同一作者，《何謂批判？》，前引書，頁99-101，註5）。

2 在1980年代的書寫、課程及演講中，傅柯將會回來探討哲學的療癒作用。例證參見，〈自我的文化〉，收錄於《何謂批判？》，前引書，頁94：「必須回想起希臘文化中一些非常古老的特徵：存在著一個以*pathos*這詞語表達的觀念，它同時意味著靈魂的激情與身體的疾病；其隱喻領域之廣大，足以使得它在身體和靈魂之上應用如下的表達：『治癒』、『照料』、『割除』、『犧牲』、『淨化』等。也必須回想起對於依比鳩魯、犬儒及斯多葛學派皆熟悉的主題，即哲學的角色乃是治癒靈魂的疾病。」亦參見同一作者，《主體詮釋學。法蘭西公學院課程，1981-1982》，格霍編，艾瓦德及方塔納系列主編，巴黎，EHESS—伽利瑪—瑟依聯合出版，2001，頁90-96；同一作者，《性史，第三卷，自我的關懷》，巴黎，伽利瑪出版社，1997〔1984〕，頁69-74。

3 傅柯在《哲學論述》中多次提及海德格的主張，並且經常具有批判性質，此處乃其首次出現。傅柯在此主要針對的是海德格設想哲學及其歷史為「存有的遺忘」，而這是指希臘思想將能重建為西方形上學遮蔽超過兩千年以上的：存有（être）與存有者（étant）之間在存有論層次上的根本差異。哲學因而得以重拾其源初宿命及古老使命，如同人們可以在前蘇格拉底哲學家作品中發現的，並且一步到位地全部摧毀此一康德及尼采皆無法超克的形上學。對於海德格而言，哲學因此必須接近詩性的表達（*dichten*），這將使得它在語言之中把握存有，因存有是既開展又後撤的，而且由其後撤出發而向人開展，其原因乃在於它和存有者之間的純粹差異，並且根據一特定的時間性（參見本書頁83、106、114、117、151-2、181、182-3、196、200）。不過，要精確地指出傅柯所指的是海德格的哪一些特定著作卻是困難的，或是他以德文閱讀海德格的幅度如何，尤其是在1950年代（參見傅柯援引當時尚未有法譯版的海德格著作於《人類學問題。1954-1955年課程》，史弗爾紀尼〔Arianna Sforzini〕編，系列主編艾瓦德，巴黎，EHESS—伽利瑪—瑟依聯合出版，2022，頁207-217），或是和戰後直到1960年代海德格在法國的接受之間的關係。可以確定的是，在此一接受中，瓦爾（Jean Wahl, 1888-1974）和包弗瑞（Jean Beaufret, 1907-1982）這兩位關鍵性人物，曾對傅柯的養成及他對海德格的閱讀留下直接的印記，而這尤其和《哲學論述》中外顯地或內隱地提到的主張有關（參見艾希邦〔Didier Eribon〕，《傅柯傳》，經修正及增補之第三版，巴黎，弗蘭瑪利翁出版社，2011〔1989〕，頁59；梅西〔David Macey〕，《傅柯的多重人生》，P.-E. Dauzat法譯，巴黎，伽利瑪出版社，1994〔1993〕，頁55-57）。如同法國國家圖書館所藏傅柯檔案中數個閱讀卡片（法國國家圖書館，傅柯檔案，編號NAF 28730，第37及38盒）所證實的，傅柯曾規律地參加上古哲學課程，特別是由瓦爾在索邦大學講授的柏拉圖《巴曼尼底篇》（*Parménide*）；由1946年開始，此一教學活動的便以將海德格思想引入法國為目標（參見瓦爾，《海德格思想導論。1946年1月至6月索邦大學課程》，巴黎，LGF，1998；同一作者，《海德格思想與賀德齡的詩》，巴黎，大學文獻中心，1952）。數年之後，《巴曼尼底篇》中的「存有的飽滿狀態」問題（法國國家圖書館，傅柯檔案，編號NAF 28730，第38盒，卷夾29），後來由瓦爾重拾於其對海德格課程的闡述，此課程為《形上學導論》（1935），法譯本出版於1953年（參見，瓦爾，《邁向本體論的終結。海德格《形上學導論》研究》，巴黎，高等教育出版公司，1956；海德格，《形上學導論》，G. Kahn法譯，巴黎，PUF，1958〔1953〕）。在其養成時期，傅柯也經常去聽包弗瑞講課——此時包弗瑞正受瓦爾指導撰寫博士論文——開課地點在烏爾姆街的高等師範學院，尤其是他以康德為主題的課程，而海德格的詮釋在其中經常被提及。有關哲學的前蘇格拉底起源，必須注意到的是，包弗瑞曾為《巴曼尼底詩作》的法文版（巴黎，PUF，1955）寫作一篇深受海德格影響的論評，1958年，他也曾為海德格的《評述與演講》寫作序文（海德格，《評述與演講》，André Préau法譯，巴黎，伽利瑪出版社，1958〔1954〕）。有關傅柯對於巴曼尼底詩作及海德格說出存有的計畫的寫作參照，參見，法國國家圖書館，傅柯檔案，編號NAF 28730，第70盒，卷夾3，〈笛卡兒〉。另外，海德格對於前蘇格拉底思想所作的詮釋及他將尼采詮釋為「最後的形上學家」，在1962年會再度成為問題，當時機緣是《林中路》（*Holzwege*）一書的法譯本出版（海德格，*Chemins qui ne mènent nulle part*，Wolfang Brokmeier法譯，François Fédier編，巴黎，伽利瑪出版社，1962〔1950〕）。傅柯在《哲學論述》中針對海德格所持的保留及批評將在1966年秋天出版的一份訪談中重拾及外顯化，而且是圍繞著診斷的問題而展開：

「對尼采而言，哲學家乃是思想狀態的診斷者。再者，我們可以設想兩種哲學家，一者為替思想開闢新道路者，例如海德格，另一者有點像是扮演考古學家的角色，研究思想在它之中展布的空間，以及此一思想的條件」（傅柯，〈何謂哲學家？〉〔1966〕，收錄於*DE I*，編號42，頁580-582，此處引文見頁581）。我們知道傅柯自己身處於哪一方。

4 在手稿中，傅柯寫下的字眼是Chos。考量下文脈絡，也有可能他在此想指的是希臘的科斯島（Kos），希波克拉特於紀元前第五世紀誕生於此地。米利都是位於艾奧尼亞的城市，在當地由紀元前第五世紀開始，即產生米利都哲學學派，其中成員包括泰利斯（Thalès）、阿那克西曼德（Anaximandre）及安納希緬（Anaximène）。克羅頓（Crotone）是廣域希臘屬地中的一個城市，於紀元前六世紀中，畢達哥拉斯曾在此建立他的哲學及宗教派別。

5 「《查拉圖斯特拉如是說》如此重要的垂直性，乃是嚴格意義下，對於深度所做的反轉，發現深度只是個遊戲，一個表面的皺褶」（傅柯，〈尼采、佛洛依德、馬克思〉〔1967〕，收錄於*DE I*，編號46，頁592-608，此處引文見頁596）。

6 尼采，《斷簡遺稿。1872年夏—1873、1874年冬》〔23〕15，〔《哲學家作為文化醫生》〕，收錄於《哲學作品全集》，第二卷之一，科利（Giorgio Colli）及蒙地那爾里（Mazzino Montinari）編，魯希（Pierre Rusch）法譯，巴黎，伽利瑪出版社，1990，頁290。

7 此一意念以稍微不同的方式變化（並且帶有對於維根斯坦的隱含指涉），在傅柯於1978年4月在日本發表的一篇演講中再度出現：「長久以來人們知道，哲學的角色並不是發現隱藏的事物，而使得那應是可見的事物變得可見，也就是使得那如此接近、如此立即，和我們自身有如此親密關連的，得以顯現，而且正因為它們如此，我們無法加以察覺。」（傅柯，〈政治的分析哲學〉〔1978〕，收錄於*DE II*，編號232，頁534-552，此處引文見於頁540-541）

第二章　現在

1 傅柯在手稿最後三章，將會回來重新處理此一面向，在其中他指向我們文化中的一種「內在民族學」，而哲學論述應被放置其中（參見，本書頁226）。

2 哲學論述定位的界定乃是整體《哲學論述》的特色，並且是傅柯由此一章開始精確說明的，如要更妥善地了解語言學對於此一界定所帶來的貢獻，便需要參照俄國語言學家及語音學家賈克布森（Roman Jakobson, 1896-1982）與法國語言學家班文尼斯特（Emile Benveniste）的研究成果。在一篇1968年3月刊出的由艾爾克巴哈（Jean-Pierre Elkabbach）所做的訪談中，傅柯提到，關於他的知識養成，占有重要性的包括「賈克布森式的語言學〔及〕杜梅齊爾（Dumézil）式的宗教史或神話史」（人們可以再加上李維—史陀、阿圖塞及拉岡），這些都允許他得以脫離1950年代哲學思維的限制，而當時的哲學思維普遍受到胡塞爾深刻影響，而以特殊方式留下印記的，則為沙特及梅洛—龐蒂（傅柯，〈傅柯回應沙特〉〔1968〕，收錄於*DE I*，編號55，頁690-696，此處引文出自頁695）。賈克布森重拾了索緒爾遺產中的一個面向，即語言系統（langue）及言語實現（parole）之間的區分，其處理語言、失語症及文學的研究成果見證了俄國形式主義和布拉格語言學圈的影響，它們對1960年代結構主義最重要的人物將產生決定性的影響（尤其是李維—史陀、拉岡、巴特、熱內特〔Gérard Genette〕及托鐸洛夫〔Tzvetan Todorov〕）。賈克布森所著的《一般語言學論評》（*Essais de la linguistique générale*）在1963年以法文出版（魯威特〔Nicolas Ruwet〕法譯，巴黎，子夜出版社），其副題為語言的基礎（Les fondations du langage）。1964年，傅柯在布魯塞爾聖路易大學發表以「文學與語言」為主題的系列演講，他援引了賈克布森有關文學評論及「後設語言」關係的研究，也提及文學自身「自我涵攝符號」（signes d'auto-implication）的角色，而其語言文字或虛構敘述的顯現完全不會出現於一般語言中，只出現於文學之中（傅柯，〈文學與語言〉，收錄於《偉大的陌生者》〔*La Grande Etrangère*〕，阿爾提爾〔Philippe Artières〕及合作者編，巴黎，EHESS出版社，2013，頁110-115及125-129）。對於賈克布森及言說者在其論述中自我涵攝符號的外於語言性質（轉換者〔*shifters*〕或「接檔者」〔embrayeurs〕）更為點散狀的援引，可參照一篇極可能是傅柯在其突尼斯居留時期所撰寫的文章，〈文學分析與結構主義〉（L'analyse littéraire et le structuralisme），他在其中強調「這些被稱作『轉換者』的符號的重要性及困難，它們透過一個特定的文法結構，指涉單獨的〔發言主體〕、其發言時刻及他身在其中的發言處所」（傅柯，〈文學分析與結構主義〉，收錄於《瘋狂、語言、文學》〔*Folie, Langage, Littérature*〕，拉威爾〔Judith Ravel〕導論，福爾蕭、勞倫茲尼及拉威爾編，巴黎，弗杭出版社，2019，頁243-262，此處引文見頁245；其他對於賈克布森的援引，參見同一作者，頁251及260，以及同一文集中之〈文學分析的新方法〉，頁133-152，此處引文見頁144及147；〔〈外於語言者及文學〉〕，頁223-242，此處引文見頁224）。另外一位可協助我們把握在此手稿中傅柯如何藉語言學之助，將哲學轉向為論述的重要人物，乃是班文尼斯特，他在1937年至1969年之間，主持法蘭西公學院比較文法講座，並於1961年與李維—史陀及顧盧（Pierre Gourou）一同創立人類學期刊《人》（*L'Homme*）。他對於發言動作（énonciation）理論及指示詞（*deixis*）

的研究，特別和處理代名詞及動詞時態有關，後來和他其他重要的貢獻一併收集於其《一般語言學問題》第一卷的第五部分「語言中的人」之中（巴黎，伽利瑪出版社，〔1966〕），並且和《詞與物》在同一年出版於同一書系。數年後，班文尼斯特將以最清楚及完成度最高的方式表述其發言動作理論於其文章〈發言動作的形式機制〉（出版於《語言》期刊，第5年，第17期，1970，頁12-18；收錄於其《一般語言學問題》第二卷，巴黎，伽利瑪出版社，1974，頁79-88），在其中表現出需要超出「語言的認知性質使用」，以及區分「在語言體系中有其飽滿及恆常地位的元素和那些由發言動作產生，只存在於由發言動作創造的『個體』網絡之中，並且和發言者的『此時—此地』相關的事項」（同上，頁84）。

3 在1967年2月於突尼斯所作的演講中，傅柯界定了「外於語言者」的觀念，他援引的是阿根廷語言學家普里亞托（Luis Jorge Prieto, 1926-1996）的研究成果，而這位學者是在巴黎的馬汀內（André Martinet, 1908-1999）語言學學派中養成，並且師承英國哲學家奧斯丁（John Langshaw Austin, 1911-1960）。一方面，傅柯援引了普里亞托關於發言動作之脈絡及情境的研究，它們可見於其著作《訊息與訊號》（*Message et Signaux*）（巴黎，PUF，1966）。另一方面，奧斯丁對於言語動作（speech act）的研究也在當時結構主義語言學的辯論中數次被提及，傅柯知曉其課程，因它們以遺著方式收錄於《如何以話語行事》（*How to Do Things with Words*）（牛津，Clarendon出版社，1962），而且早在其法文版出版之前（此書法文譯本為*Quand dire, c'est faire*，G. Lane譯，巴黎，瑟依出版社，1970）。在法國國家圖書館所藏傅柯檔案中（法國國家圖書館，傅柯檔案，編號NAF 28730，第43盒），存有奧斯丁的數張閱讀卡片，這些卡片的撰寫時間很可能可以追溯至突尼斯時期以及傅柯在法國國家圖書館中所做的研究，而這是他的一位身為皮爾斯（Charles Pierce）及英美語言哲學專家的同事德列達爾（Gérard Deledalle）為他準備的材料。在突尼斯的演講中，傅柯主張普里亞托及奧斯丁的研究工作顯示出「一陳述的語言學結構遠不能充分地使人理解其完整的存在」；相反地，「由發言者情境構成的脈絡元素對於給予〔……〕大數量的陳述意義乃是絕對必要的。所有的陳述事實上皆沉默地受到某些客觀且真實的情境所支撐，如果脈絡有所改變，那麼陳述必然不會擁有其現有的形式」（傅柯，〈結構主義與文學分析〉，1967年2月4日於突尼斯哈達〔Tahar Haddad〕俱樂部發表演講，收錄於《瘋狂、語言、文學》，前引書，頁171-222，此處引文見頁185-186）。有關於傅柯對於外於語言者觀念在文學論述分析中所賦予的重要性，以及由奧斯丁言語動作觀念取得的定義，參見同上，頁186-189及191，以及〈外於語言者及文學〉及〈文學分析與結構主義〉，前引文。

4 傅柯在其於法蘭西公學院1973-1974年課程《精神醫療的權力》中以更細節的方式，重拾此一科學知識的特性設定：「關於一般而言的科學實踐，總是涉及真實（vérité）；真實總是臨現在所有事物之中，或是所有事物之下，對於任何事物，我們都能提出與真實相關的問題。〔……〕這意味著不只真實是在各處安居，而且所有時刻我們都能提出真實的問題，但這也意味著並非特定之人方有資格道出真實；也沒有任何人在一開始便沒資格道出真實，不過，當然他在那時刻要具備發現真實的必要工具、思考它的必要範疇及以命題表述它的適當語言」（傅柯，《精神醫療的權力。法蘭西公學院課程，1973-1974年》，拉格蘭吉編，艾瓦德及方塔納系列主編，巴黎，EHESS—伽利瑪—瑟依聯合出版，2003，頁235-236）。針對此一「真實的哲學—科學立場」（天上真實），傅柯提出以下的立場和其對立，即他所謂的「雷轟真實」或「事件真實」（同上，頁238）。

5 關於文學中的「作者—作用」以及相關的更一般性見解，必須「剝除主體（或是它的替代物）作為源初奠基者的角色，並〔……〕將它分析為一個論述中可變及複雜的作用」，參見，傅柯，〈何謂作者？〉〔1969〕，收錄於*DE I*，編號69，頁817-849。

第三章　哲學論述與科學論述

1 指涉尼采《瞧！這個人》第二部分的標題（*Warum ich so klug bin*）（收錄於尼采《哲學作品全集》，第八卷，科利及蒙地那爾里編，J.-C. Hémery法譯，巴黎，伽利瑪出版社，1974〔1888〕，頁258-274）。

2 字面意義為「對於宿命的愛」。尼采由羅馬斯多葛學派借來此一格言，並利用它指出一種歡悅地——以對它說「是」的方式——接受如其所是的現實的態度。參見，同上，〈為何我是如此地考慮周詳〉，第10節，頁275；同一作者，《歡愉的知識》，收錄於《哲學作品全集》，第5卷，科利及蒙地那爾里編，克羅索斯基（P. Klossowski）譯，Marc B. de Launay新編版本，巴黎，伽利瑪出版社，1982〔1882〕，276節，頁189。

3 傅柯經常將笛卡兒哲學呈現為西方思想中一條根本的分水嶺。比如，在《古典時代瘋狂史》（巴黎，伽利瑪出版社，1976〔1961〕，頁56-59）中，傅柯認為是在笛卡兒的作品中，尤其在其《沉思錄》中，實現了瘋狂被排除於現代論述秩序之外的結果。超過二十年之後，在《主體詮釋學》（前引書，頁15-20）中，傅柯也再度提出一「笛卡兒時刻」，在其中哲學和上古的「靈性追求主題」及「關懷自我」（*epimeleia heautou*）的誡命相分離，以連結於作為現代科學特色的認知結構。

4 傅柯在此提及的哲學分別屬於笛卡兒、馬勒布蘭許（Malebrache）、史賓諾沙及休謨。

5 傅柯在此無疑是指向黑格爾的辯證法。

6 在第4號筆記本中，傅柯於1966年8月21日筆記中界定「論述作用」（fonction discursive）為「論述和自身關連的方式，以符應其存有模式。和自身關連：和它所說的相關連，也是說出它的人，以及他說出它的時刻相關連，因為所有這些都現身於此一論述之中」（參見，〈附錄〉，本書頁254）。

7 「如此我在思想中想要把所有的一切都當作是虛假的，但這在思考中的我必然是某種事物。那麼，注意到這條真理：**我思故我在**，它是如此地堅實及確定，懷疑論者所有荒誕不經的假設都不能動搖它，我斷定我可以毫不遲疑地將它當作是我在尋找的哲學第一原理」（笛卡兒，《方法論》，第6版，E. Gilson編，巴黎，弗杭出版社，1987〔1637〕，頁32）。

8 「**我思應要能夠**陪伴我所有的再現；因為若非如此，會有些事物於我之中再現，卻又不能被思考，這便會回頭使這再現成為不可能，或者，至少它對我而言，將是空無（rien）」（康德，《純粹理性批判》，阿爾其耶〔F. Alquié〕主編版本，由A. J.-L. Delamarre與Fr. Marty合譯為法文，巴黎，伽利瑪出版社，1980〔1787〕，B131-132，頁159，強調為原文所作）。

9 在《詞與物》一書中，傅柯將普遍數學（*mathesis*）界定為「衡量與秩序的普遍科學」，或「秩序的一般科學」，並且給予它在古典知識經濟中一個首要的角色：「對於古典的知識型（épistémè）而言，最根本的，既不是機制的成功或失敗，也不是將自然數學化的權利或不可能性，而是與普遍數學的關係，此一關係一直到十八世紀末了，保持著穩定不變」（傅柯，《詞與物。人文科學考古學》，巴黎，伽利瑪出版社，1966，頁70-71）。相對地，傅柯主張，普遍數學的統一性由十九世紀開始受到破壞，那時「認知諸純粹形式的領域受到孤立，相對於所有的經驗知識取得了自主性及至尊地位」，而「經驗領域與主體性、人的存有及有限性的反思相連，取得哲學價值及作用，但也取得哲學的化約及反哲學的價值及作用」（同上，頁261）。

10 《詞與物》中的計畫精確地說便是重新刻劃人文科學的考古學；同上，尤其是第8章（「工作、生命、語言」）及第10章（「人文科學」）。

第四章　虛構敘述與哲學

1 有關賈克布森就此一問題的研究成果對於傅柯的重要性，參見第2章註2，本書頁295-296。

2 塞凡提斯，《拉曼切的唐．吉訶德》（*Don Quichotte de la Manche*）〔1605〕，

Claude Allaigre *et al.* 譯，收錄於《小說作品全集》，卷一，系列主編Jean Canavaggio，巴黎，伽利瑪出版社，2001，頁385-1428，此處引文見於第9章，頁458及第52章，頁883-889（傅柯在此似乎指涉《唐．吉訶德》的第一部結尾，塞凡提斯在其中寫道後面的手稿被「蛀蟲吃了」，而不是被老鼠吃了）。傅柯曾對《唐．吉訶德》作過多次闡述，最有名的無疑是開啟《詞與物》的段落，在其中傅柯將唐．吉訶德呈現為「同一的英雄」（héros du Même），而其存有只是「語言、文本、印刷頁面、已被譯寫的故事」，塞凡提斯的小說就像是描繪出「文藝復興世界的反面」，如同「首部現代作品，在其中我們看到同一與差異以符號和類似性無限地相互玩弄；因為語言在其中中斷了它與事物之間的古老親緣關係，以進入此一孤獨的至尊狀態之中，在其中它的魯莽存有，只有成為文學才能再度出現」（傅柯，《詞與物》，前引書，頁60-64）。

3 史坦（Laurence Sterne），《項狄傳》，A. Hédouin法譯，A. Tadié編，巴黎，伽利瑪出版社，2012〔1759-1767〕。

4 狄德羅（Denis Diderot），《宿命論者賈克和他的主人》，P. Chartier編，巴黎，LGF，2000〔1796〕。

5 「1840年9月15日，接近早上六點，蒙特羅城號，正準備出發，在聖伯納堤岸前吐出大卷黑煙。〔……〕一名十八歲的青年，留著長髮，手臂下夾著卷冊，佇立於船舵旁，一動也不動。透過霧氣，他靜靜地看著鐘樓及他不知其名的建築群；接著，他又用最後的一瞥，擁抱了聖路易島、西提島、聖母院；很快地，巴黎漸漸消失，他大嘆了一口氣。」（福樓拜，《情感教育》，S. Dord-Crouslé編，巴黎，弗蘭瑪利翁出版社，2003〔1869〕，頁49）

6 布爾巴基（Nicolas Bourbaki）是一群說法語的數學家在1930年代組成的團體假名，他們以《數學要素》為題出版了一系列的作品。傅柯也在1967年的一次訪談中提到此一團體，他說：「我們所有人的夢想乃是，在我們自己領域裡做出一些像是布爾巴基的事，那是在想像的化名之下研發數學。」（傅柯，〈談寫作歷史的方式〉〔1967〕，收錄於*DE I*，編號48，頁613-628，此處引文出自頁625）。

7 維業特（Jean Viète, 1540-1603）、達朗貝爾（Jean Le Rond通行名為d'Alembert, 1717-1783）、拉格蘭奇（Joseph-Louis Lagrange, 1736-1813）皆為法國數學家。

8 貝爾哲里烏斯（Jöns Jacob Berzelius, 1779-1848）為瑞典醫師及化學家，被視為現代化學奠基者之一。

9 在他編號6的筆記本中，傅柯提議將模仿或仿作實際上當作一種闡述，並且在下一個段落中草擬其特性（參見〈附錄〉，本書頁259）。

10 理念史或心態史利用這些觀念建立起「思想的廣大連續性」，其批判乃是傅柯在《知識考古學》中的主要目標之一（巴黎，伽利瑪出版社，1969，頁9及其後）。傅柯在此指涉的尤其是哈薩德（Paul Hazard, 1878-1944），他由1925年至其亡故，主持了法蘭西公學院南歐及拉丁美洲比較文學史講座。他最有名的著作《歐洲意識危機，1680-1715》（兩卷，巴黎，波旺〔Boivin〕出版社，1935）曾被傅柯提及，那是在一篇為卡西勒著作《啟蒙哲學》所寫的書評，時機是此著作的法譯本的出版（P. Quillet譯，巴黎，法雅〔Fayard〕出版社，1966）；參見傅柯，〈一段仍保持沉默的歷史〉〔1966〕，收錄於*DE I*，編號40，頁573-577，此處引文見頁575。傅柯針對的也是拉夫喬依（Arthur Lovejoy, 1873-1962）的研究，他於1910-1938年間在約翰·霍普金斯大學擔任哲學教授，其於1933年在哈佛大學所發表的著名演講系列收集於1936年出版的《存有的偉大鎖鍊。一個理念的歷史的研究》（劍橋，哈佛大學出版社），他並且在巴爾的摩創立了理念史（History of Ideas）俱樂部（1923）以及《理念史學刊》（1940）。在可上溯至其養成時期的閱讀卡片中，可以發現傅柯對拉夫喬依一篇文章中段落的抄寫，以及他試著將其翻譯的初步嘗試，這篇文章為〈理念史反思〉，出版於之前所提及學刊的創刊號（《理念史學刊》，第一卷，第1期，1940，頁3-23；參看法國國家圖書館，傅柯檔案，編號NAF 28730，第18盒，卷夾4）。在《哲學論述》撰寫不久後，傅柯曾於1967年3月在索邦大學由阿宏（Raymond Aron）主持的研討課上報告，提及「理念史，如同它至今（在巴爾的摩）被實踐的」，並且提到計畫重新描繪其「認識論的構形組合」（法國國家圖書館，傅柯檔案，編號NAF 28730，第55盒，卷夾10）。關於哈薩德及拉夫喬依這兩個參照對於傅柯的重要性，參見西蒙尼塔（D. Simonetta）與維提（A. Vitry）（主編），《理念史與理念史家。人物、方法、問題》，巴黎，法蘭西公學院出版社，2020，頁221-242。

11 傅柯在此指涉的應是蓋爾胡（Martial Gueroult, 1891-1976）和維依芒（Jules Vuillemin, 1920-2001）的進路，之後它們將會在手稿中被提及數次。傅柯在手稿中從未明白地命名他們，而且其對待方式彷彿他們的立場是相重疊的，而這也符合維依芒本人的願望，因他總是宣稱自己是蓋爾胡的弟子。然而，兩者之間仍有差異，而這只有在1980年代維依芒的著作中才變得明顯起來（維依芒，《必要或偶然。迪奧多爾悖論與哲學系統》，巴黎，子夜出版社，1984；同一作者，《什麼是哲學系統？》，劍橋，劍橋大學出版社，1986），不過傅柯在此似乎已經點出：這些差異位於哲學史給予作品獨特性的優先地位，以及哲學系統描述的封閉性，這些系統透過其形式結構展現了它們的統一及內在一致性。這些意見將會在手稿更後段重現，比如在第8章（「論述的兩個模型」，參見頁120-123），以及以更深入的方式再現於第10章（「哲學的描述」，參見本書頁154-159及頁166-169）中，在其中傅柯談及「對於一個哲學進行的闡述，被奇特地稱為它的『歷史』」，而其衡量正是比較他自己的考古學方法及蓋爾胡和維依芒運用的方法（參照本書頁157-158；第8章註4，本書頁307-308及第10章註3，本書頁312-314）。關於蓋爾胡和維依芒觀點之間的關係及差異，亦可參照布福何斯（Jacques Bouveresse），《何謂哲學體系？ 2007-2008年課程》，巴黎，法蘭西公學院出版社，2012。傅柯之所以能將這兩者的進路呈現為相互類似，但又能解明其相互之間的差異，而這在那個時期卻一點也不明顯，此一事實無疑可以由他和維依芒之間的友誼加以解釋，這份友誼在1960年代初期變得更加強烈，因為維依芒在他擔任系主任的克萊蒙－費爾宏大學哲學系為傅柯提供了心理學副教授的職位，而這是在維依芒於1962年獲選為法蘭西公學院認知哲學講座教授之前。如同我們先前已指出的，就在同一個時期，介於出版《笛卡兒的數學與形上學》（巴黎，PUF，1960）與《代數的哲學》（巴黎，PUF，1962）之間的時期，維依芒開始轉變其對哲學系統的反思，相對於蓋爾胡的研究成果，有了他更加個人化的方式；參照史瓦爾茲（Elisabeth Schwartz），「維依芒的《笛卡兒》，以及它對其《代數的哲學》之貢獻」，《哲學研究》，第112期，2015，頁31-50；梅列斯（Baptiste Mélès），〈儒耳・維依芒，馬霞爾・蓋爾胡的非正統弟子〉，《國際哲學評論》，第291期，2020，頁63-76。

12 對於他在這裡所謂的「親密性神話」的最有名批判，傅柯是在他書寫布朗修（Maurice Blanchot）的文本中進行的，「外邊思維」（La pensée du dehors），1966年6月出版於《批評》（*Critique*）期刊（第229期）。傅柯肯定「語言的存有乃是發言者可以眼見的抹除」，所有的主體在語言中只是描繪出一個「文法的皺摺」，並引用布朗修，後者於其《那位沒有陪伴我的人。敘事》一書中將語言形容為「完全位於外部」，並且，正是「沒有親密性」（傅柯，〈外邊思維〉〔1966〕，收錄於*DE I*，編號38，頁546-568，此處引文見頁565）。

13 以可類比的方式，在一份他可能於1967年撰寫於突尼斯的手稿中，傅柯將文學界定為「一個在它自我內部，自行構成其外於語言的向度的論述，這向度脫離語言的掌握，並允許陳述得以存在」。在此文本中，傅柯利用外於語言者（extralinguistique）此觀念來區分文學論述與日常話語和科學論述；在日常話語中，外於語言者乃是外在於語言系統和陳述的，在科學論述中，外於語言者則被中性化，相對地，在文學論述中，外於語言者乃是內在於陳述之中。參見，傅柯，〈文學分析與結構主義〉，前引文，頁250。

14 傅柯在此並未加入他在編號6筆記本中於10月15日建議的變動，參見〈附錄〉，本書頁259。

15 同上。

16 傅柯在此無疑一方面想到了沙特及其1936-1937年的著作，《自我的超越性》（巴黎，弗杭出版社，1992），另一方面則是想到海德格的哲學。

第五章　哲學的與日常的

1 針對當前狀態（actualité）這觀念在「晚期」傅柯思想中扮演的關鍵角色，參見前文，第1章註1，本書頁292-293。

2 維吉爾（Virgile），《艾尼亞斯紀》（*Enéide*），J. Perret法譯，巴黎，伽利瑪出版社，1991。

3 喬依斯（James Joyce），《尤里西斯》，J. Aubert法譯及編輯，巴黎，伽利瑪出版社，2013〔1922〕。

4 布羅克（Hermann Broch），《維吉爾之死》，A. Kohn法譯，巴黎，伽利瑪出版社，1980〔1946〕。

5 塞凡提斯，《拉曼切的唐．吉訶德》，前引書。

6 在他出版於1968年針對認識論學圈（Circle d'épistémologie）的回應中，傅柯又再度提到此一「夢想」，這時他明確地將它連繫於某種將歷史書寫為「連續者的論述」，以及「將人類意識當作是全部知曉及全部實踐的原創主體」的計畫。在這樣一種思想系統中（比如黑格爾的作品便可被辨識為如此），時間「被以整體化方式設想」，而革命「永遠只是一種意識掌握」（傅柯，「論科學的考古學。回應認識論學圈」〔1968〕，收錄於*DE I*，編號59，頁724至759，此處引文出現於頁727-728）。

第六章　哲學論述的誕生

1 笛卡兒思想的中世紀來源，包括意向性概念（尤其是法拉比〔Al-Fārābī〕、阿維森〔Avicenne〕、羅傑．培根〔Roger Bacon〕、多瑪斯．阿奎那〔Thomas d'Aquin〕、鄧斯．司各脫〔Jean Duns Scot〕的作品）及唯名論（尤其是奧坎〔Guillaume d'Ockham〕的作品），成為多少晚近的分析對象。尤其可以提到吉爾森（E. Gilson），《中世紀思想在笛卡兒體系形成裡所扮演的角色之研究》，巴黎，弗杭出版社，1930。

2 傅柯在界定現代知識型的輪廓時，給予李嘉圖（David Ricardo）的經濟學分析具有關鍵地位的重要性，參見，傅柯，《詞與物》，前引書，頁265-275。

3 法蘭西斯．培根，《新工具》，M. Malherbe及J.-M. Pousseur譯，巴黎，PUF，2010〔1620〕。

4 笛卡兒，《精神引導規則》，J. Brunschwig譯，Kim Sang Ong-Van-Cung編，巴黎，LGF，2002〔1628〕。

5 參見，上文，第4章註2，本書頁300。

6 塞凡提斯，《拉曼切的唐・吉訶德》，前引書，第6章，頁437-444。

7 關於「圖書館」的觀念，參見，傅柯，〈無限的語言〉〔1963〕，收錄於*DE I*，編號14，頁278-289，此處引文見頁288-289；亦參見，同一作者，〈距離、面向、起源〉〔1963〕，收錄於*DE I*，編號17，頁300-313，此處引文見頁306：「在〔圖書館〕中，每一本書之製作是為了重拾所有其他書籍、將其消耗、化於沉默、最後前來置身於其身旁——在它們之外、也在它們之間。」

8 塞凡提斯，《拉曼切的唐・吉訶德》，前引書，頁883-889。參見，前文，第4章，本書頁53及本書頁300註2。

9 同上，第二部前言，頁897-900。

10 傅柯，《詞與物》，前引書，頁60-64。

11 伽利略（Galileo Galilei），《有關兩大世界系統的對話》，R. Fréreux及F. De Grandt譯，巴黎，瑟依出版社，2000〔1632〕。傅柯對以下學者的伽利略研究有深刻的認識，包括夸黑（Alexandre Koyré，《伽利略研究》，巴黎，赫爾曼〔Hermann〕出版社，1939）及杜衡（Pierre Duhem，《世界系統。由柏拉圖到哥白尼宇宙論歷史》，10卷，巴黎，赫爾曼出版社，1913-1959），也包括胡塞爾在其《危機》（*Krisis*）中所做研究（《歐洲科學的危機與超越現象學》，G. Granel譯，巴黎，伽利瑪出版社，1976〔1936〕），而這可由其1950年代的書寫及課程中多個引述證實；參見，傅柯，《現象學與心理學，1953-1954》，P. Sabot編，艾瓦德總責，巴黎，EHESS—伽利瑪—瑟依聯合出版，2021，頁27-28、265-266、350-351；同一作者，《人類學問題》，前引書，頁22-27。1961年傅柯還為夸黑寫了一篇書評，評論的是夸黑著作《天文學革命。哥白尼、克卜勒、波瑞里》（巴黎，赫爾曼出版社，1961）：傅柯，〈亞歷山大・夸黑：《天文學革命。哥白尼、克卜勒、波瑞里》〉〔1961〕，收錄於*DE I*，編號6，頁198-199。亦參見，夸黑，〈物體墜落之律則。伽利略與笛卡兒〉，《法國及外國哲學評論》，卷123，第5/8號，1937，頁149-204；同一作者，《由封閉世界到無限宇宙》，R. Tarr譯，第2卷，巴黎，PUF，1962〔1957〕。

12 關於伽利略的柏拉圖主義，參見，夸黑，〈伽利略與笛卡兒〉，收錄於R. Bayer主編，《第九屆國際哲學年會論文集。笛卡兒年會》，第1-3卷，《笛卡兒研究》，第2卷，巴黎，赫爾曼出版社，1937，頁41-46，第11節。

13 關於傅柯認為「小宇宙和大宇宙之間無停歇的互動」乃是十六世紀知識型的特性，參見，傅柯，《詞與物》，前引書，頁45-47。

14 佛洛依德，〈精神分析的一個困難〉〔1917〕，收錄於《全集。精神分析》，第15卷，《1916-1920》，A. Bourguignon及P. Cotet編，系列指導J. Laplanche，J. Altounian等譯，巴黎，PUF，1996，頁43-51。「佛洛依德在某處說道，西方文化有三個自戀方面的傷害：由哥白尼所造成的傷害；當達爾文發現人是由猿猴演化而來時所造成的傷害；最後是佛洛依德本人所造成的傷害，他發現意識依恃在潛意識之上」（傅柯，〈尼采、佛洛依德、馬克思〉，前引文，頁595）。

15 參見上文，第3章註9，本書頁299。

16 「在現代思想中形成的人的存有模式，允許他扮演兩個角色：他同時是所有的實證性的基礎，也臨現於經驗性事物的環境之中，但其方式不能說是具有優先地位」（傅柯，《詞與物》，前引書，頁355）。傅柯提醒這一點並不是指明「人的一般性本質，而只是簡單純粹地〔……〕指出此一歷史先驗，它由十九世紀開始，便成為我們思想接近不證自明的基礎地層」（同上）。

17 法蘭西斯·培根主張觀察及實驗對於科學的進步具有最根本的重要性（培根，《新工具》，前引書）。

18 理查·賽門（Richard Simon），《舊約聖經考證史》，鹿特丹，R. Leers出版，1685；同一作者，《新約聖經諸版本考證史……》，鹿特丹，R. Leers出版，1690；史賓諾沙，《作品集》，第2卷，《神學政治論》〔1670〕，C. Appuhn譯，巴黎，弗蘭瑪利翁出版社，1992〔1965〕。

第七章　哲學的一般布署

1 傅柯在此並未帶入編號4筆記本中於8月21日註記的變動提議（參見〈附錄〉，本書頁254-256）

2 有關闡述和十六世紀百科全書計畫間的關係，參見，傅柯，《詞與物》，前引書，頁49-57。

3 索緒爾（Ferdinand de Saussure）將「語言系統」（langue）界定為一種特定的表意系統，帶有其特定的成規、規則及要素；它構成了「具體言語」（parole）的可能性條件，後者意指使用一語言時的具體生產。相對地，「語言」（langage）指的是一般而言，人透過表意系統（即特定的語言系統）做溝通之心智能力。參見，索緒爾，《一般語言學課程》〔1916〕，C. Bally及C.-A. Sechehaye編，A. Riedlinger協同，巴黎，拜佑（Payot）出版社，1972〔1931年第3版之重印〕，頁27-32。在一個和《哲學論述》大約同一時期的文本中，傅柯如此形容此一區分：「現在您知道我們長久以來區分出語言系統（也就是語言的符碼，它被強加在所有說某一語言的個人之上：字彙、語音學及文法規則等）；接著是「具體言語」，也就是人們在特定時刻實際所說出的（它多多少少符合一符碼，至少足夠到能使得另一位會說或能懂得同一種語言者可以聽懂）」（傅柯，〈文學與瘋狂。〔巴洛克劇場及亞陶劇場中的瘋狂〕〉，收錄於《瘋狂、語言、文學》，前引書，頁89-107，此處引文見頁104）。

4 傅柯在寫這一段落時，想到的無疑各別是笛卡兒、史賓諾沙、休謨、費希特及胡塞爾。

5 笛卡兒，《精神引導規則》，前引書。

6 伍爾夫（Christian Wolff）將理論哲學區分為三個分支：一般形上學或存有論、三個特定形上學（自然神學、心理學及理性宇宙論），以及物理學（伍爾夫，《一般哲學先導論述》，T. Arnaud 等譯，巴黎，弗杭出版社，2006〔1728〕，第92節）。

7 笛卡兒，《形上學沉思錄》，M.-F. Pellegrin編，巴黎，弗蘭瑪利翁出版社，2009〔1641〕；康德，《遺作集》，J. Gibelin譯，巴黎，弗杭出版社，1950〔1920〕。

8 在此段落中，傅柯重新思考康德所設想的理性的二律背反（antinomies），也就是說，當理性無法在兩個相對立的主張之間選擇時，它會落入的矛盾。在《純粹理性批判》一書中，第一個二律背反有關世界的有限性，第二個則關於簡單但不可見的實體存在，第三個關乎自由的存在，第四個則是關於上帝的存在（康德，《純粹理性批判》，前引書，「第二章。純粹理性的二律背反」，A405 / B432 - A567 / B595，頁357-498）。傅柯在此以隱含的方式指涉所有這些二律背反，除了與人之自由有關者。

9 康德主張形上學傳統的「對象」，也就是神、靈魂、世界，實際上完全不是客體，而是幻象，它來自理性受到誘惑，想要認知它完全無法認知的。康德的批判實際上確立的是，只有我們可以加以經驗的客體，才是可能被認知的客體，於是理性中的理念，因為不能符應任何外在客體，便被視為幻象式的概念。參見，康德，〈超越辯證法，第二部分〉，《純粹理性批判》，前引書，A293 / B349 - A704 / B732，頁318-597。

10 一位善意及完美的神的存在，在以無限的理念出發加以驗證之後，顯然允許笛卡兒拒斥懷疑主義，並且能一次即完滿地奠立真實與虛假間的區分。參見，笛卡兒，《形上學沉思錄》，前引書，〈第四沉思〉，頁143-162。

11 參見，上文，本章註6，本書頁306。

12 坎特伯里的安瑟莫（Anselme de Cantorbéry）在中世紀形塑出一種本體論論證版本，此論證目標在於由其存有的定義出發來證明神的存在，它對後世具有可觀影響力（安瑟莫，《證據，附顧里龍對它的駁斥及安瑟莫的回應》，B. Pautrat譯，巴黎，弗蘭瑪利翁出版社，1993〔1077-1078〕）。不過，傅柯在此想到的似乎是笛卡兒在其《方法論》中發展出的本體論論證（前引書，頁33-36），以及其《形上學沉思錄》中的第五沉思（前引書，頁163-177）。

13 就傅柯對於古典時期知識型的分析中，再現所扮演的首要角色，參見，傅柯，《詞與物》，頁60-91。

14 參見，上文，本章註9。

15 胡塞爾，《邏輯研究》，H. Elie，A. L. Kelkel及R. Sherer譯，3卷，巴黎，PUF，1959-1963〔第二版，1913〕。

16 此點參見，上文，本書頁28，第一章註3，本書頁293-295及本書頁152。

第八章　論述的兩個模型

1 傅柯在此對於哲學論述所下的定義，非常地接近他在《詞與物》中對「歷史先驗」（*a priori* historique）所下的定義：「在每一個特定的時代，在可能知識的經驗場域做出劃分，界定在其中出現的客體的存有模式，為日常目光裝備理論力量，並且界定在其中可以對事物持有被公認為真實論述的條件。」因此，歷史先驗對傅柯而言，允許特殊系統、理論、分析「形成散失的、獨特的以及殊途發展的計畫」（傅柯，《詞與物》，前引書，頁171）。

2 參見，上文，本書頁104-108。

3 參見，上文，第6章註16，本書頁305。

4 在提出在哲學論述作用之內選擇點的分布問題時，傅柯強調他的考古學方法和蓋爾胡及維依芒的進路之間的差異：考古學的目標是在決定哲學描述的論述性和歷史性的可能性條件，後兩者的進路則請參見前文第4章，註11，本書頁301-302及第10章，註3，本書頁312-314。蓋爾胡認為，每一件哲學作品，依據「理性的秩序」（l'ordre de la raison），遵循著一個獨特的「建築組織結構」（structure architectonique），它來自其論證的推論過程，而它作為證成的手段，確保其有效性並形成「體系」。對於哲學史家而言，這些建築組織結構具有無可比擬的價值，因為一套哲學的有效性，其衡量比較不是以它的陳述處理外在現實時能將它們奠基於真實的能力，那毋寧是依照其結構的內在一致性，而這對哲學史家而言，構成了每一套哲學的「真實」本身。更進一步，既然每一套哲學相對於外在現實之有效性或真實宣稱在此受到懸置，這些遞隨出現的學說並不能使得它建築組織結構的現實性（réalité）失效——這裡便標記了哲學與科學的不同。建築組織結構在其特有的自主性中，乃是「獨立於時間之外」，以及對它來說是異質的任何歷史因果之外。根據蓋爾胡，哲學史家因而必須針對每一個作品特有的建築組織結構，如同在其中顯現的學說或體系，考量其無可化約的複數性，也就是將它們當作是「紀念碑」（monuments）；參見，蓋爾胡《講座開啟課程》，於1951年12月4日於法蘭西公學院哲學系統的歷史與技術講座講授（巴黎，法蘭西公學院出版社，1952）。此一進路明白地將哲學史學家的實作轉向於個別作品的專題研究，因為作品具有了解選擇點多樣性的優先地位，而這些選擇點乃是由它動員的證明手段所給予的，也是透過它們作品才具有其獨特性。面對蓋爾胡的方法所提出的選擇點複多性，維依芒卻認為有可能比較不同的建築組織結構，以及和它們相應的哲學學說及體系。這裡涉及的乃是將選擇點移動到更上一層的層次，這層次的特質是一「封閉條文」（clause de clôture），後者受到一數量有限的宣講形式（formes de prédication）系列所決定，這形式即語言對於可感世界產生肯定的程序；每一個哲學體系如此便能以一小數量的集合（classes）來研究，而每一個集合對應一單獨的宣講形式。此一移動，受助於英美語言哲學以及數理邏輯的形式化工具，允許維依芒針對複多的體系演繹出一先驗的分級系統，在當時為其《代數的哲學》第二卷提供形式，但此書卻一直未曾出版。雖然傅柯區分了蓋爾胡及維依芒的進路，卻是將它們放置於同一層次，也就是哲學史最明顯可見的一層，而他自己發展的，卻是此一歷史的**可能性條件**的考古學分析（參見，下文，第10章，「哲學的描述」，頁237及其後續，特別是本書頁165-166。以別的角度來說，傅柯針對蓋爾胡及維依芒所持的批評在於，顯示選擇點乃是有階序地分布在哲學論述作用方式的不同層次中，並且是根據它特有的限制，但不會對應到蓋爾胡所說的不可化約的複多或像是「紀念碑」一般的不連續作品，或是維依芒提出的先驗分組系統內部的封閉性（參看，本書頁154-158與頁166-169）。

5 笛卡兒，《哲學原理，第一部》，C. Picot譯，新譯者D. Moreau，X. Kieft編，巴黎，弗杭出版社，2009〔1644〕；史賓諾沙，《倫理學》，B. Pautrat譯，巴黎，Points，2014〔1677〕。

6 康狄亞克（Etienne Bonnot de Condillac），《帕爾瑪親王教育指南》（*Cours d'étude pour l'instruction du prince de Parme*），16卷， 巴 黎，Hachette Livre-BNF，2013-2020〔1775〕；德．崔希（Antoine-Louis-Claude Destutt de Tracy），《全集》，3-6卷，《理念學要素》（*Eléments d'idéologie*），C. Jolly編，巴黎，弗杭出版社，2012-2015〔1803-1815〕。

7 拜爾（Pierre Bayle），《歷史與批判辭典》，3卷，巴黎，Hachette Livre-BNF，2020〔1702〕；狄德羅與達朗貝爾，《百科全書：科學、藝術與手藝的辭典》，2卷，A. Pons編，巴黎，弗蘭瑪利翁出版社，1986〔1751-1772〕。

8 在構成其1970年代上半的系譜學分析要點之前，傅柯也於下面的課程中提出這項問題：「西方現代思想中人的地位」，這是他於1966-1968年之間在突尼斯大學講授的課程。他尤其針對「十九世紀道德意識圈環」來發展之，而在此圈環中有「布爾喬亞意識」和「普羅意識」相互對立（法國國家圖書館，傅柯檔案，編號NAF 28730，第58盒，卷夾2，將出版於「法蘭西公學院之前的傅柯課程及研究成果」〔Cours et travaux de Michel Foucault avant le Collège de France〕系列，如同目前這部課程）。

9 傅柯將「有限性分析」界定為利用「人之存有」以「在其實證性中奠基所有向人指明他並非無限的所有形式」所達成的作為（傅柯，《詞與物》，前引書，頁323-329）。

10 在他於里爾（Lille）大學及高等師範學院1954-1955年的課程中，傅柯對於異化（aliénation）和去除異化（désaliénation）的問題進行了長段分析，課程的主題是「人類學作為批判的實現」，課程主要解析的是黑格爾、費爾巴哈（Ludwig Feuerbach）及馬克思的作品（傅柯，《人類學問題》，前引書，頁83-119）。在《詞與物》一書中，有限性及人之存在的分析，對於目標在重建形上學形式的嘗試企圖，發揮了批判的作用。在這個嘗試企圖之中，傅柯提到「由工作解放人，並且往後使人得以由工作中解放之形上學」，它之後會由有限性分析本身重拾，而且被揭發為「受異化的思想及意識形態」（同一作者，《詞與物》，前引書，頁328；參見，本書143-145及第9章註7，本書頁310）。在其突尼斯課程中，傅柯再一次提出黑格爾主義的問題，認為它「代表一種在古典哲學的語言中思考現代哲學論述的方式」，而這是透過絕對知識、異化及辯證法概念，它的目標是「解放一個隱藏」於歷史之中並受它包裹的「意義」。異化的概念將在十九世紀重拾於布爾喬亞與普羅階級意識的對立之中，兩者並以它們各自的方式操作瘋狂與犯罪的混淆。在這個框架中，異化概念的作用是將罪犯同化於瘋人，將經濟性及社會性的異化同化於心智疾病中的錯亂（aliénation），由此造就了「異化這個字眼在所有這些混淆之中的危險閃爍及其曖昧光輝〔……〕」（法國國家圖書館，傅柯檔案，編號NAF 28730，第58盒，卷夾2，〈西方現代思想中人的地位。突尼斯課程，1966-1968〉，即將出版）。這個問題已出現在《心智疾病與人格》（*Maladie mentale et Personnalité*）（巴黎，PUF，1954，頁76-90）第5章的核心之中，而數年之後，在此書出版於1962年的新版本《心智疾病與心理學》（*Maladie mentale et Psychologie*）（巴黎，PUF，1962，頁76-89）中有了深度的調整變化。對於此一調整變化的重要性，參見馬謝黑（Pierre Macherey），「在『瘋狂史』的源頭：一個更正及其極限」，《批評》，第471-472期，1986年8-9月號，頁753-774。

第九章　哲學、形上學、存有論

1　由這一章開始，如同他在編號4筆記本1966年8月21日筆記中所記的，傅柯以「隱含」（implicite）取代之前的「潛意識」（inconscient）（參見〈附錄〉，本書頁255）。

2　由於他將「康德的作品」置於「整體西方哲學的重心」（參看，上文，本書頁114），傅柯將分離哲學論述兩個模型（再現的形上學與人類學）間的不連續性，與他在《詞與物》中分辨出的古典時期與現代時期之間知識型間的不連續性相互對齊。稍晚之後，在其突尼斯的課程中，當問題是在於解釋哲學論述「人類學—人文學科」構形組合如何在西方現代文化中作用時，對於傅柯而言，反而是黑格爾的思想構成了特殊形上學（*metaphysica specialis*）與人類學之間的關鍵轉折（法國國家圖書館，傅柯檔案，編號NAF 28730，第58盒，卷夾2，〈西方現代思想中人的地位。突尼斯課程，1966-1968〉，即將出版）。

3　在《論排列組合藝術》（*Disssertatio de arte combinatoria*，萊比錫，J. S. Fikium與J. P. Seaboldum，1666）中，萊布尼茲發展出一套邏輯系統，其基礎假設在於所有在語言中現身的概念，乃是衍生於數量有限的簡單元素之間的排列組合。

4　柏克萊，《人類認知原理》，D. Berlioz譯，巴黎，弗蘭瑪利翁出版社，1991〔1710〕。

5　笛卡兒，《形上學沉思錄》，前引書，「第一沉思」，頁79-90。

6　同上，「第三沉思」及「第四沉思」，頁109-162。

7　傅柯一方面將「再現和無限的形上學」對立於「有生命之存有、人之慾望及其語言的字詞的**分析**」，另一方面又將其對立於「人之有限性及人之存在的**分析學**，以及〔……〕形成一生命、工作及語言之形上學的持續嘗試企圖」（傅柯，《詞與物》，前引書，頁328，強調為原文所加）。在其觀點中，前者構成古典知識型的特性，後者則構成現代知識型的特性。

8　康德，「第一版〔1781〕序言」，《純粹理性批判》，前引書，AVII-X，頁31-33。

9　先驗綜合判斷（比如數學判斷）對於康德而言是普遍且必要的，因為它們獨立於經驗之外，並且排除性地只奠基於理性（先驗），然而同時也是給予訊息的，因為它們延伸了我們的認知（綜合）。提出這種判斷的可能性於是意味著提問，思想在沒有經驗的協助之下可以如何地進展：「經驗，作為經驗性的綜合，在其可能性之內作為認識的唯一模式，給予了另一個完全不同的綜合實在性，而此一綜合作為**先驗**認知，其唯一的真實（與客體的相符），只在於它的內容只對於一般經驗的綜合統一是必要者。〔……〕在此方式之下，**先驗**綜合判斷才是可能的，這時我們將**先驗**直覺、想像綜合及它在超驗覺察中的必要統一帶向一可能的一般經驗性認知，並且我們說：**一般經驗的可能性條件**，同時便是**經驗客體的可能性條件**，也因它們如此，在一**先驗**綜合判斷中有其客觀的有效性」（康德，《純粹理性批判》，前引書，A157 / B196-A157 / B197，頁204-205，強調為原文所加）。

10 在兩篇前言（1781年版及1787年版）及導論之後，康德《純粹理性批判》包含「要素的超驗理論」及「方法的超驗理論」兩部分。「超驗感受論」對應「要素的超驗理論」的第一部分，「超驗分析」及「超驗辯證」則組成「超驗邏輯」的兩個「分部」，而它們構成了「要素的超驗理論」的第二部分。參見，傅柯，《詞與物》，前引書，頁314-354。

11 在他生命的後期，傅柯越來越明白地訴求他自己的哲學研究對於康德的繼承。然而，他所指涉的比較不是寫作《批判哲學》的康德，而毋寧較多是寫作〈何謂啟蒙？〉（*Was ist Aufklärung ?*, 1784）及《學院的衝突》（*Conflits des facultés*, 1798）的康德。在這些年歲裡，傅柯數度將康德呈現為由十九世紀起「分享現代哲學的」兩大「批判傳統」的肇啟者；一方面是一「真實的分析學」，提出「真實認知之所以可能的條件為何的問題」；另一方面，則是一「現今的存有論」或一「關於我們自己的存有論」，提出當前狀態為何及「可能經驗的當前場域」的問題。傅柯的結論是：「我嘗試在其中工作的，便是此一哲學形式〔當前狀態的存有論〕，它由黑格爾到法蘭克福學派，中間經過尼采及韋伯（Max Weber），建立了一種反思的形式」（傅柯，〈何謂啟蒙？〉，前引文，頁1506-1507）。

12 關於類同的主張，參見，傅柯，《詞與物》，前引書，頁260-261；傅柯在其中主張，由康德開始，一方面提出「形式性場域和超驗性場域之間關係的問題」，另一方面也提出「經驗性領域及認知的超驗奠基之間關係的問題」。第一種形式的哲學顯現於「費希特的作為，超驗領域的全體乃是生成性地演繹自思想純粹、普遍及空虛的律則」，而第二種形式首先與「黑格爾現象學」一起出現，後來兩者皆出現於胡塞爾的作品中，企圖「將一形式邏輯的權利及界限定錨於一種超越類型的反思之中，另一方面，也連結超越主體性於經驗內容隱含的地平，這是只有此主體性有可能透過無限解明才能形成、維持及打開的」。

13 由費希特發展出來的哲學體系，*Die Wissenschaftslehre* 名稱直譯為「科學學說」（doctrine de la science），其奠基為一純粹主體性概念，或說「絕對的我」，也就是說我的自我定位（我等於我），參見，費希特，《第一哲學作品選集》，「知識學說」（1794-1797），增訂第三版，A. Philonenko譯，巴黎，弗杭出版社，1990。

14 參見，胡塞爾，《歐洲科學的危機與超越現象學》，前引書。

15 同一作者，《笛卡兒沉思。現象學導論》，新版本，Emmanuel Levinas及G. Peiffer譯，巴黎，弗杭出版社，1992〔1931〕。

16 「我們看到胡塞爾在相當晚之後對於現象學所設定的任務，就其最深沉的可能性和不可能性而言，乃是和十九世紀建立起來的西方哲學宿命相連」（傅柯，《詞與物》，前引書，頁261）。傅柯曾在1950年代上半對胡塞爾的現象學進行一系列非常細節化的分析；參見，傅柯，《現象學與心理學》，前引書。

17 有關海德格的指涉；參見，本書頁28，第1章註3，本書頁293-295，及頁105。關於這一點，傅柯應是同意維依芒的主張，後者認為海德格與其說是印記了形上學的終結，毋寧只是構成一將自然與自由對立的「後康德式的位移」，而此一對立早已為黑格爾所揭發，這使得海德格實際上成了一位康德的「繼承人」。參見，維依芒，《康德的遺產與哥白尼的革命。費希特，科恩，海德格》，巴黎，PUF，1954。在存於法國國家圖書館的檔案中（傅柯檔案，編號28730，第37盒，卷夾44），可以找到傅柯寫下參加包弗瑞有關康德課程的筆記，其中即參照維依芒針對於海德格對康德詮釋的主張。在1965年2月他和巴迪烏（Alain Badiou）所做的訪談中，傅柯重新回到此一對胡塞爾及海德格的影射，談話主題則是有關「在西方與希臘思想一起誕生的哲學古老任務」：在此傅柯已宣告了《詞與物》中的計畫，主張哲學與心理學之間的關係乃是在一人類學之中受到組構，而此人類學是在一「確實具哲學性質的結構」中被設想，它受到「人的有限性」所界定，並且因為它，哲學和人文科學間的纏結構成了「我們也許必須同時思考的現在、我們所在的這裡，以及，一般性地，未來的年代」（傅柯，〈哲學與心理學〉〔1965〕），收錄於*DE I*，編號30，頁466-476，此處引文見頁467-468及其後）。

第十章　哲學的描述

1 關於選擇點及封閉性原則，分別參見，上文，本書頁172及其後，第8章註4，本書頁307-308；本書頁58-59，及第4章註11，本書頁301-302。

2 關於蓋爾胡及維依芒將哲學描述為哲學系統，參見上文本書頁59及第4章註11，本書頁301-302；及本書頁121第8章註4，本書頁307-308。

3 「概念的純粹建築架構」及「形成一公理系統的根本命題組合」各別指涉蓋爾胡和維依芒各自的方法，「無限定地調整變化的獨一體驗」則指向各廣大的諸立場整體。在手稿之後的部分（本書頁160及其後），傅柯將此「體驗」和哲學史一巨大形式相連結，其出現更早於蓋爾胡和維依芒所設想的系統，而這兩位明白地與之對立。在其法蘭西公學院《講座開啟課程》(前引書)中,蓋爾胡批評哲學史諸進路中「過度的主觀主義」,其基礎是哲學家的直覺,不論其性質是精神性的或心理性質的,或甚至是重疊於「歷史的精神進程,最後達致於形成某一世界觀(*Weltanschauung*)」,這一路線受浪漫主義啟發,而柏格森與吉爾森(Etienne Gilson)皆名列其中(同上,本書頁40;亦參見下文,第10章註8,本書頁316-317)。也就是在此一脈絡下,二次大戰後,發展出圍繞著我思(*cogito*)的著名論戰,其對立的兩方分別是蓋爾胡與阿爾其耶(Ferdinand Alquié),以及他們實踐哲學史的不同方式;參見,阿爾其耶,《笛卡兒作品中人的形上學發現》,巴黎,PUF,1950;同一作者,《笛卡兒其人與其作品》,巴黎,Hatier-Boivin出版社,1956;蓋爾胡,《笛卡兒:依照理性的秩序》,共2卷,巴黎,Aubier出版社,1956。這兩位在1956年於華歐蒙(Royaumont)的笛卡兒研討會中有過劃時代的對峙(華歐蒙哲學研討會,《笛卡兒》,巴黎,子夜出版社,1957);對此辯論的整體性探討,參見馬謝黑,《笛卡兒爭論》,Villeneuve-d'Aacq,Septentrion大學出版社,2014,頁13-32。在《笛卡兒其人與其作品》一書中,阿爾其耶所提出的笛卡兒思想解讀是由「人的體驗」出發,強調一「人透過它和真實產生接觸的垂直向度」的重要性,以便「將其體系重置於其誕生的具體現實中,因為笛卡兒為了向我們託付他的思想,相信有必要和我們敘說它們的歷史」(前引書,頁13)。於是便有需要將歷史及實存體驗的「具體現實」重置於「一個思想在其中發展的時間序列」(同上,頁8)。換句話說,這裡涉及了在個人衍變意義下重構一段歷史,或甚至是採取研究其存在的意義,以顯示笛卡兒特有的論證秩序和其個人體驗的相互交纏,並不能以邏輯順序加以重新引導。這樣的觀點,阿爾其耶認為,允許強調蓋爾胡所實踐的哲學史有其限度:「哲學史學者,研究學說更甚於人,理念更甚於思想,對於人是透過什麼樣的步驟成為哲學家,一般來說並不賦予重要性。這樣的步驟對他們來說,乃是理所當然的,而每一位思想家會在一段歷史中找到位置,在其中透過一持續的前後傳承,學說產生了學說」(同上,頁93)。在戰後,此一辯論所處的框架明顯是現象學及存在主義,而青年傅柯和其接觸,不只是透過海德格在法國的接受,也透過梅洛—龐蒂及顧希耶(Henri Gouhier)的中介。在法國國家圖書收藏的檔案(法國國家圖書館,傅柯檔案,編號NAF 28730,第37盒)中,存有許多可上溯到傅柯哲學養成年代的文件,其中有許多卡片是閱讀筆記,包括梅洛—龐蒂有關於科學、知覺和現象學的課程及研究成果(卷夾11及19),及顧希耶有關心理學、形上學、孔德與柏格森的課程及研究成果(卷夾21、26及29)。在他1947-1948年間於高等師範學院講授的課程,主題是笛卡兒對於身心結合所發展出的問題,梅洛—龐蒂主張

「哲學史的客觀性只出現於主體性的施行運作」（梅洛—龐蒂，《馬勒布蘭許、布里安及柏格森作品中的身心結合。梅洛—龐蒂高等師範課程筆記，1947-1948》，J. Deprun編，巴黎，弗杭出版社，1968，頁11）。此一進路將會鼓勵傅柯將其對心理學和人文科學的興趣轉向一篇和後笛卡兒有關的副博士論文（參見，艾希邦，《傅柯傳》，前引書，頁74），而這主題促使傅柯接觸顧希耶，後者對哲學史的進路使哲學和一「世界觀」相符，也符應於人是受到他時代的問題召喚才走向成為哲學家。他在1961年出版有關笛卡兒的書，實際上由「兩個預設」所支持：一方面，「哲學如果不指涉某一世界觀並作為其表達便沒有意義」，另一方面，「哲學史因哲學家而存在，他們是發言者〔……〕。言語因而使哲學家介入它的時代」（顧希耶，《笛卡兒的形上學思想》，第4版，巴黎，弗杭出版社，1987〔1962〕，頁9-12）。1961年，顧希耶以哲學史專家的身分，擔任傅柯博士論文答辯審查委員並擔任委員會主席，而且有撰寫答辯報告的任務；他和其他審查委員一樣，承認《瘋狂與非理性》的原創性和優點，但也注意到，傅柯使用文本時，包括引述笛卡兒的《沉思錄》，比較不是以「註釋者和歷史學者」的態度，而是根據形成他自己的哲學立場的需要，而這立場涉及「對於『瘋狂的體驗』給予正面的價值，這使得他「在意識中」尋求「一個時代的人們對於瘋狂所形成的理念，以及〔決定〕『古典時期』的數個心智『結構』」（艾希邦，《傅柯傳》，前引書，頁198-199）。

4 傅柯在此指涉一個由諸觀點（perspectives）形成的群組，它從馬克思和恩格斯開始，即一方面致力於將哲學描述為一種意識型態的移轉，以確保生產關係的再生產，另一方面，預設存有一種真實或科學的論述（政治經濟學論述），它外於哲學論述，但有能力拆穿哲學和它只是其表達或反射者的關連。除了針對一廣義的馬克思主義觀點中有關哲學的意識型態地位（此觀點在當時因為葛蘭西的選文翻譯而更加豐富〔參見，《葛蘭西》，J. Texier編，巴黎，Seghers出版社，1966〕），傅柯在此也涉及他和阿圖塞進路間的距離，雖然後者對於他形成其反人文主義立場在多方面具有決定性（參見，傅柯，《與瑪德蓮・夏培爾訪談》〔1966〕，收錄於*DE I*，編號37，頁541-546，此處引文見頁544），而且，自從他在高等師範學院的養成年代開始，傅柯一直和阿圖塞保持著個人的關係。傅柯在此針對的，顯然是阿圖塞的觀念「認識論斷裂」（coupure épistémologique），意指理論性轉化的實踐，「它奠立一科學，使之脫離其過去的意識型態，並且將此過去彰顯為意識型態的」（阿圖塞，《擁護馬克思》（*Pour Marx*），巴黎，F. Maspero出版社，1965，頁168；參見，傅柯所撰導論，《知識考古學》，前引書，頁12）。在其《詞與物》一書中，傅柯已經批評過馬克思在十九世紀政治經濟學中導入一認識論斷裂這看法（前引書，頁237-275）。在1967年的一次訪談中，他又回來談將他和阿圖塞分開的此一「明顯差異」，但藉此機會，他也承認「阿圖塞在《閱讀資本論》（*Lire "Le Capital"*）開頭時所發展出的歷史觀念有其可觀的貢獻」，的確便是在「人的歷史和政治意識中」，「馬克思主義的社會理論肇啟了一個完全新穎的認識論場域」（傅柯，〈論書寫歷史的方式〉，前引文，頁615；亦參見同一作者，〈訪談傅柯〉〔1968〕，收錄於*DE I*，編號54，頁679-690，此處引文見頁681）。這其中的一些主張在傅柯撰寫《哲學論述》不久後，於突尼斯大學講授的課程中重拾，尤其是當他處理西方現代文化裡，哲學論述中人類學—人文主義結構運作方式的問題時（參見，法國國家圖書館，傅柯檔案，編號NAF 28730，第58盒，卷夾2，〈西方現代思想中人的地位，突尼斯課程，1966-1968〉，出版中）。

5 此處指的是黑格爾，傅柯將他界定為「第一位哲學史家」，目標是主宰世界及歷史「於一普遍知識形式之下，但它有主體性的形式，而且在我們面前發現此一世界屬於我們——這樣的一種知識，黑格爾在其中辨認出此一他讓自己將它發展至完成任務的印記」（參見，法國國家圖書館，傅柯檔案，編號NAF 28730，第70盒，卷夾3，〈笛卡兒〉）。

6 重要的是要注意到，傅柯將這些類型學形式設想為哲學論述本身的考古學描述的功能性時刻。這意味著這些形式出現的年代時序，並不會排除某些符應不同類型的哲學史的論述作用，可以在一個受決定的歷史—哲學的進路中被組合在一起，如同在希波利特（Jean Hyppolite, 1907-1968）的作品之中那樣。當希波利特於1969年逝世時，傅柯在對他的致敬中說他「樂於將自己的事業和兩部偉大的作品相較量，而他也在其法蘭西公學院的講座開篇課程中向它們致敬。一是梅洛—龐蒂的作品，那是對意義及存在源初發聲的追尋；另一是蓋爾胡的作品，是對哲學一致性及結構公理性質的分析。在兩個參照之間，希波利特的作品由初始以來，總是——在一個同時是哲學的及歷史的論述中——命名及顯現一個點，在那裡，生命的悲劇性是在一邏各斯中得到意義，一個思想的生成成為一系統的結構，存在本身被組構於一邏輯之中。介於梅洛—龐蒂式的前論述體驗的現象學，以及哲學體系知識論——如同在蓋爾胡作品中出現的——希波利特的作品可以被解讀為一個具有哲學嚴謹性的現象學，或像是經過哲學反思的存在認識論」（傅柯，〈尚·希波利特。1907-1968〉〔1969〕，收錄於*DE I*，編號67，頁807-814，此處引文見頁810-811；亦參見，希波利特，〈法蘭西學院講座開啟課程〉，1963年12月19日，收錄於《哲學思想的形象。希波利特寫作集，1931-1968》，巴黎，PUF，1971，卷II，頁1003-1028）。有關傅柯與希波利特之間的關係，亦參見，下文，第11章註5，頁318-319。

7 傅柯在此指涉的見解，亦可在蓋爾胡及維依芒的作品中見到，但稍有不同，此即一個哲學作品或體系的有效性，可以由其證明手段給定，而這重建了傅柯所謂此作品的「邏輯冑甲」（參見，上文，本書頁160）。維依芒特別投入此一路線，並以邏輯—數理的形式化來調變一哲學的有效性問題，他也求助於英美的語言哲學（參見，上文，第8章註4，本書頁307-308，不過他也感嘆在法國的哲學脈絡中，此語言哲學幾乎完全不被認識——除了班文尼斯特之外；參見，維依芒，〈一名法國人是否仍有可能理解英國哲學家？〉〔1966-1967〕，B. Mélès編，《哲學研究》，第112期，2015，頁9-30。即使較晚之後，他終究承認哲學中的決定並沒有理性的標準，在《康德的物理學和形上學》（巴黎，PUF，1955）一書中，維依芒主張「哲學本身是一種科學」（頁3），而在《代數的哲學》之中，他則提議「利用數學認識的類比來盡可能批判、改革、界定理論性哲學的特有方法」，這使得他訴求一「數學和哲學方法上的共同」，使這兩者皆受公理方法的管轄（同上，頁5）。針對這一點，參見布福何斯，〈何謂哲學系統？〉，前引文，尤其是〈課程8。如何在系統之間做選擇〉。傅柯本人承認，在尼采所見證的哲學論述突變之後，數學很可以隸屬於「哲學動作」，並且透過這種途徑，尤其是透過語言的形式結構的描述，參與一種廣義的結構主義，並與一有能力診斷當前狀態的哲學相疊合；參見，傅柯，〈哲學允許診斷什麼是『今日』〉，前引文，頁608及後續。然而，傅柯認為，邏輯—數理描述所帶來的益處不能使維依芒有權將哲學論述化約或使它臣服於和科學論述或公理方法有效性同樣的判準。實際上，這些判準的應用，之所以有可能，乃是來自消除科學論述和其「現在」之間的關係，並且因而忽略了傅柯所認為的哲學及陳述具有的特質。換句話說，傅柯設立了一個明確的不連續性，而這是建立於哲學的**理論性**地位（只和其形式有效性和「純粹認知」有關），以及哲學的**論述性**地位（朝向它的「現在」的外部性開放，此外部性折曲了它的運作方式，並對它提出哲學論述和其他類型論述的非哲學之間關係的問題）之間。對於哲學作為系統描述的此一批評，在第12章（「在尼采之後思考」）被重拾，那時針對的是邏輯實證論的嘗試，它企圖回應尼采所操作的「哲學論述之解體」（參見，本書頁196及頁198-199）。至於同時代更廣大的脈絡，則是當時有關哲學和科學各自地位問題的辯論，參見以下人物在1965-1966年〔法國〕教育廣播—電視系列節目中的討論：傅柯、巴迪烏、康居廉（Georges Canguilhem）、德雷福斯（Dina Dreyfus）、希波利特及呂格爾（Paul Ricœur）：傅柯，〈哲學與真實〉（1965），收錄於*DE I*，編號31，頁476-492。

8 關於哲學史中哲學作為前論述體驗，並達致一「世界觀」，參見上文，本書頁158，及註3，本書頁312-314；本書頁160，及註6，本書頁315。在其養成時期，傅柯曾關注過狄爾泰（Wilhelm Dilthey）及雅斯培的世界觀（*Weltanschauung*）意念；參見，法國國家圖書館，傅柯檔案，編號NAF 28730，第37盒，卷夾49及42，特別是有關狄爾泰《世界觀的類型及其於形上學系統中的形成》（1911）及雅斯培《世界觀的心理學》（1919）。在其1954-1955年的課程中，傅柯回到狄爾泰「世界觀」觀念，並且主張：「如果生活（*Leben*）的確是由〔此〕超越性地層出發使世界得以成為世界〔……〕，狄爾泰的不幸在於在此進路之上疊加了『世界觀』的心理學生成，並且是以意志、再現及感情構成了心理學三項組作為人性之特質」（傅柯，《人類學問題》，前引書，頁130）。德斐在他建立的「年表」中提醒道，1967年傅柯在由雷蒙・阿宏主持的研討課中曾做過報告，在其後的討論中，阿宏強烈堅持將「知識型」等同於「世界觀」，而這促使傅柯後來在《知識考古學》中放棄使用這項概念（德斐，〈年表〉，前引文，頁39）。實際上，在他出版於1969年的書中，傅柯寫道：「我所描述的關係，其價值在於描述一特定的構形組合（configuration）；這不是用來描寫一文化臉孔全貌的符號。『世界觀』的友人將會失望；我所進行的描述，我堅持這和他們喜歡的類型不同。在他們看來是空缺、遺忘、錯誤，對我而言，乃是刻意及方法性的排除」（傅柯，《知識考古學》，前引書，頁207；亦參看，更晚之後，同一作者，〈文化問題。傅柯與普列提的一場辯論〉〔1972〕，收錄於*DE I*，編號109，頁1237-1248，此處引文見頁1239）。

9　1967年3月17日，傅柯在阿宏於索邦大學主持的研討課所做報告中，回顧了蓋爾胡的研究工作，更精確地說，探討了作品的個別性，以及在不同作品之間，導入一個前論述或外於論述的元素。在特別將蓋爾胡的方法與理念史方法（參見，上文，第4章註10，本書頁301）相連繫之後，傅柯分析了他所指稱的「作品的一致性原理」，而這允許他「描述一個陳述能夠產生另一個陳述方式，這就像是透過連接相續的轉化，人們可以遍歷整部作品」（法國國家圖書館，傅柯檔案，編號NAF 28730，第55盒，卷夾10）。由此產生了下面的問題：一旦「人們超越了作品的界限，〔……〕數個這些單位（作品）共通的現象，應該要在一個不再是陳述所屬的領域中受到描述、分析、解釋〔……〕。這個原理，便是過渡到外於論述者的律則。」特別設想此一達致外於論述者的過渡的方式，傅柯離開了蓋爾胡與維依芒所提出的解決方法，他認為，論述達致外於它本身的過渡，其解決應該比較是透過他在手稿之後所指稱的「檔案—論述」之文化構形組合的「內在民族學」（參見，下文，第14章，本書頁226）。然而，他對蓋爾胡所持的保留，將在《知識考古學》導論中被擱置，在其中，傅柯指出蓋爾胡是開始打破理念史重大連續性的史學家之一，並且呈現了不連續性的元素，它們的組成在於「系統的組織建築單位，〔……〕而對於它們而言，影響、傳統、文化延續性的描述並不適切，而適切的毋寧是內在的一致性、公理、演繹連鎖、相合性的描述」（傅柯，《知識考古學》，前引書，頁11-12）。

10 對於「為了哲學家而產生的歷史神話」，傅柯宣稱「很高興，如果我殺了它」，方法是透過《詞與物》，參見，同一作者，〈傅柯回應沙特〉，前引文，頁694-695。

第十一章　新的突變

1 在1970及1980年代傅柯的研究工作中，重溯真實（vérité）的歷史——或是其「政治史」——扮演了根本的角色。參見，例如，傅柯，《知識的意志課程。法蘭西公學院課程，1970-1971》，巴黎，EHESS—伽利瑪—瑟依聯合出版，2011，頁195-210；同一作者，〈真實與司法形式〉〔1974〕，收錄於DE I，編號139，頁1406-1514；同一作者，《精神醫療的權力》，前引書，頁235-239；同一作者，《性史，第1卷，知識的意志》，巴黎，伽利瑪出版，1976，頁80-81；同一作者，《主體詮釋學》，前引書，頁15-20。

2 德．崔希，《理念學要素》，前引書。

3 孔德，《實證哲學課程》，2卷，C. Le Verrier編，巴黎，Classiques Garnier，2021〔1830-1842〕。

4 黑格爾，《哲學科學百科全書》，3卷，B. Bourgeois譯，巴黎，弗杭出版社，1970-2004〔1817〕。

5 在導入尼采思想中出現的哲學論述新突變之前，傅柯為作為哲學危機特性的兩個不連續性要點，建立了它們之間的關係：一方面是哲學和其當前狀態間的關係轉化，另一方面，則是哲學與非哲學關係間的調整變動。圍繞著這兩項要點，數年後，傅柯重新建立了希波利特知識歷程，並於高等師範學院對他的致敬活動中發表；希波利特於1954-1963年間擔任高師校長，之後，接替蓋爾胡，受推選於法蘭公學院主持哲學思想史講座（傅柯則於1970年被推選，接續他主持思想系統史講座）。這一點讓我們能更好地定位傅柯以考古學角度呈現的突變影響範圍。自從對黑格爾《精神現象學》的翻譯（2卷，巴黎，Aubier，1939-1941）開始，希波利特便以actuel（當前）翻譯黑格爾作品中的*wirklich*，傅柯在其對希波利特的致敬中提出，這一點使他與「哲學思想」的理念符應「在所有系統中——不論它顯示的完成度有多高——溢出、超出它的事物，並將它和哲學本身置於一個同時是交換及缺乏的關係之中〔……〕；〔這便是〕它的未完成〔……〕；因為它，不論它追尋得多遠，相對於哲學，它仍有未解決的問題」（傅柯，〈尚．希波利特〉，前引文，頁

808）。經由「哲學思想」，傅柯繼續說，希波利特「所指也是此一如此難以把握的時刻，一出現便被重新遮蓋，在其中哲學論述做出決定，由其沉默中脫出，並與這時起便會顯得是非哲學者保持距離：哲學思想此時比較不是一個系統陰暗但必須先置的決定，而是突然且不停重新開始的分界，而透過此分界，它才建立了自己〔……〕，此一歪扭及疊加，此一出走及自身的重新把握，透過它哲學論述說出它是什麼，發言說明其正當性，並且和其立即形式保持距離，顯現可為其奠基者，並且，固定了它自身的極限」（同上）。根據希波利特，這同一個疊加（redoublement），乃是黑格爾哲學的核心，它銘記了「哲學論述，在自身之中，對自己提出它的開始和結束的問題的時刻：在這個時刻，哲學思想為自己設定無窮的勞動，以說出非哲學的全部場域，並且開始嘗試達成，以無上的自主，陳述它自身的終結〔……〕哲學至少自從笛卡兒開始，即和非哲學存有一種無法說出的關係，而透過黑格爾，哲學不只成為此一關係的意識，並且是此一關係的有效論述：使哲學與非哲學的互動得以嚴肅地實現」（同上，頁811-812）。如此，就某種意義而言，傅柯是在其老師留下的軌跡當中，提出了哲學論述及其當代狀態關係的問題，而在此動態中，哲學不停地被召喚開始和重新開始，但從未能在其論述中找到它的實現、施行、完滿或完成。不過，和希波利特不同的是，傅柯提出哲學的當前／實現，以及它和非哲學之間的內在固有的關連問題，並不是相對於馬克思或科學（不論那是透過費希特或是針對資訊理論），也不是相對於邏輯與存在間的張力，亦不是——作為哲學史學家——相對於蓋爾胡或梅洛—龐蒂（同上，頁810-813）。如同他在手稿後文所主張的，毋寧是尼采的思想，對於傅柯而言，才構成與「哲學有限性」斷裂的哲學論述不連續性的考古學門檻，而此一斷裂，在黑格爾思想中，無論如何，希波利特認為，依然疊加於黑格爾所瞄準的與絕對者的關係之上（同上，頁809）。

6 在《詞與物》一書中，傅柯給予尼采哲學造成斷裂的角色：不只是由尼采和馬拉梅一起，開啟了提問語言本身「獨一且困難的存有」（「尼采在他的語言之內準備的，不就是同時殺了人及神，並由此允諾和回歸一起來的，乃是諸神眾多及重新開始的閃爍？」），並且也是在他的作品中，傅柯看到「第一個將人類學連根拔起的努力，而當代思想無疑有志於此」（傅柯，《詞與物》，前引書，頁317-318及353）。回想一下（應該頗有助益）1967年傅柯與德勒茲一同書寫了「尼采《哲學作品全集》總導論」（收錄於*DE I*，編號45，頁589-592；亦參見，同一作者，〈傅柯與德勒茲想還給尼采他的真面目〉〔1966〕，收錄於*DE I*，編號41，頁577-580），在同一年也出版了1964年7月華歐蒙研討會的論文集，其中包含了傅柯著名的文章，〈尼采、佛洛依德、馬克思〉（前引文）。

7 尼采，《偶像的黃昏，或如何用鎯頭的敲擊來做哲學》，科利與蒙地那爾里編，J.-C. Hemery譯，巴黎，伽利瑪出版社，1988〔1889〕。

8 關於這一點，參見上文，本書頁28及第1章註3，原書頁18-20。

9 這裡宣告了未來歲月裡傅柯對尼采的興趣將會持續發展的道路，並且更一般性地指出，將使他把其考古學描述工作置放於系譜學觀點的關鍵癥結之一。哲學作為診斷現今的作為將不只是描述「思想在其中展布的空間，以及此一思想的條件、它的構成模式」（傅柯，〈何謂哲學家？〉，前引文，頁581），而且診斷自此之後也將會針對「現今的軀體本身」，並使現今成為「在我們體內者」的劇場：必須要在生理學中去掌握銘刻於本能的形式及相互衝突的正面評價的「多樣源頭」，如同傅柯在其有關尼采的課程中所主張的，這是他在1969-1970年間於梵森實驗大學中心哲學系講授的課程（同一作者，《尼采。梵森實驗大學中心課程，1969-1970》，法國國家圖書館，傅柯檔案，編號NAF 28730，第65盒，即將出版於此一「法蘭西公學院之前的傅柯課程及研究成果」書系）。經由此一挪動，考古學的描述工作便受到新的組構，其框架為多重開啟及力量關係的歷史分析，回應的是「系譜學學者的歷史需求」，因為「必須要能診斷身體的疾病、脆弱及能量狀態、裂痕及抗力，才能判斷何謂哲學論述」（同一作者，〈尼采，系譜學，歷史〉〔1971〕，收錄於*DE I*，編號84，頁1004-1024，此處引文見頁1008）。

10 關於此點，參見上文，本書頁28及第一章註3，本書頁293-295。

11 傅柯在此指涉的是尼采在1889年1月於杜林所寫的書信及題詞，他的簽名為「戴奧尼索斯」（或「尼采〔凱撒〕戴奧尼索斯」，「上十字架者」等，參見，尼采，《最後的書信，1887冬—1889冬。由「權力意志」到「反基督」》，Y. Souladié譯，巴黎，子夜出版社，2011；傅柯，〈論科學的考古學〉，前引文，頁731。

12 布朗修、巴塔耶、亞陶、馬拉梅為傅柯在1960年代最常引述及闡述的作者。有關布朗修，尤其參見傅柯，〈外邊思維〉，前引文。關於巴塔耶，尤其參見，同一作者，〈為逾越作序〉（向巴塔耶致敬）」〔1963〕，收錄於*DE I*，編號13，頁261-278。關於亞陶及馬拉梅，分別參見，同一作者，〈文學與瘋狂〉，前引文；同一作者，〈J.-P. 理查的《馬拉梅》〉（1964），收錄於*DE I*，編號28，頁455-465。1978年，在他和瓊巴多里（Duccio Trombadori）的訪談中，傅柯說：「尼采、布朗修及巴塔耶是那些使我得到解放的作者，1950年代初期是我的大學養成時期，主宰那段時期的乃是黑格爾及現象學」（同一作者，〈與傅柯會談〉〔1980〕，收錄於*DE II*，編號281，頁860-915，此處引文見頁867）。

13 關於此點，參見與卡羅素（Paolo Caruso）於1967年9月的訪談，〈傅柯教授您是誰？〉〔1967〕，收錄於*DE I*，編號50，頁629-648，此處引文見頁640：「對於尼采，做哲學是由來自許多不同領域的一系列動作及操作所構成的：做哲學是在希臘時期寫一篇悲劇，做哲學是處理語文學或歷史。」在其1954-1955年的課程中，傅柯使用「做哲學的動作」（acte de philosopher）來談論雅斯培對尼采哲學的詮釋；參見，《人類學問題》，前引書，頁204。

14 傅柯主張尼采一直維持提問「誰在說話？」，直到最後「使他自己躍出於此提問內部，以便為自己作為發言及提問主體奠基：《瞧！這個人》」（傅柯，《詞與物》，前引書，頁317）。

15 在一場他與德勒茲所做的會談（出版於1966年9月）中，傅柯主張「尼采的出現構成西方思想史中的一個轉折」，因為「哲學論述的模式和他一起轉變了」：「之前，這個論述使用一個匿名的我。比如，《形上學沉思錄》有一主觀性質。然而，讀者可以用自己替代笛卡兒。不可能取代尼采而在他的位置上說『我』」（傅柯，〈傅柯與德勒茲想還給尼采他的真面目〉，前引文，頁579）。

16 傅柯在此指涉的是《瞧！這個人》第二、第三及第四部分的標題：分別是（後附德文原文）「為何我如此聰明（〈Warum ich so klug bin〉）」，「為何我寫出這麼好的書（〈Warum ich so gute Bücher schreibe〉）」，「為何我是一個宿命（〈Warum ich ein Schicksal bin〉）」（尼采，《瞧！這個人》，前引書，頁258-275，276-332，333-341）。

17 有關齊克果使用化名的遊戲，參見，傅柯，〈何謂作者？〉，前引文，頁825。

18 「我如何能否認雙手及這身體是我的，除非我將自己和這些無理智的人相比較，他們的腦部受到黑色膽氣的擾亂與遮蔽，使他們持續地確信自己是國王，即使他們非常貧窮，或自以為身穿鑲有金飾或大紅的袍子，即使他們完全赤裸，或想像自己是罐子，或是以為自己的身體是玻璃做的？然而，怎麼？他們是瘋子；而如果我以他們為範例向他們看齊，我不會比他們更不荒誕失常」（笛卡兒，《形上學沉思錄》，先引書，頁81-82）。

19 傅柯對於《沉思錄》此一段落有一類似的詮釋，認為它導入理性和非理性之間的斷裂，而這在西方思想中具有關鍵地位，參見，傅柯，《古典時代瘋狂史》，前引書，頁56-59。德希達曾在「我思與瘋狂」一文中批評傅柯對於笛卡兒《沉思錄》中瘋狂角色的解讀（此文首先刊於《形上學與道德學期刊》，卷68，第4期，1963，頁460-494；後收錄於《書寫與差異》，巴黎，瑟依出版社，1967，頁51-97）。有關傅柯對此的回應，參見，傅柯，〈回應德希達〉〔1972〕，收錄於*DE I*，編號104，頁1149-1163；本文的第二版本刊於《瘋狂史》於伽利瑪出版社出版的第二版附錄（同一作者，〈我的身體，這紙，這火〉〔1972〕，收錄於*DE I*，編號102，頁1113-1136）。

20 就此一意義而言，傅柯於1963年談論巴塔耶的文本中提及「瘋狂哲學家」的可能性，實際上被尼采〔重新〕打開：「自從蘇格拉底以來，西方的智慧無疑支持了明確相反方向的動態：對於此一智慧，哲學的語言許諾從容統一的主體性，它在此語言之中獲勝、延展，並且透過它，得以完全成形。然而，如果哲學的語言乃是哲學家的酷刑不停地重複之處，而且他的主體性也被拋入風中，那麼，不只智慧不再能宣稱自己具有良好組織及回報的形象；而且一個一個可能性致命地開啟了，而哲學語言的終結便不遠了〔……〕：這是瘋狂哲學家的可能性。也就是說，不是在他語言的外部（透過來自外部的意外，或是透過想像的練習），而是在它之內，就在其可能性的核心，他作為哲學家之存有核心的逾越」（傅柯，〈為逾越作序〉，前引文，頁271-272）。

21 尼采，《最後的書信，1887冬—1889冬》，前引書，1889年1月4日，致柯史利茲（Heinrich Köselitz）書信（彼得・加斯特〔Peter Gast〕），杜林，頁236。

第十二章　在尼采之後思考

1 參見，上文，第11章，本書頁181及註7，本書頁320。

2 傅柯在此似乎想將海德格與德希達對哲學、源初及形上學的觀點，從「笛卡兒—胡塞爾特殊性」中分離，後者展現於胡塞爾《危機》一書中，而對於此書，傅柯自1950年代起便曾數度引用（參見，胡塞爾，《歐洲科學的危機與超越現象學》，前引書）。傅柯在其突尼斯課程中，又再度參照《危機》，並且主張一般的胡塞爾現象學，以及更特定的《危機》一書，扮演了一個「中介的角色」，即它是介於「在存在主義中得到其完滿的人類學論述」以及像結構主義那樣的形式性論述之間，但它錯失了它的嘗試，即由「數學的基礎問題」開始，最後終結於「生活世界（*Lebenswelt*）的描述」（法國國家圖書館，傅柯檔案，編號NAF 28730，第58盒，卷夾2，〈西方現代思想中人的地位。突尼斯課程，1966-1968〉，準備出版中）。當他提到，「後設—（méta-）及首要／源初—（archi-）向度，對我們同時代人顯得不可克服地具有首要地位」，傅柯很可能指的是德希達，〈暴力與形上學〉〔1964〕，收錄於《書寫與差異》，前引書，頁117-228。

3 如同他在前一段落中解釋的，傅柯在此想到的是羅素（Bertrand Russell）及維根斯坦（Ludwig Wittgenstein）。此外，此一連結在其作品中相當常見。參見，例如，傅柯，〈人是否已死？〉〔1966〕，收錄於*DE I*，編號39，頁568-573，此處引文見頁570：「此一非辯證性文化正在形成，它因為某些數量的原因，仍然處於非常結結巴巴的階段。〔……〕它首先出現於尼采的作品中，當尼采顯示神之死並不是人的出現，而是他的消失〔……〕。它也在海德格的作品中出現，當他嘗試以回歸希臘起源來重新把握和存有的根本關係。它也出現於羅素的作品中，當他進行哲學的邏輯批判，以及維根斯坦的作品中，當他提出邏輯和語言關係的問題時，它出現在語言學家作品中，像李維—史陀那樣的社會學家作品中」。參見，同一作者，〈論書寫歷史的方式〉，前引文，頁623；同一作者，〈〔外於語言者與文學〕〉，前引文，頁244。在1966年末至1967年間，傅柯投入數個「分析」哲學家的閱讀，使他的認知得以擴展到羅素和維根斯坦之間的辯論以外，而這對《知識考古學》的撰寫將會非常重要。在法國國家圖書館傅柯檔案第43盒中，藏有數量令人印象深刻的閱讀卡片，對象包括奧斯丁（John Langshaw Austin）、卡納普（Rudolf Carnap）、奎恩（Wilard Van Orman Quine）、萊爾（Gilbert Ryle）、薩爾（John Rogers Searle）、史卓生（Peter Frederick Strawson）及維根斯坦等，還有兩小紙袋，專門放著羅素的閱讀筆記。有關此一檔案盒的簡要描述，參見〈附錄〉，由Martin Rueff建立，收錄於傅柯，〈《知識考古學》導論〉，《哲學研究》，第114期，2015，頁327-352。

4 在此，傅柯想到的特別是海德格的作品，但他針對的也是德希達的立場，後者展現於1960年代前半的數個文本及演講中，後來收錄於《書寫與差異》（前引書），以及《論文字學》（*De la grammatologie*）（巴黎，子夜出版社，1967）。亦參見本書頁218。

5 在下一個段落，傅柯會將他對沙特的指涉明白寫出。

6 如同他在較遠處清楚說明的，當他談及這最後一種後尼采哲學論述的分析方式時，他想到的是雅斯培。在其1954-55年的課程中，傅柯即已觸及此一問題，並且長篇地討論雅斯培對尼采的詮釋。藉此時機，傅柯提醒，根據雅斯培，尼采是第一位拋棄「康德客體觀念論」的人，並且發現「真實在現象、表象中的臨現，並且沒有任何對於絕對形式或客觀性源初地層的參照」，由此打開「以生命詮釋存有，有生氣的存在的構成形式」的可能性，其真實安居於「在流變之中存有者與各存有之間自發的關係之中，並且在其中，閃現存有超越性的密碼」（傅柯，《人類學問題》，前引書，頁195-197）。由此產生此一存有超越性自身的流變及「自我（*Selbst*）的歷史性」之間的張力，而後者「只能在此存有的內在全體性中」思考前者，「〔……〕其層次是知識、世界、行動的計畫制定〔……〕於生物學、心理學和社會學的概念之中」。雅斯培認為所有這些卻只是「朝向超越永遠不間斷、永遠被趕上的運動」（同上，頁189-199）。然而，對傅柯而言，此一尼采詮釋只是屬於雅斯培折曲尼采的內在歷史性以順應「他自己的哲學要求」，而那就是將尼采處理為「基督教哲學的繼承人，但他跟隨了它的衝動，再使其回返、反抗基督宗教〔……〕。尼采的哲學，作為超越性的拒斥，在一個內在性的世界中展開，但它過去曾由基督教的超越性賦予意義」（同上，頁199-203）。

7 關於此點，參見，上文，本書頁28及第1章註3，本書頁293-295。亦參見，德希達，〈力量與意義〉〔1963〕，收錄於《書寫與差異》，前引書，頁47：「哲學在它的歷史中曾被斷定為一種對詩性起始的反思。」

8 關於索緒爾對語言系統（langue）和語言（langage）之間的區分，參見，上文，第7章註3，本書頁305-306。

9 眾所周知，傅柯和結構主義之間的關係是複雜的。1967年春，在一份出版於《突尼斯通訊》的訪談中，雖然他在其中提及和他在《哲學論述》開頭時所處理的非常相近的主題（參見，上文，第1章註1，本書頁292），但他卻拒絕「結構主義神父」這個稱號，主張他「頂多」只是其「兒童唱詩班」中的一員。接著他劃分出兩種形式的結構主義：第一種是在語言學、民族學、社會學、宗教史等當中運用的方法，主軸是在它們當前的平衡中分析「主宰一整體元素或一整體行為的關係」；第二種則是「一種活動，透過它們，非專屬一門的理論家，努力地決定我們文化中某些元素、某些科學、某些實踐領域和某些理論領域等等之間可能存有的關係」。這裡涉及的，換句話說，是一種「普遍化的結構主義」，不受限於一特定的科學領域，但就其全體來研究我們的文化——傅柯主張，因為如此，結構主義才是一種完整的「哲學活動」，條件是如果我們將哲學家設想為一種當前文化狀態的分析者」（傅柯，〈結構主義哲學允許診斷何謂『今日』〉，前引文，頁609-610）。當他於1967年2月在突尼斯哈達俱樂部演講時，他精確地定義結構主義——至少就他特別感興趣的形式而言——為一由諸分析構成的整體，它們有一共通對象：「一整批的文件，也就是由人類留下的符號、痕跡或印記構成的整體，而人類仍然不斷每天在其身旁使其成形，數量一直增多。」在此時期，傅柯本人所設想的結構主義，乃是「研究文件（document）之作為文件的一般性學科」，或他所稱的「指示學」（*deixiologie*）（同一作者，〈結構主義與文學分析〉，前引文，頁175）。

10 參見，上文，第9章註16，本書頁312。

11 在他1981-1982年間於法蘭西公學院講授《主體詮釋學》時，傅柯又重新提到「笛卡兒時刻」作為西方哲學一關鍵性的斷裂。不過，在此一脈絡下，他將笛卡兒時刻當作是一個使得「關懷自我」（*epimeleia heautou*）此一誡律失效的操作，而此誡命原來是上古哲學思想與實踐的特質，這時刻使「認識自我」（*gnôthi seauton*）的誡律再次得到正面評價，而其形式為被給出於意識中的不證自明（傅柯，《主體詮釋學》，前引書，頁15-16）。

第十三章　檔案

1　傅柯，《詞與物》，前引書，頁314-318。

2　在同一時期的其他文本中，傅柯將考古學界定為研究「特定時刻某一時期的一般檔案」的科學（傅柯，〈傅柯，《詞與物》〉〔1966〕，收錄於*DE I*，編號34，頁526-532，此處引文見頁527）。他解釋道，考古學的對象，並非語言，而是諸論述受聚積而形成的存在（existence accumulée）」（同一作者，〈論書寫歷史的方式〉，前引文，頁623），在此，論述不能只理解為文本或書寫的痕跡，也包括「在一文化之中，決定陳述出現及消失、它們的效能遺留及抹除、它們作為事件及事物的弔詭存在的規則組合」（同一作者，〈論諸科學的考古學〉，前引文，頁736）。換句話說，傅柯所謂的檔案是指「實際上有被說出的論述的整體〔……〕不只把它們當作是只發生一次的、之後便被懸置於歷史的邊緣地帶或煉獄之中的事件的整體，也是在歷史之中持續作用、轉化的整體，它也給予其他論述出現的可能性」（同一作者，〈傅柯解釋他的新書〉〔1969〕，收錄於*DE I*，編號66，頁799-807，此處引文見頁800）。傅柯在《知識考古學》中對檔案觀念之特質有了細節更豐富的發展（前引書，頁170-173）。

3　關於類同的論述定義，參見，傅柯，〈論書寫歷史的方式〉，前引文，頁623；同一作者，〈回應一個問題〉〔1968〕，收錄於*DE I*，編號58，頁701-724，此處引文見頁709-711；同一作者，〈傅柯解釋他的新書〉，前引文，頁800；同一作者，《知識考古學》，前引書，頁31-34。畢諾斯特（Jocelyn Benoist）曾以非常有效的方式摘要傅柯的計畫相對於分析哲學的語言討論所呈現出的創新性質：「於是，首先——這是分析哲學對語言的討論沒有看到的現實，但以某種意義而言，它在其發展的某一階段，已經非常地接近，當它嘗試著解說語言的實際效力——諸論述存在。根據某一哲學我們習慣的再現方式，我們可能會認為要先做出語言動作，才能持有一論述。『對傅柯而言』，真正發生的是相反：這些『動作』，像是所有的語言作為，只有在論述之中，才有所可能——因為是實際發生」（畢諾斯特，〈由語言動作到陳述的清單〉，《哲學檔案》，卷79，第1期，2016，頁57-78，此處引文見頁78，強調處為原文所加）。

4　在傅柯曾出版的書籍和其他文本之中，並不能找到此一檔案—論述觀念，但它出現於編號6筆記本〔第91盒〕，1966年10月18日筆記中：「1.檔案—論述。2.它的歷史。3.『今日的危機』」（本書頁260）。這三個「時刻」對應著《哲學論述》手稿最後三個章次：本章（「檔案」），導入並發展此一觀念；第14章（傅柯原稿並未寫下章名）敘述其歷史；以及第15章（〈今日的突變〉），描述其當代突變，或說「危機」。

5 再一次地，傅柯在此針對德希達的論點（參見，上文，本書頁195及第12章註4，本書頁323）。德希達《論文字學》的第一部分「在文字之前的書寫」乃是將他原先出版於《批評》（1965年12月—1966年1月）之中的一篇論評加以發展。作為此文出發點的書籍有：大衛（Madeleine V. David），《十七及十八世紀關於書寫及象形文字的辯論……》，巴黎，Sevpen，1965；勒華—顧宏（André Leroi-Gourhan），《手勢與言語》，共2卷，巴黎，Albin Michel，1964-1965；國際綜合中心（Centre international de synthèse），《書寫與各民族之心理學》〔1960年5月研討會論文集〕，巴黎，Armand Colin，1963。

6 有關語文學的誕生，或是「語文學實證性」的形成，參見，傅柯，《詞與物》，前引書，頁294-307。

7 有關索緒爾對語言系統和語言之間的區分，參見，上文，第7章註3，本書頁305-306。

8 參見，上文，註3，本書頁325。在《知識考古學》中，傅柯主張考古學探究的對象是「陳述」（énoncé），但他細心地將它區別於「言語動作」（actes de parole）或「生效發言動作」（actes illocutoires），並且比較是以作用為角度來界定它們（頁116-138）。

9 《哲學論述》最後三章，無疑是在1966年秋天於突尼斯撰寫的（參見，上文，註4，本書頁325-326），似乎構成了考古學「方法論」研究的初始，而傅柯連續兩年專注於此，並在1969年以《知識考古學》為題將其出版。關於考古學首先被界定為「檔案的科學」，參照傅柯接受貝魯爾（Raymond Bellour）訪談，1966年4月初出版於《法國文學》（*Les Lettres françaises*），當時也是《詞與物》的出版時期：「必須能有特定時刻某時期的一般檔案可用。嚴格說來，考古學便是此一檔案的科學」（「傅柯，《詞與物》」，前引文，頁527）。亦參見〈論書寫歷史的方式〉，前引文，頁623：「我的對象不是語言而是檔案，也就是諸論述受聚積而構成的存在。我所謂的考古學，並不和地質學（作為地下層的分析）或系譜學（作為開始與後續的分析）有親緣關係，而是以論述的檔案模態來對它進行分析。」

第十四章　檔案—論述的歷史

1 然而，在出版於1967年的一份訪談中，傅柯回應以下問題：「您的研究是屬於哪一個學科？」，他肯定地說他可以將它界定為「作為我們文化特性的文化事實的分析」，也就是「我們所屬文化的民族學」——或至少那是關乎我們的「理性」和我們的「論述」（傅柯，〈傅柯教授，你是誰？〉，前引文，頁633-634）。

2 荷馬，《伊利亞德》，P. Mazon譯，Pierre Vidal-Naquet序言，巴黎，伽利瑪出版社，1975，II.494-795，頁67-73。

3 西蒙尼底（Simonide de Céos，約紀元前556-467），古希臘抒情詩人。參見，維儂，〈諸事皆好（*Panta kala*）。由荷馬到西蒙尼底〉，《比薩高等師範學校學報》（*Annali della Scuola Normale Superiore di Pisa*），第三系列，卷9，fasc. 4，1979，頁1365-1374；收錄於《個人，死亡、愛情。古希臘的自我與他人》，巴黎，伽利瑪出版社，1989，頁91-101。

4 同一作者，《希臘思想的起源》，巴黎，PUF，1962；同一作者，《希臘人的神話與思想。歷史心理學研究》，巴黎，Fr. Maspero，1965。

5 柏拉圖，《費德爾篇》，L. Robin譯，收錄於《全集》，卷4，第3部，巴黎，Les Belles Lettres，1933，274c-275b，頁87-88

6 有關在一個充滿狄爾泰意味的詮釋學史框架中，對於「亞歷山大城的註釋學者」的指涉，並且是有關於狄爾泰「理解」概念中作為「回到其根本的註釋者意義的人之科學的神話形象」，參見，傅柯，〈哲學與心理學〉，前引文，頁475。關於至今少被探索的「所有詮釋技術的偉大文本集合」，亦參見，同一作者，〈尼采、佛洛依德、馬克思〉，前引文，頁592-593。這些參照顯示出傅柯對於檔案—論述及其歷史最初的思考，也形成以考古學方法重新思考傳統由註釋及詮釋學歷史中提出問題的嘗試。

7 阿爾琴（Alcuin，約735-804），英國學者及神學家，查理大帝顧問，艾克斯—拉—查倍爾王室學院校長。參見，克萊恩克勞茲（Arthur Kleinclausz），《阿爾琴》，巴黎，Les Belles Lettres，1948。

8 傅柯，《詞與物》，前引書，頁32-59。

9 傅柯對古典時期此「論述的存有模式」的細膩分析，尤可見於《詞與物》，前引書，第3章，頁69-91。

10 塞凡提斯，《拉曼切的唐・吉訶德》，前引書；伽利略，《有關兩大世界系統的對話》；格拉斯（Salomon Glass），《神聖語文學》（*Philologiaie sacrae*），萊比錫，Jo. Friderici Gleditschii B. Filium，1725〔1623-1636〕；笛卡兒，《形上學沉思錄》，前引書。

11 關於博普（Franz Bopp）及拉斯克（Rasmus Kristian Rask）的作品，以及十九世紀語文學的形成，參見傅柯，《詞與物》，前引書，頁292-307。

12 關於這兩個突變，參見，同上，頁265-292。

13 我們可以將此一段落詮釋為隱含地批評傅柯自身在《詞與物》中的分析，在其中他正是選擇了一個相對短暫的編年（由十六至十九世紀），而不是他在此採用的更長期的編年。

14　傅柯，《詞與物》，前引書，頁355-398。

15　「很明顯地，我們不能毫無遺漏地描述一個社會、文化或文明的檔案；當然也不能完整地描述一整個時代的檔案。另一方面，我們也不可能描述我們自己的檔案，因為我們是在它的規則之內發言，因為是它給出我們有能力說的——而且是給予它本身，即我們論述的對象——它出現的模式、存在及共存的形式、它的累積系統、它的歷史性及消失。就其全體而言，檔案是無法描述的；它的當前狀態是無法迴避的。它的提供是透過片段、區域及層次，時間越是將我們相分離，無疑就會更好、更清晰〔……〕。檔案的分析因而有個特別優越的區域：同時和我們接近，但又和我們的當前狀態不同，那是圍繞著我們當下的時間鑲邊，俯視著它，並以其他異性來指明它；那是在我們之外，圍繞並限制著我們的」（同一作者，《知識考古學》，前引書，頁171-172）。

16　「檔案描述，作為其出發點的論述，才剛停止是我們的，它由此展布其可能性（及其可能性的主宰）；它的存在門檻是由一斷裂建立的，這斷裂將我們與我們不再能說的，掉落於我們的論述實踐之外的分開；它由我們語言的外部開始；它的處所，便是和我們自身的論述實踐之間的間距。在這個意義下，它值得我們為它診斷。並不是因為它允許我們做出我們的區辨特徵的圖表，並且能畫出我們未來形象的草圖〔……〕。這種意義下的診斷，並不是透過區辨的遊戲來建立我們身分的觀察。它所建立的，乃是我們即是差異，我們的理性即論述的差異，我們歷史即時間的差異，我們的自我即面具的差異。而差異，遠不是那被遺忘又被再度遮蔽的起源，乃是我們所是及所做的散失（dispersion）」（同上，頁172-173）。

第十五章　今日的突變

1　參見，上文，第13章註3，本書頁325。

2　關於「參照系統」（référentiel），參見，傅柯，〈論科學的考古學〉，前引文，頁740，在其中傅柯將「參照系統」的意義解說為「具有個別性的一組陳述」，他並主張，比如folie（瘋狂），並不是一群命題的共同對象（或指涉物〔référent〕），而是它們的指涉系統，或是由一整組陳述產生不同對象或指涉物之分離散失的律則，而其中統一性正是由此一律則所界定。

3　黑格爾，《哲學史教程》，卷一，〈希臘哲學。由泰利斯到安納索格爾（Anaxogore）〉，P. Garniron譯，J. Farges編，巴黎，弗杭出版社，2019〔1832〕。

編者說明

1 傅柯，《詞與物。人文科學考古學》，巴黎，伽利瑪出版社，1966。

2 參照德斐（Daniel Defert）所建立的〈年表〉（Chronologie），收錄於傅柯《言論寫作集》（*Dits et Ecrits.* 1954-1988），卷一，《1954-1975》（之後簡稱為*DE I*），由德斐與艾瓦德（François Ewald）主編，拉格蘭吉（Jacques Lagrange）協助編輯，巴黎，伽利瑪出版社，2001〔1994〕，頁13-90，此處引文見頁37。在傅柯緊接於出版《詞與物》後出現的第一波書評及訪談中，建議參照貝魯爾（Raymond Bellour），〈傅柯，《詞與物》〉〔1966〕，附有與傅柯之訪談，收錄於*DE I*，編號34，頁526-532；夏特雷，〈人，此一不確定的納西斯〉，《文學雙週》，1966年4月；傅柯，〈與瑪德蓮·查普沙爾訪談〉〔1966〕，收錄於*DE I*，編號37，頁541-546；瑪德蓮·查普沙爾，〈自存在主義以來最重大的革命〉，《快訊》，1966年5月；德勒茲，〈人，一個可疑的存在〉，《新觀察家》，1966年6月。沙特對結構主義及傅柯考古學著名的攻擊，倒是只有到了秋天才會出現：〈沙特回應。與伯納·平高德訪談〉，《弓》。1966年10月。傅柯的回應（但立刻撤回）見於〈傅柯回應沙特〉〔1968〕，收錄於*DE I*，編號55，頁690-696。關於《詞與物》的接受狀態，參見阿爾提爾（Philippe Artières）及合作者編，《傅柯《詞與物》。批評觀點，1966-1968》，鞏城，鞏城大學出版社，2009。

3 特別參照，沙特，《存在主義是一種人文主義》，巴黎，Nagel，1946；海德格，《有關人文主義的書信》，R. Munier法譯，巴黎，蒙恬出版社，1957〔1947〕；高拉蒂，《馬克思人文主義。五篇論戰文章》，巴黎，社會出版社，1957。關於這一點，亦可參照〈與瑪德蓮·查普巴沙爾訪談〉，前引文，頁544。

4 傅柯，《詞與物》，前引書，頁353。

5 引用於德斐〈年表〉，前引文，頁36

6 參見，上文，〈附錄〉，本書頁250-254，尤其是1966年7月15、16與17日所做筆記。

7 參見，海德格，《何謂哲學？》，K. Axelos及包弗瑞法譯，收錄於《問題》，卷2，巴黎，伽利瑪出版社，1968，頁9-40。

8 關於海德格在法國的接受，以及傅柯對應海德格所採取的立場，參見上文，第1章註3，本書頁293-295；第9章註17，本書頁312；第12章註4，本書頁323。關於海德格對戰後哲學史家的影響，參見，上文，第10章，本書頁164及其後，以及同樣在第10章，註3，本書頁312-314，及註8，本書頁316-317。

9 由1961年開始，阿圖塞在共產主義期刊《思想》出版一系列文章，但它們和法國共產黨的文化政策及黨當時的馬克思主義哲學觀毫不相符。在1965年，他於Maspero出版社推出了著名的文章合集《擁護馬克思》，以及他和弟子們一起組織的研討課成果《閱讀《資本論》》（參與弟子名單包括巴禮巴、艾斯塔柏列、馬謝黑及洪希耶）。參見，傅柯，〈與瑪德蓮·查普沙爾訪談〉，前引文，頁544；同一作者，〈論書寫歷史的方式〉〔1967〕，收錄於*DE I*，編號48，頁613-628，此處引文見頁615及其後；同一作者，〈傅柯回應沙特〉，前引文，頁693。亦請參見，上文，第10章註3，本書頁312-314。接下來的一年，以馬克思研讀與研究中心（CERM）為基地，德希爾（J. Texier）編輯並翻譯一本葛蘭西有關馬克思主義哲學的文選（《葛蘭西》，巴黎，Seghers出版社，1966）。

10 例證可參考法國教育電臺－電視於1965年所製作的系列節目，該系列的參與者除了傅柯本人之外，尚有巴迪烏、康居廉、德雷福斯、希波利特及呂格爾：《哲學與真實》〔1965〕，收錄於*DE I*，編號31，頁476-492。在這同一脈絡中，參見傅柯與巴迪烏會談，〈哲學與心理學〉〔1965〕，收錄於*DE I*，編號30，頁466-476。

11 有關蓋爾胡及維依芒，與傅柯針對他們設想哲學史方式所做的批評，參見，上文，第4章註11，本書頁301-302；第8章註4，本書頁307-308；第10章註3、6及7，本書頁312-316，頁165及165-166。有關希波利特，參見，傅柯，〈尚·希波利特1907-1968〉〔1969〕，收錄於*DE I*，編號67，頁807-813，尤其是頁810-811；亦參見，上文，第10章註6，本書頁315，及第11章註5，本書頁318-319。

12 上文，本書頁28。

13 傅柯，〈尼采、佛洛依德、馬克思〉〔1967〕，收錄於*DE I*，編號46，頁592-608，此處引文見頁596。

14 同一作者，《詞與物》，前引書，頁316。

15 同一作者，〈尼采、佛洛依德、馬克思〉，前引文，頁596。

16 上文，本書頁30。不過在此仍需提出，詮釋的地位，雖然在手稿中被重拾為論述作用，對傅柯的哲學論述考古學計畫而言，一直是重大的猶豫之處。

17 上文，同上。

18 上文，本書頁185及189。

19 上文，本書頁195。

20 上文，本書188-189。

21 上文，本書頁184。

22 上文，同上。當代哲學在其他論述宇宙中的逸散狀態，乃是使它被置於手稿最後一章的原因之一，即將其置放於我們文化的「檔案－論述」之中。

23 上文，本書頁192。

24 傅柯，〈何謂哲學家？〉〔1966〕，收錄於*DE I*，編號42，頁580-582，此處引文見頁581。

25 同一作者，〈傅柯回應沙特〉，前引文，頁693。

26 同一作者，〈您是誰，傅柯教授？〉〔1967〕，收錄於*DE I*，編號50，頁629-648，此處引文見頁634。

27 同上，頁648。

28 同一作者，〈結構主義哲學允許診斷『今日』為何〉〔1967〕，收錄於*DE I*，編號47，頁608-613，此處引文見頁610。

29 上文，本書頁32；參見，傅柯，《知識考古學》，巴黎，伽利瑪出版社，1969，頁172-173。

30 法國國家圖書館，傅柯檔案，NAF 28730，第91盒，編號6筆記本，1966年9月29日筆記。

31 傅柯，《詞與物》，前引書，頁315。

32 上文，本書頁246。亦參見，上文，〈附錄〉，本書頁252-253。

33 上文，本書頁30。

34 上文，本書頁32。

35 在這十年間，已經收入《言論寫作集》（前引書）第一卷的文本之上，從今以後必須再加上由艾瓦德負責編輯的三本書，收入〈法蘭西公學院之前傅柯的課程及研究成果〉系列（巴黎，EHESS－伽利瑪－瑟依聯合出版）：《畢斯萬格爾與存在分析》，E. Basso編，2021；《現象學與心理學。1953-1954》，P. Sabot編，2021；《人類學問題。1954-1955課程》，A. Sforzini編，2022。

36 關於這一點，參見，戴維森（A. I. Davidson），〈論述的結構與策略。邁向傅柯語言哲學史的議論〉，收錄於戴維森（編），《傅柯及其交談者》，芝加哥，芝加哥大學出版社，1997，頁1-17。

37 關於賈克布森與班文尼斯特，參見，上文，第2章註2，本書頁295-297；關於普里亞托及奧斯丁，參見，上文，第2章註3，本書頁297-298。

38 上文，本書頁33。

39 上文，同上。

40 上文，本書頁71-72。

41 上文，本書頁104。哲學論述與科學論述之間的差異在本書第3章中得到處理（參見，上文，本書頁40及其後）。

42 哲學論述與虛構敘述論述之間的差異構成了本書第4章的主題（參見，上文，本書頁52及其後）。

43 傅柯在第5章探討哲學論述與日常話語之間的差異（參見，上文，本書頁68及其後）。

44 上文，本書頁104。關於這一點，參見第6章（參見，上文，本書頁82及其後）。

45 上文，本書頁104-105。編號4及6筆記本中的筆記，見證了傅柯在為這些作用命名時是有些猶豫的。在1966年8月21日研製出來的兩份圖表中，傅柯以「合法化」取代「正當化」，以「反思」（或「分析」）取代「詮釋」，並且在最後以「詮釋」來指明他原先以「闡述」命名的作用。這些調整變動只有一部分在手稿中受到採用，這使閱讀顯得有些顛簸，但無損其整體的可理解性（上文，〈附錄〉，本書頁254-256）。

46 上文，本書頁102、107。

47 「理論或理論形成（但這些詞語並不好）：（理論）網絡。這是確保論述作用的陳述整體所遵循的一般形式。這些網絡並不是實際的理論（貫串相續的命題系列），而是理論的形式，或者毋寧說是理論的條件。它同時引發相連結的概念，以及決定概念的論理（raisons）。」（參見，上文，〈附錄〉，本書頁255）。

48 上文，本書頁104。

49 傅柯由第8章開始解析選擇點的角色及重要性（參見，上文，本書頁120及後續）。

50 上文，本書頁104。

51 上文，同上。

52 上文，本書頁129。

53 參見，第8章（參見，上文，本書頁120及後續）。

54 參見，上文，〈附錄〉，本書頁257。

55 上文，本書頁105。

56 上文，本書頁109。

57 上文，本書頁110。

58 上文，本書頁111。

59 上文，本書頁114。

60 上文，本書頁117。

61 上文，本書頁145。

62 上文，本書頁146。

63 參見，傅柯，《詞與物》，前引書，尤其是第9章（〈人及其化身〉），頁314-354。

64 上文，本書頁145。

65 上文，本書頁117及144；亦請參照傅柯，《詞與物》，前引書，頁328。

66 參見編號6筆記本1966年7月15日筆記（參見，上文，〈附錄〉，本書頁250）。

67 參見編號6筆記本1966年7月17日及10月18日筆記（參見，上文，〈附錄〉，本書頁253、260）。

68 上文，本書頁158-159。

69 上文，本書頁158。

70 上文，本書頁158。傅柯在此針對的很可能是蓋爾胡、阿爾其耶（或甚至顧希耶）及維依芒各自所持的立場。

71 上文，本書頁159。

72 上文，本書頁159。

73 上文，本書頁162。

74 上文，本書頁161。

75 上文，本書頁161。

76 上文，本書頁169。

77 上文，同上。

78 上文，本書頁173。

79 上文，本書頁173。

80 上文，本書頁176。

81 上文，本書頁180。

82 上文，本書頁183。

83 尼采，《偶像的黃昏，或如何以鎚子的敲擊做哲學》，科利及蒙地那爾里編，J.-C. Hémery法譯，巴黎，伽利瑪出版社，1988〔1889〕。

84 上文，本書頁181。

85 上文，本書頁184。

86 譯註：法文中客體屬格指出起源或組成關係，主體屬格則指出擁有關係，它描述的是位於介詞de之前、之後兩個名詞間的關係——比如la main de *Pierre*中的de是主體屬格，指出這隻手「是皮耶的手」；而une roue de *fromage*則意指這輪圈「是由乳酪組成的」。

87 上文，本書頁104、180。亦參見，傅柯，〈結構主義哲學允許診斷『今日』為何〉，前引文，頁609；同一作者，〈您是誰，傅柯教授？〉，前引文，頁635。

88 上文，本書頁184；亦參見，傅柯，〈您是誰，傅柯教授？〉，前引文，頁640。在他1954-1955年間的授課中，傅柯已經使用「做哲學的動作」（acte de philosopher）這樣的表達方式，而此時他談論的是雅斯培的尼采哲學詮釋（同一作者，《人類學問題》，前引書，頁204）。
89 傅柯，〈您是誰，傅柯教授？〉，前引文，頁641。
90 同上。
91 上文，本書頁184、189、194。
92 上文，本書頁194。
93 上文，本書頁196。
94 同上。
95 上文，本書頁196。
96 上文，本書頁196。
97 同上。
98 上文，本書頁197。
99 上文，同上。
100 參見，傅柯，《人類學問題》，前引書，頁195-207。
101 同上，頁199-203
102 上文，本書頁204。
103 上文，本書頁200。
104 上文，本書頁199。
105 上文，本書頁198。
106 上文，本書頁206。
107 上文，本書頁205。
108 上文，本書頁206。
109 參見編號6筆記本1966年9月4日筆記（上文，〈附錄〉，本書頁258）。
110 參見編號6筆記本1966年7月16日筆記（上文，〈附錄〉，本書頁252）。
111 參見編號6筆記本1966年10月18日筆記（上文，〈附錄〉，本書頁260）；亦參見，上文，本書頁225-226。
112 參見，傅柯，〈論書寫歷史的方式〉，前引文，頁626；同一作者，〈您是誰，傅柯教授？〉，前引文，頁633-634。
113 同一作者，《詞與物》，前引書，頁385及後續。
114 上文，本書頁243。
115 上文，本書頁209。
116 上文，本書頁210。
117 上文，本書頁211。
118 上文，本書頁212。
119 上文，本書頁213。
120 上文，本書頁216。

121 上文，本書頁222。

122 有關考古學首先被界定為「檔案的科學」，參見，與貝魯爾所做訪談（「傅柯，《詞與物》」，前引文，頁527：「必須擁有及能夠運用一特定時刻某時期的全整檔案。以嚴格意義而言，考古學乃是此一檔案的科學。」

123 上文，本書頁222。

124 上文，本書頁225。

125 上文，本書頁236。

126 上文，本書頁226。

127 同上。

128 譯註：古希臘四大族群之一，曾居住於克里特島，人口分布的中心由科林斯至斯巴達。

129 上文，本書頁236。

130 同上。

131 上文，本書頁237。

132 上文，本書頁240。

133 上文，本書頁240-241。

134 上文，本書頁242。

135 上文，同上。

136 上文，本書頁242-243。

137 上文，本書頁243。

138 此一論評之後將收錄於德希達，《書寫與差異》，巴黎，瑟依出版社，1967；同一作者，《論文字學》，巴黎、子夜出版社，1967。參見，上文，第12章註4，本書頁323。

139 上文，本書頁218。

140 上文，本書頁241-243。

141 參見，同一作者，《關於知識意志的課程。法蘭西公學院課程，1970-1971年》，由德斐編輯，艾瓦德及方塔納擔任書系主編，巴黎，EHESS－伽利瑪－瑟依聯合出版，2011，頁31-50。

142 參見，同一作者，《主體詮釋學。法蘭西公學院課程，1981-1982年》，由格霍編輯，艾瓦德及方塔納擔任書系主編，巴黎，EHESS－伽利瑪－瑟依聯合出版，2001，頁15-20。

143 法國國家圖書館，傅柯檔案，NAF 28730，第58盒，卷夾2，《西方現代思想中人的位置。突尼斯課程，1966-1968》，出版準備中，將與本書一樣，列入「法蘭西公學院之前傅柯的課程及研究成果」書系。

144 同一作者，《詞與物》，前引書，頁13，註1。

145 1966年10月，阿圖塞在《閱讀資本論》一書出版後，移交給他的弟子們三份研究紀要，「它們和論述理論有關，其產生的因緣及潛意識的論述地位，以及如何將它和意識型態論述相組構的反思有關」(〈和論述理論有關的三份研究紀要〉，收錄於《有關精神分析、佛洛依德及拉岡的書寫》，O. Corpet及F. Matheron編，巴黎，Stock-IMEC，頁111-170)；數個月後，巴禮巴針對這些紀要做出回應，〈有關論述理論的札記〉，《隔開》，卷2，第1期，2016，頁1-37)。阿圖塞和其弟子們就這些問題進行的激烈辯論，尤其是在1968年5月學運的時事狀態下，也將陪伴傅柯就論述及非論述之間的關係在將來數年間所做的反思。另一個和阿圖塞弟子們交鋒的重要時刻乃是傅柯受邀為《分析筆記》的一期專題提供稿件(這是一份由米勒〔J.-A. Miller〕及雷格諾〔F. Régnault〕在1966年1月為認識論學圈所創立的期刊，而此專題為1968年夏天刊出的「科學的系譜學」專號。參見，德斐，〈年表〉，前引文，頁36及41；傅柯，〈論科學的考古學。回應認識論學圈〉〔1968〕，收錄於*DE I*，編號59，頁724-759)。這些討論使傅柯暫時運用「意識型態」這個概念，但以他的方式將之做出轉折，但又在之後於他1969年梵森實驗大學中心有關「性」方面的課程中將其放棄(參見，《性論述。梵森大學課程。1969》，收錄於《性。克萊蒙－費爾宏大學課程(1964)》，後附《性論述。梵森大學課程(1969)》，C.-O. Doron編，艾瓦德書系主編，巴黎，EHESS－伽利瑪－瑟依聯合出版，2018，頁129-133)。有關傅柯與阿圖塞派馬克思主義之間於1970年代的討論，尤其是有關意識型態國家機器的誕生，參見，艾瓦德與B. E. Harcourt，「授課情境」，《刑法理論與體制。法蘭西公學院課程，1971-1972年》，B. E. Harcourt編，艾瓦德及方塔納擔任書系主編，巴黎，EHESS－伽利瑪－瑟依聯合出版，2015，頁262與後續，以及〈巴禮巴書信〉，同上，頁285-289。

146 傅柯，《論述的秩序。法蘭公學院講座開啟課程，1970年12月2日》，巴黎，伽利瑪出版社，1971，頁10。

147 法國國家圖書館，傅柯檔案，NAF 28730，第65盒，《尼采。梵森實驗大學中心講授課程(1969-1970)》，出版準備中，將列入此一「法蘭西公學院之前傅柯的課程及研究成果」書系。

148 傅柯，〈尼采，系譜學，歷史〉〔1971〕，收錄於*DE I*，編號84，頁1004-1024，此處引文見頁1008。

149 上文，本書頁29。

150 請特別參見，《主體詮釋學》，前引書；同一作者，《自我及他人的治理。法蘭西公學院課程，1982-1983年》，格霍編，艾瓦德及方塔納擔任書系主編，巴黎，EHESS－伽利瑪－瑟依聯合出版，2008；同一作者，《論述與真實，以希臘文中的說真話為前導》，弗魯蕭與勞倫茲尼編，格霍撰寫導論，巴黎，弗杭出版社，2016；同一作者，《自我與他人的治理》，卷2，《說真話的勇氣。法蘭西公學院課程，1983-1984年》，格霍編，艾瓦德及方塔納擔任書系主編，巴黎，EHESS－伽利瑪－瑟依聯合出版，2009。

151 同一作者，〈哲學與心理學〉，前引文，頁466。

152 例證參見，同一作者，〈瘋狂，文學，社會〉〔1970〕，收錄於*DE I*，編號82，頁972-995，此處引文見頁973：「您說，在一開始時我是哲學家：這使我感到尷尬，我想由這點開始。如果我停在這字眼上，那是因為我並不把自己當作哲學家。這不是虛假的謙虛。這裡涉及的，毋寧是西方文化一百五十年來的一項根本特質：作為一種自主的活動，哲學已經消失。」亦參見，〈我是一位拆彈專家〉〔1975〕，收錄於Roger-Pol Droit《傅柯，訪談集》，巴黎，Odile Jacob，2004，在其中，傅柯拒絕將自己界定為歷史學家或哲學家，比較主張自己是一名「拆彈專家」（頁51）。

153 同一作者，《監視與懲罰。監獄的誕生》，巴黎，伽利瑪出版社，1975，頁35。

154 同一作者，〈哲學的場景〉〔1978〕，收錄於*DE II*，編號234，頁571-595，此處引文見頁573。

155 同上；亦參見，上文，本書頁173：「必須提出的問題，〔……〕便是一個純粹具診斷性質的問題：今天，在這個我們將哲學當作一個單純的論述模式談論的獨特的現在中，正在發生什麼？我們可以立刻提醒〔……〕，以一方式提問，我們面對的是一個處理其自身的現在的論述，如同十七世紀以來的整個哲學；不過此處涉及的不是去問它如何能為真實發言，而是說出這事件是什麼——它於其本身尚未得到命名的這個開口（ouverture）內部中發言。」

156 傅柯，〈哲學的場景〉，前引文，頁573。

157 同一作者，〈何謂啟蒙？〉〔1984〕，收錄於*DE II*，編號339，頁1381-1397，此處引文見頁1393。

158 同一作者，〈為自己的文化設下陷阱圈套〉〔1972〕，收錄於*DE I*，編號111，頁1250-1251，此處引文見頁1250。

概念索引

A

Acte de parole 言語動作 33, 212–213, 216, 218, 220–222, 240–243, 245, 248, 270, 283, 285–286, 297, 326

Actualité 現況；當前狀態 32, 69–73, 176–177, 179–180, 210, 216, 243, 252, 265, 267–270, 275, 278–279, 282, 285, 287–288, 290, 293, 303, 311, 316, 318, 328

Âge classique 古典時期 60, 64, 84, 87, 91–92, 106, 109, 112, 116, 120, 139–140, 143, 146, 151, 163, 177–178, 192, 230, 232–233, 252–253, 269, 307, 310, 314, 327

Âme 靈魂 28, 55, 107, 109–115, 137–138, 140–145, 185, 202, 274, 293, 306

Anthropologie / anthropologique 人類學／人類學的 145–146, 201–203, 234, 256, 274–275, 287, 294, 296, 304, 309–310, 312, 315, 317, 319, 321–323, 331, 333–334

Apparence 表象 71–72, 78, 98, 102, 117, 121–122, 124–128, 131–132, 137, 140, 142, 147, 150, 162, 180–181, 197, 254, 256, 272, 323

Archéologie / archéologique 考古學／考古學的 222, 250, 257, 264–269, 272–277, 279, 282–288, 290, 295, 299, 301–303, 307–308, 314–315, 317–320, 323, 325–331, 335–336

Archive 檔案 212, 215–220, 222, 224–230, 232–237, 240–243, 250, 258, 260–261, 269, 283–288, 294, 297, 301, 309–310, 312–313, 315, 317, 320, 322–323, 325–328, 330–331, 335–336

・archive-discours 檔案－論述 216, 218–220, 222, 224–226, 234–237, 241, 243, 284–288, 317, 325, 327

Aujourd'hui 今日；今天 26, 29–30, 32–33, 35, 58, 93, 99–100, 113, 155, 159, 169, 173, 176, 179–180, 182, 192, 195, 198, 208, 210, 212, 232, 240–241, 243–246, 252, 260, 265, 267–269, 279, 287, 292–293, 316, 324–325, 331, 333, 337

C

Certitude 確定性 45, 98, 123–124, 126–131, 134, 136, 140–142, 144–147, 150, 177, 186, 254, 256, 272

Christianisme 基督教 99, 281, 323–324

Chute, péché 墮落，原罪 27, 42, 44, 70, 91, 106, 111, 123–124

Cogito 我思 48–49, 52, 100, 111, 150, 206, 299, 313, 321

Commentaire 闡述 58–59, 85, 95–96, 98–

99, 102–105, 107, 121, 128, 132–133, 137, 143–144, 158, 228–230, 232, 242, 251, 254, 259, 271–273, 276, 278, 281, 289, 294, 300, 302, 305, 320, 327, 332
Connaissance 認知 26, 28, 32, 34–35, 41, 53, 58, 78–80, 84, 91, 93–94, 107–108, 114–115, 123, 127–128, 131, 141–142, 146–148, 175, 177–178, 200, 203–204, 206, 208–211, 216, 230–232, 234, 243, 251, 255, 264, 274, 283, 290, 297, 299, 302, 306, 310–311, 316, 323
Conscience 意識 27, 46–49, 52, 54–55, 60–61, 63, 75, 79–80, 102–105, 108, 111, 121, 129–133, 145, 147, 150, 161–162, 164, 166, 206, 210–211, 213, 216, 219, 241, 243–244, 254–256, 264, 271–272, 276, 301, 303, 305, 309–310, 314–315, 319, 324, 336
- prise de conscience 意識掌握 79, 80, 102-104, 134, 145, 148, 150, 166, 211, 256, 271-272
Continuité, discontinuité 連續性，不連續性 56, 58, 84, 110–111, 138, 157, 160, 166–167, 177, 182–183, 210–211, 234–237, 274, 282, 285, 289, 301, 310, 316–317, 319
Corps 身體；軀體 26, 28–29, 42, 44, 52, 76, 91, 104–105, 108, 111–112, 125, 138, 141, 144, 154, 156, 189, 244, 267, 272–273, 288–289, 293, 320–321
Crise 危機 72, 129, 175–179, 194, 206, 208, 260, 275, 278–279, 301, 304, 312, 318, 322, 325–326
Critique 批判 74, 77–79, 96, 102, 104–108, 114, 116, 121, 124–127, 129, 131–133, 136–140, 143–149, 159, 162, 164, 166, 175, 181–182, 196–197, 201–202, 210, 253–254, 256, 260, 264, 271–273, 278, 280, 283, 290, 292–293, 299, 301–302, 306, 308–311, 316, 323
- fonction critique 批判作用 77, 124, 126, 132, 181, 196, 271, 278
Culture / culturel 文化／文化的 27–29, 32, 48, 64, 70, 72, 80, 82–86, 106–107, 109, 129, 133, 165, 173, 175, 190, 195, 198, 206, 208, 210–216, 218–222, 224–226, 228–229, 232, 234–235, 240–241, 243–245, 248, 252–253, 260, 268, 282–285, 287–293, 295, 305, 310, 315, 317–318, 322, 324–326, 328, 330, 337
- culture occidentale 西方文化 27–28, 48, 70, 86, 109, 240, 248, 252, 260, 285, 287, 305, 337

D

Déchiffrement 解碼 49, 108–109, 131, 142, 150, 160–162, 186, 197, 217, 226, 228, 230, 271, 276
Dehors 外部 33, 44, 47, 52, 54, 56, 58–59, 68–72, 74–76, 85, 89, 91, 104, 109, 129, 140, 143, 155, 164, 193, 198, 201, 211, 243, 246, 252, 258, 260, 270–271, 274, 276, 282–284, 288, 302, 316, 322, 328
Désaliénation 去除異化 133, 254, 272, 309
Dévoilement 揭露 26, 43–44, 47, 62–63, 73, 105, 121–124, 128–130, 137–138, 141, 143, 145–146, 148, 150, 163, 186, 248, 252, 254–256, 267, 272, 280–281
Diagnostic / diagnostique / diagnostiquer 診斷 26, 29–30, 106, 173, 208, 250–

252, 260, 265–268, 275, 278–279, 282–283, 287–290, 292–295, 316, 320, 324, 328, 331, 333, 337
Dieu 神 26–29, 36, 40, 44, 50, 53, 59, 74, 83–84, 87, 90–91, 93–100, 107–116, 121, 127, 131, 137–138, 140–145, 175, 180–189, 192, 198, 209, 212–215, 218, 227–230, 232, 245, 248, 254, 264, 274, 276–277, 281, 286, 291, 296, 298, 302, 304–306, 313, 318–319, 323–324, 327, 336
Discours 論述；話語 26–30, 32–37, 40–50, 52–65, 68–80, 82–86, 88–100, 102–118, 120–124, 126–134, 136–140, 142–144, 146–152, 154–168, 172–178, 180–190, 192–206, 208–222, 224–237, 240–248, 250–261, 264–290, 293–299, 301–303, 305–310, 314–328, 330–332, 336–337
- discours littéraire, fiction, littérature 文學論述，虛構敘述，文學 35–37, 40, 52–62, 64–65, 68–69, 72–77, 84, 86–90, 93, 95–96, 100, 102–103, 157, 162, 164–165, 181–185, 189, 209, 213, 220–221, 230, 232–233, 259, 267, 271, 275–276, 278, 280, 289, 296–298, 304, 306, 310, 320–321, 323–324, 326–327, 329–302, 331, 337
- discours philosophique, philosophe, philosophie 哲學論述，哲學家，哲學 26–32, 40–50, 52–53, 55–56, 58–59, 61–65, 68–80, 82–84, 86, 94, 99–100, 102–118, 120–124, 126–134, 136–140, 142–152, 154–169, 172–178, 180–190, 192–199, 201–206, 208, 210, 219, 221, 226, 228, 230, 232, 248, 250–256, 259–299, 301–316, 318–331, 333, 337
- discours quotidien 日常話語 33, 35, 61, 68–69, 72, 77–78, 80, 102, 197, 270, 280, 302, 331
- discours religieux, religion, théologie 宗教論述，宗教，神學 83–84, 86, 90–91, 94, 96–99, 102–104, 107, 109–110, 126–127, 129, 161–162, 165, 181, 183, 185, 189, 197, 214, 228–230, 232, 271, 274–275, 278, 280–281, 289, 295–296, 305–306, 324, 327
- discours scientifique, science 科學論述，科學 34–36, 40–41, 47, 49–50, 52–54, 56–59, 62, 64, 68–69, 71, 77–80, 83–84, 86, 90–95, 97–99, 102–104, 107, 109–110, 126, 129, 146, 148, 157, 161–165, 168, 175, 177–179, 181–182, 184–185, 196, 200, 210–211, 213–214, 219, 221, 230, 232–234, 252–253, 256, 264, 266, 271, 274–277, 280, 283–284, 288–289, 291, 298–299, 302–305, 307–308, 311–314, 316, 318–320, 322, 324–329, 331, 335–336
- discursivité, pratiques discursives 論述性，論述實踐 53, 115, 139, 160, 193, 243–248, 288, 307, 316, 328
- extradiscursif 外於論述者 74, 317
- non discursif 非論述 78, 244, 246, 336
- prédiscursif 前論述 57, 123, 158–160, 166, 244, 276, 286, 315–317

E

Écoute / écouter 聆聽 26, 29, 42–43, 55, 63, 103, 140, 180–181, 184, 215, 245, 278

Écrire / écriture 書寫 33, 35–36, 74, 95, 122, 129, 157, 162, 176, 196, 215, 218, 221, 224, 226–232, 234, 236, 240, 250, 266–267, 286, 293, 302–304, 315, 319, 321–326, 330, 334–336

・Écriture sacrée 神聖經典 95-99, 102-103, 110, 214

Empirisme / empirique 經驗主義／經驗的 111, 132–133, 136, 139, 141, 205–206, 245, 247–248, 286, 306, 310–311

Encyclopédie / encyclopédique 百科全書／百科全書的 103, 105, 121–122, 126–129, 132, 147, 162, 165, 179, 230, 254–256, 272–273, 305, 308, 318

Énoncé 陳述 26–27, 29, 32–35, 40–41, 47–49, 52, 54, 56–58, 60, 62–63, 68–69, 71, 76–80, 85, 90–94, 97–98, 100, 102, 104, 106–108, 110, 115, 123–124, 127–130, 137, 144, 146, 156–158, 161, 163–166, 174–175, 178, 181–182, 190, 196, 200, 204, 210, 213–218, 221–222, 225, 232, 241, 245–246, 248, 255, 260, 267–271, 273, 276, 278, 280, 283–284, 297, 302, 307, 316–317, 319, 325–326, 328, 332

Erreur 錯誤 28, 44–45, 54, 58, 64, 71, 74, 78–79, 124–126, 129, 132, 141–143, 147–148, 164–165, 178, 201, 213, 229, 233, 244, 272, 289, 317

Ethnologie / ethnologique 民族學／民族學的 32, 50, 216, 222, 225–226, 260, 264, 282–285, 295, 317, 324, 326

Être 存有 26–28, 30, 32, 34–35, 37, 40, 43, 47–48, 53–56, 58–59, 61, 64, 71, 73, 82, 91–93, 97, 103, 106, 110–111, 115–118, 122, 127, 131, 136–138, 140–146, 149, 152, 154, 162–166, 172, 174, 177, 180, 186, 190, 193, 200–206, 208, 210, 212, 215–216, 224, 227, 231–232, 244–245, 254–256, 258, 268–269, 274–275, 280–281, 292–294, 297, 299–302, 305–307, 309–311, 313–314, 319, 322–324, 327

Événement 事件 26, 42–43, 54, 62, 97, 104, 111, 113, 123–124, 133, 145, 154, 173–175, 180, 192–194, 197–199, 208–209, 211, 214, 228, 232, 234–237, 245, 248, 277, 285, 290, 298, 325, 337

Évidence 證據；不證自明 44–45, 52, 91, 95, 102, 123–125, 131, 156, 174, 209, 244, 255, 305–306, 324

Examen 檢驗 96, 127–129, 142, 145, 150, 195, 214, 254, 256, 272

Exégèse 註解；註釋 28, 63, 95, 98, 102, 104, 181, 185, 197, 275, 278, 280, 314, 327

Expérience 經驗；體驗 26, 32, 34, 42, 49, 63, 69, 71, 77–79, 82, 90, 99, 103, 108, 111–112, 117, 127–128, 130–133, 136, 139–141, 147, 157–158, 160–162, 168, 175, 182, 184–185, 187, 203, 205–206, 209, 211, 214, 222, 225, 233–234, 243–248, 253, 274, 276, 281, 284, 286, 299, 305–307, 310–316

F

Finitude 有限性 44, 111–112, 132–133, 136, 144–145, 150, 175, 202–203, 254, 272, 275, 299, 306, 309–310, 312, 319

・analyse / analytique de la finitude 有限性分析 132-133, 144-145, 203, 254, 272, 296, 309, 310

Folie, déraison 瘋狂，非理性 54, 188–190, 224, 296–298, 306, 309, 314, 320–322, 328, 337

Fondement / fondamental 奠基；基礎／奠基的；基礎的 26, 40–41, 44–49, 62–64, 74, 80, 84, 91, 93, 100, 102, 108–109, 114, 116–117, 123–126, 129–131, 133–134, 141–142, 145, 147–148, 150–151, 161, 164–165, 173, 175, 177, 179, 182–183, 185, 195, 199–200, 205–206, 210, 224, 230, 232, 244, 251, 254, 256, 264, 275, 282, 296, 298, 300, 305, 307, 309–311, 313, 319, 321–322

H

Histoire / historique, historicité 歷史／歷史的，歷史性 29, 32, 35–36, 40, 49, 52, 54–55, 57, 59–62, 69, 72, 74, 76–77, 82, 93, 96–99, 103, 107–108, 113, 120–122, 129–130, 132–134, 136–137, 145–146, 148–150, 154–156, 158, 161–169, 172–176, 178, 182, 192, 195–199, 204–206, 209, 213, 219, 222, 226, 233–236, 245, 248, 252, 254, 256, 260, 264, 266–269, 273–277, 280–282, 285–287, 289–290, 293, 300–305, 307–309, 313–315, 318, 320–321, 323–328, 330, 334, 336–7

・histoire / historiens de la philosophie 哲學史／哲學史家 49, 58, 82, 96, 105, 121, 156, 158–163, 165–166, 168–169, 172, 180, 266, 273, 276–277, 280, 289, 301, 307–308, 312–316, 319, 328–331

Homme 人 26, 28–30, 32–34, 36–37, 40–44, 46–50, 52–58, 60–62, 64, 68–71, 73, 76, 79, 83–99, 107–110, 112, 116–117, 121, 124–128, 132, 137–140, 142, 144–146, 148, 151–152, 156, 159–161, 167–169, 175–176, 178, 182–183, 186, 188–190, 192–197, 199–205, 208–212, 214–215, 217–219, 222, 226–230, 232–236, 240, 242–245, 248, 250–257, 260, 264–267, 270, 274–275, 277, 280, 283–285, 287–289, 291–306, 308–310, 312–317, 319, 321–324, 327, 329–336

I

Idéologie / idéologique 意識型態／意識型態的 128, 161–162, 164, 177, 213, 216, 219, 276, 308, 314, 336

Illusion 幻象 71, 78–79, 103, 126, 147, 151, 233, 252

Imitation 模仿 40, 57, 60–61, 64–65, 73, 259, 300

Inconscient 潛意識 55, 102, 105, 121, 129, 131–133, 254–255, 264, 272, 305, 310, 336

Interprétation 詮釋 26–29, 63–65, 68, 75, 99, 102, 104–105, 107–108, 121, 123–124, 126, 130–131, 133, 136, 145, 147, 149, 162, 181, 185, 194, 197, 210, 227, 232, 244, 248, 254, 256, 259, 267, 271–272, 278, 281, 293–294, 298, 312, 318, 321, 323–324, 327, 330, 332–333, 335–336

Intuition 直覺 138–139, 161, 164, 166, 255, 311, 313

Imagination 想像 37, 44, 54, 85–87, 89, 100, 106, 108, 111, 125–126, 129, 132,

141–142, 150, 183, 189, 193, 210, 271–272, 278, 300, 311, 321–322
Impression 印象 37, 44, 108, 111, 123–124, 136, 139–140, 144, 184, 192, 233, 241, 253–254, 267, 291, 323
J
Je-ici-à présent 我－這裡－目前 33–34, 40, 43–44, 47, 57, 270
Je pense 我思 48–49, 52, 100, 111, 150, 206, 299, 313, 321
Justification 正當化 40–42, 46, 53–54, 57, 61–63, 68, 71, 75, 91, 95, 102, 104–105, 107–108, 114, 121–124, 129, 133, 143–144, 146, 163, 172, 176, 178, 181–182, 186, 189, 192, 195–196, 205, 232, 254, 259, 271–273, 277, 332
L
Langage 語言 32–36, 41, 44, 48, 50, 52, 54, 59–63, 69–72, 74–78, 82, 85, 97–98, 102, 104–106, 109, 116, 123, 138–140, 160, 174, 181, 184–185, 187–188, 194, 199–200, 202, 204, 208–213, 215–216, 220–222, 224–225, 228–236, 242, 246, 253, 258, 260, 264, 267–271, 274–275, 278, 281, 283–284, 293, 295–300, 302, 304–306, 308–310, 316, 319, 322–326, 328, 331
Langue 語言系統 33, 202, 208, 211, 216, 220–221, 224, 232, 258, 269–270, 296, 302, 305, 324, 326
Légitimation 合法化 128, 130, 137, 141, 161, 182, 256, 277, 332
Liberté / libre 自由／自由的 28, 44–45, 54, 60, 87, 122–123, 128, 148, 150, 197, 203, 264, 280, 306, 312
Linguistique, extralinguistique 語言的／外於語言的 32–33, 35–36, 44, 60–62, 72, 74–75, 77, 116, 123, 140, 187, 199, 202, 209–211, 213, 216, 221–222, 224, 233, 236, 246, 253, 268–271, 274, 281, 283, 296–297, 302, 306, 310, 316, 322, 325, 328
Logos 邏各斯 42, 103, 105, 108, 126, 128, 134, 144–145, 161–162, 165–166, 181, 186, 196, 199–200, 227–228, 254, 256, 272, 278, 281, 315
・*logos* du monde 世界的邏各斯 103, 126, 128, 134, 165, 186, 272, 278, 281
Lumières 啟蒙 128, 133–134, 143, 229, 254, 273, 292–293, 301, 311, 337
M
Maintenant 現在 26, 29–30, 32–37, 40–49, 52, 55–65, 68–70, 72–75, 77–78, 80, 83, 85, 90, 93, 97, 99–100, 102, 104, 106, 108, 111, 122–124, 128–130, 137–138, 157, 163, 165, 168, 173, 175–176, 179–180, 182, 184, 186, 192, 195, 200, 202, 208–213, 219, 232, 237, 241–242, 248, 252–253, 258, 260–261, 267–275, 277–279, 283, 288, 290, 292–293, 298, 305, 309, 312, 316, 323, 337
Manifestation 顯現 36, 43–46, 48, 52–53, 55, 72, 76–77, 79, 82, 88, 90, 97–98, 100, 102, 105, 108, 111, 116–117, 121, 124, 128–131, 133–134, 137, 140, 144, 147–148, 150, 158–160, 163, 165–166, 181, 185–186, 189–190, 192–193, 200, 203–204, 206, 211, 214, 218, 220, 230, 241, 243, 245, 254, 256, 260, 267, 272, 274, 276, 281, 295–296, 307, 311, 315, 319

Mathématiques / mathématique 數學／數學的 56, 83, 92, 94, 110, 114, 138–139, 167, 177, 184, 192, 299–300, 302, 310, 316, 322
Mathesis 世界普遍知識系統 49, 92, 299
Maladie, médecine / médical 疾病，醫學／醫學的 28–30, 34, 186, 289, 293, 309, 320
Mémoire 記憶；回憶 30, 69, 88, 105, 125–126, 129, 132–134, 144, 149, 162, 199, 209, 212, 226–229, 240, 254–256, 272, 285
Métaphysique 形上學 27, 74, 90, 110, 112–117, 136–137, 140–146, 151–152, 180, 182, 185–186, 196–197, 200–202, 256, 274–275, 278, 280–281, 293–294, 302, 306–307, 309–310, 312–314, 316–317, 321–322, 327
Monde 世界 30, 40, 42, 46, 49, 61, 64–65, 77–80, 82, 84, 87, 89–92, 94–100, 102–103, 108–116, 126–129, 133–134, 136–138, 140–145, 147–148, 150, 161, 164–166, 168, 175, 178, 180–181, 183, 185–186, 190, 192, 199–201, 206, 229–232, 237, 244–245, 248, 255–256, 271–274, 278, 281, 285, 293, 300, 304, 306, 308, 313–317, 322–324, 327
Mort 死亡 28, 55, 72, 91, 112, 114, 187–188, 198, 254, 327
・mort de Dieu 神之死 113, 277, 323
・mort de l'homme 人之死 254, 264–265
Moyen Âge 中世紀 83, 114–115, 229–230, 245, 303, 306
Mutation 突變 86, 89–90, 93, 95–99, 102, 114, 137, 146, 149, 180, 184, 189, 192–193, 198, 208, 210–212, 218–219, 226–230, 234–235, 244, 252, 260, 267–268, 273, 277, 282–283, 286–287, 316, 318, 326–327
Mythe 神話 59, 100, 109, 181, 187, 198, 209, 213, 215, 218, 227–228, 230, 276, 281, 286, 296, 302, 318, 327

N

Nature / naturel 自然／自然的 40, 44–45, 49, 60, 80, 83–84, 93–94, 97, 99, 107–108, 112–113, 125–128, 134, 145, 151, 154, 161, 175, 177–178, 197, 208–209, 227–228, 230–231, 233, 245, 255, 299, 306, 312
・nature humaine 人性；人之本性 108, 210, 293, 317
Nihilisme 虛無主義 180, 277
Non-philosophie 非哲學 70–71, 106, 161, 166, 168, 178–179, 184, 205, 267, 278, 316, 318–319

O

Objet 對象；客體 35, 40–41, 46, 58, 61, 82, 90, 98, 103, 109–117, 137–138, 140–143, 149, 156, 159–160, 162, 166, 172–174, 179–180, 185, 198, 200, 204, 209, 222, 225–226, 234, 244, 252, 255, 259–260, 264, 266, 268, 270, 274–275, 277–278, 284, 303, 306–307, 310–311, 323–326, 328, 333
Œuvre 作品 36–37, 40, 57–60, 65, 68, 72–76, 87–90, 94, 96, 99, 102, 114, 121, 143, 146, 149–150, 157–158, 160–162, 166–169, 174, 182, 189, 192–193, 197, 209, 229, 240, 245, 253, 259, 266, 270, 274,

276–278, 289, 293, 295, 298, 300–301, 303, 305, 307–311, 313–319, 322–323, 327
Ontologie 存有論；本體論 115–117, 136–138, 141–146, 204, 274–275, 280–281, 292–294, 306–307, 311
Ordre 秩序；類屬 28, 42, 44–45, 50, 63, 69, 74, 80, 84–86, 91–92, 99, 102, 109, 127, 136–137, 142–143, 145, 148, 150, 154, 165, 177, 193, 201–202, 208, 220, 234, 248, 252, 255–256, 264, 272, 274, 282–283, 298–299, 307, 313, 336
Origine / originaire 起源／源初 26, 29, 63–64, 83, 106, 108, 110, 117, 120–124, 126, 128–131, 134, 137, 141, 145, 147, 161, 164, 169, 182, 186, 198–200, 254, 256, 276, 278, 289, 294, 304, 323, 327–328, 333
Oubli 遺忘 27–28, 30, 42, 45, 48, 64, 71, 74, 76, 78, 92, 106, 124, 144, 162, 165, 180–181, 198–200, 206, 218, 240, 278, 280, 293, 317, 328

P

Parole 言語 28–30, 33, 52–53, 55, 57, 63, 73, 76, 78, 85, 95–99, 103–104, 106, 124, 127, 134, 151, 162, 164–165, 173, 181, 183–184, 188–189, 198, 208, 212–214, 216–218, 220–222, 224, 240–245, 248, 258, 270–271, 278, 283–286, 296–297, 305–306, 314, 326
・parole de Dieu 神的話語 36, 96
Pensée 思想 32, 44, 50, 61, 63, 74, 82–83, 86, 90–91, 94, 102, 106–107, 116–117, 133, 137, 140–141, 143–144, 148–151, 159, 165, 168, 177, 180, 182–183, 185–186, 189–190, 193, 196, 199–200, 202, 204–205, 208–210, 219–222, 224, 228–229, 232, 234–235, 248, 250–251, 257, 268, 275–277, 279, 283–284, 287, 291–295, 298–299, 301–303, 305, 308–315, 318–322, 324, 327, 329, 335
Perception 感知；知覺 28, 34, 54–55, 61, 63, 84–86, 90, 122, 125, 127, 130, 137–142, 161, 184, 187, 194, 200, 241, 245, 279, 313
Phénoménologie / phénoménologique 現象學／現象學的 117, 131, 133, 150–151, 204–206, 267, 281–282, 304, 311–313, 315, 318, 320, 322, 331
Philologie / philologique 語文學／語文學的 62, 96, 182, 220, 232–233, 267, 321, 326–327
Physique 物理學 62, 91, 110–111, 113, 146, 177, 306, 316
Poésie / poétique 詩／詩意；詩學 181–183, 189–190, 196, 200, 226–227, 291, 293–294, 324, 327
Politique 政治；政治的 70, 96, 157, 161–162, 165, 167, 175, 181–184, 189, 192, 196–197, 213, 216, 219, 233, 271, 280, 289, 295, 305, 314–315, 318
Positivisme 實證主義 145, 178–179
・positivisme logique 邏輯實證論 196, 200, 202, 204, 280–281, 316
Présent 目前；現今 29–30, 33–35, 37, 40, 43–44, 46–47, 52, 56–57, 60, 62–63, 68, 70, 72–74, 76, 86, 89, 92, 97, 109, 123, 130, 137, 155, 172, 178, 180, 184, 192, 194, 210–211, 213, 246, 250–252, 254, 266, 268, 270–271, 275, 283, 287–290,

309, 311, 320
Proposition 命題 59, 61, 68, 82, 92–93, 104, 110–111, 120, 123, 127, 138, 158, 161, 163–164, 168, 176, 196, 200, 212, 214, 216, 221–222, 232, 246, 248, 255, 269, 276, 280, 298, 312, 328, 332
Psychanalyse 精神分析 50, 184–185, 264, 305, 336
Psychologie / psychologique 心理學／心理學的 40, 50, 55, 110, 145, 159, 182, 211, 213, 252, 265, 275, 302, 304, 306, 309, 312–314, 317, 323, 326–327, 330–331, 337

R

Rationalisme 理性主義 138–139
Recollection 靜思回想 103, 106, 121, 126, 132–134, 165, 272
Réflexion 反思 55, 61, 72, 77, 104, 123, 125, 133, 137, 149, 161, 164, 177, 179–182, 195–196, 202–203, 205, 224, 246, 251, 256, 259, 265, 267, 287, 299, 301–302, 311, 315, 324, 332, 336
Renaissance 文藝復興；再生 92–94, 229–232, 245, 285, 300, 314
Représentation 再現 48, 63, 116, 137, 143, 146, 152, 160, 200–202, 220, 231–234, 241, 244, 246, 252–253, 256–257, 274–275, 299, 302, 307, 310, 317, 325
Rupture 斷裂 74, 83–84, 124, 133, 149, 187, 213, 233, 236–237, 284–285, 314, 319, 321, 324, 328

S

Savoir 知識 26, 28, 32, 35, 49, 70–71, 78–80, 84, 90–95, 99, 106, 126–129, 141, 150, 177–179, 182, 199, 211, 213, 227, 230–231, 234, 240, 245, 251–252, 266, 269, 272, 275, 280, 283, 287–288, 296, 298–299, 301, 303–304, 307, 309–311, 314–315, 317–318, 323, 325–326, 328, 331, 335
Sciences humaines 人文科學 234, 252, 264, 275, 288, 299, 312, 314, 329
Signe 符號 32–33, 35, 73, 91, 94, 97–98, 123, 125, 138–140, 160, 174, 197, 212, 230–234, 245–246, 248, 253, 257, 269–270, 281, 296, 300, 317, 324
Structuralisme, structure 結構主義，結構 56, 58–59, 63, 120, 122, 131–132, 148, 150, 163, 166, 182, 203–205, 209, 211, 217, 222, 224, 244, 246, 264, 267, 270, 279–281, 283–284, 287, 290, 292, 296–299, 301–302, 307–308, 312, 314–316, 322, 324, 329, 331, 333
Subjectivité, sujet 主體性，主體 33–37, 40–50, 52, 54–58, 60–64, 68, 75–77, 80, 85–86, 89–90, 92–94, 97, 100, 102–105, 108–112, 121, 123–124, 126, 128–131, 133–134, 137, 141–142, 144–145, 148, 150, 162–164, 175–176, 178–179, 181–183, 185–189, 196, 199–200, 211–212, 216–217, 232, 241, 243–244, 251–252, 254, 256–258, 267, 269–273, 275, 277–278, 280, 293, 296, 298–299, 302–303, 311, 314–315, 318, 321–322, 324, 333, 335–336
· subjectivité constituante 具構成力的主體性 179, 182, 185
· subjectivité transcendantale 超越的主體性 108, 111, 121, 148, 211, 311
· sujet parlant 發言主體 34, 37, 40–41,

43–44, 47, 56–58, 60, 62, 68, 75, 77, 80, 85–86, 89–90, 93–94, 100, 104, 109–110, 123–124, 126, 129, 163–164, 181, 186–187, 196, 212, 216–217, 232, 241, 258, 271, 280, 296
· théorie du sujet 主體理論 46–49, 52, 55, 64, 102–103, 163, 272
Système 系統；體系 32–33, 40, 49, 56, 58, 62, 69–72, 76, 80, 82, 84, 86, 90, 92–93, 102, 104, 106, 108–109, 111, 113–114, 120–122, 136, 139, 146, 155–158, 160–162, 166–168, 172, 174, 176, 179, 194, 201–202, 204, 208–222, 224–226, 228, 231–237, 240, 243, 245–246, 248, 257–258, 264, 266, 269–270, 272, 276, 283, 285–286, 296–297, 301–305, 307–308, 310–313, 315–319, 324, 326–328
· système philosophique 哲學系統；哲學體系 76, 136, 156–157, 301–302, 308, 311–312, 315–316

T

Transcendance 超越 26, 64, 69, 79, 97, 108, 130–131, 140, 149–151, 197–198, 203, 211, 225, 264, 271, 274–275, 280–281, 303–304, 306, 311–312, 317, 322–324
Transcendantal 超越的 79, 147, 150, 197, 203, 211, 225, 271, 275, 281

U

Universalité, universel 普遍性；普世性，普遍的；普世的 36, 46, 48–49, 62–63, 79, 83–84, 104, 106, 110, 131, 133–134, 139, 142, 147–148, 154, 159, 174, 209, 212, 222, 225, 231–232, 234, 244, 283–284

V

Vécu 實存 49, 71, 78, 136, 142, 156, 160, 203–205, 211, 243–244, 280–281, 286, 313
Vérité / vrai 真實；真理／真實的；真的 28–29, 34, 36–37, 40, 42–49, 52–56, 60–63, 69, 71, 78–80, 83–84, 86–87, 90–91, 93–100, 102–107, 114–116, 122–134, 136–138, 141–144, 146–148, 151, 156, 159–161, 163–164, 173–174, 176–178, 180–181, 186–187, 189–190, 196, 199–200, 202, 205, 208–210, 213–215, 217, 219, 221, 224, 227, 229, 231–232, 240, 244, 246, 248, 255, 260, 266–267, 271, 275, 277–280, 283, 297–299, 306–307, 310–311, 313–314, 316, 318, 323, 330, 336–337
Vie 生命 117, 182, 187, 275, 289, 291, 299, 310–311, 315, 323
Vision du monde 世界觀 91, 134, 164, 313–314, 316–317
Volonté / vouloir 意志／意欲 44, 60, 84, 95, 108, 117, 136, 144, 180, 200, 205, 244, 275, 317–318, 320, 335

人名索引

A
Abraham 亞伯拉罕 111
Alcuin 阿爾琴 229, 327
Alembert, Jean Le Rond d', dit 達朗貝爾 56, 300, 308
Al-Fārābī 法拉比 303
Alquié, Ferdinand 阿爾其耶 273, 299, 313, 333
Althusser, Louis 阿圖塞 264, 266, 288, 314–315, 329, 335–336
Amadis 阿瑪迪斯 73, 87–88
Anaximandre 安納西曼德 26, 295
Anaximène 安納希緬 295
Anselme (saint)（聖）安瑟莫 306
Aristote 亞里斯多德 90, 229
Aron, Raymond 阿宏 301, 317
Artaud, Antonin 亞陶 184–185, 306, 320
Artières, Philippe 阿爾提爾 296, 329
Austin, John Langshaw 奧斯丁 270, 297, 323, 331
Avicenne 阿維森 303
B
Bachelard, Gaston 巴舍拉 290–291
Bacon, Francis 法蘭西斯・培根 93–94, 303, 305
Bacon, Roger 羅傑・培根 303
Badiou, Alain 巴迪烏 312, 316, 330
Balibar, Étienne 巴禮巴 330, 336
Barthes, Roland 巴特 296
Bataille, Georges 巴塔耶 184–185, 320, 322
Bayle, Pierre 拜爾 128, 308
Beaufret, Jean 包弗瑞 294, 312, 329
Bellour, Raymond 貝魯爾 326, 329, 335
Benoist, Jocelyn 畢諾斯特 325
Benveniste, Émile 班文尼斯特 270, 296–297, 316, 331
Bergson, Henri 柏格森 313–314
Berkeley, George 柏克萊 139–140, 310
Bernard, Claude 伯爾納 54, 84
Berzelius, Jöns Jacob 貝爾哲里烏斯 56, 300
Blanchot, Maurice 布朗修 184, 302, 320
Böhme, Jakob 波墨 94
Bopp, Franz 博普 233, 327
Bourbaki, Nicolas 布爾巴基 56, 300
Bouveresse, Jacques 布福何斯 302, 316
Bovelles, Charles de (Bovillus) 波維勒斯 94
Brentano, Franz 布倫塔諾 83
Broch, Hermann 布羅克 303
C
Calvin, Jean 喀爾文 94
Canguilhem, Georges 康居廉 316, 330
Carnap, Rudolf 卡納普 323

Cassirer, Ernst 卡西勒 301
Cervantes Saavedra, Miguel de 塞凡提斯 53, 72–73, 87–90, 300, 303–304, 327
Chapsal, Madeleine 查普沙爾 329–330
Charlemagne 查理大帝 327
Châtelet, François 夏特雷 329
Clément d'Alexandrie 克萊蒙 231, 265, 302, 336
Comte, Auguste 孔德 178, 313, 318
Condillac, Étienne Bonnot de 康狄亞克 114, 128, 138, 143, 177, 308
Copernic, Nicolas 哥白尼 84, 90, 92, 304–305, 312
D
Darwin, Charles 達爾文 305
David, Madeleine V. 大衛 293–294, 303, 326, 331
Davidson, Arnold I. 戴維森 293, 331
Defert, Daniel 德斐 292, 317, 329, 335–336
Deledalle, Gérard 德列達爾 297
Deleuze, Gilles 德勒茲 319, 321, 329
Derrida, Jacques 德希達 266, 286, 321–324, 326, 335
Descartes, René 笛卡兒 28, 41, 44–46, 48–49, 61, 64, 78–80, 82–84, 99, 102, 104, 106–107, 110, 114, 120, 122, 129, 136, 138–139, 143, 148, 150–151, 174, 176–177, 182, 185–186, 189–190, 192, 195, 197, 204–206, 210, 250–251, 265, 267, 274, 277–278, 282, 287, 291, 294, 298–299, 302–304, 306–308, 310, 312–315, 319, 321–322, 324, 327
Destutt de Tracy, Antoine-Louis-Claude 德・崔希 308, 318
Diderot, Denis 狄德羅 300, 308
Dilthey, Wilhelm 狄爾泰 317, 327
Dionysos 戴奧尼索斯 183, 187–188, 320
Don Quichotte 唐・吉訶德 53, 73, 86–89, 100, 232, 300, 303–304, 327
Dreyfus, Dina 德雷福斯 316, 330
Duhem, Pierre 杜衡 304
Dumézil, Georges 杜梅齊爾 264, 296
Duns Scot, Jean 鄧斯・司各脫 303
E
Elkabbach, Jean-Pierre 艾爾克巴哈 296
Empédocle 恩培多克勒 182
Engels, Friedrich 恩格斯 266, 314
Eribon, Didier 艾希邦 294, 314
Establet, Roger 艾斯塔柏列 330
F
Feuerbach, Ludwig 費爾巴哈 309
Fichte, Johann Gottlieb 費希特 150, 179, 306, 311–312, 319
Flaubert, Gustave 福樓拜 54, 300
Frege, Gottlob 弗瑞格 192
Freud, Sigmund 佛洛依德 92, 295, 305, 319, 327, 330, 336
G
Galilei, Galileo (Galilée) 伽利略 84, 90, 92–95, 100, 304, 327
Gast, Peter 加斯特（參看 Köselitz, Johann Heinrich） 190, 322
Genette, Gérard 熱內特 296
Gilson, Étienne 吉爾森 299, 303, 313
Glass, Salomon 格拉斯 327
Gouhier, Henri 顧希耶 273, 313–314, 333
Gourou, Pierre 顧盧 296
Gramsci, Antonio 葛蘭西 314, 330
Gueroult, Martial 蓋爾胡 266, 273, 301–

302, 307–8, 312–3, 315–9, 330, 333
Guillaume d'Ockham 奧坎 303
Guillaume II (empereur allemand) 威廉二世 183
H
Hazard, Paul 哈薩德 301
Hegel, Georg Wilhelm Friedrich 黑格爾 28, 173, 179, 245, 273, 293, 299, 303, 309–312, 315, 318–320, 328
Heidegger, Martin 海德格 197, 202, 264, 266, 280, 293–295, 303, 312–313, 322–323, 329
Héraclite 赫拉克利特 26
Hippocrate 希波克拉特 295
Hobbes, Thomas 霍布斯 83
Homère 荷馬 226, 327
Hume, David 休謨 138–139, 143, 177, 299, 306
Husserl, Edmund 胡塞爾 41, 150, 179, 182, 185, 192, 195, 197, 204, 210, 282, 296, 304, 306–307, 311–312, 322
Hyppolite, Jean 希波利特 266, 273, 315–316, 318–319, 330
I
Isaac 以撒 111
J
Jacob 雅各 94, 300, 337
Jakobson, Roman 賈克布森 264, 270, 295–296, 299, 331
Jaspers, Karl 雅斯培 197, 280–281, 317, 321, 323, 333
Jésus-Christ 耶穌－基督 181, 189
Joyce, James 喬依斯 303
K
Kant, Immanuel 康德 41, 110, 114, 116, 137, 143–151, 174, 182, 194, 199, 210, 251, 274, 292–294, 299, 306, 310–312, 316, 323
Kierkegaard, Søren 齊克果 188, 321
Kleinclausz, Arthur 克萊恩克勞茲 327
Köselitz, Johann Heinrich (Gast, Peter) 柯史利茲 190, 322
Koyré, Alexandre 夸黑 304
L
Lacan, Jacques 拉岡 264, 296, 336
Lagrange, Joseph-Louis 拉格蘭吉 56, 292, 298, 300, 329
Leibniz, Gottfried Wilhelm 萊布尼茲 49, 139–140, 177, 251, 310
Leroi-Gourhan, André 勒華－顧宏 326
Lévi-Strauss, Claude 李維－史陀 264, 296, 323
Locke, John 洛克 83, 114, 138–139, 306
Lovejoy, Arthur Oncken 拉夫喬依 301
Luther, Martin 路德 94
M
Macey, David 梅西 294
Macherey, Pierre 馬謝黑 309, 313, 330
Malebranche, Nicolas de 馬勒布蘭許 84, 143, 299, 314
Mallarmé, Stéphane 馬拉梅 184, 192, 319–320
Martinet, André 馬汀內 297
Marx, Karl 馬克思 50, 264, 266, 295, 305, 309, 314–315, 319, 327, 329–330, 336
Mélès, Baptiste 梅列斯 302, 316
Merleau-Ponty, Maurice 梅洛－龐蒂 266, 296, 313–315, 319
Midas 米達斯 181
Miller, Jacques-Alain 米勒 336

N
Nicolas de Cusa 尼可拉斯・德・庫薩 94
Nietzsche, Friedrich 尼采 26, 180, 182–186, 188–190, 192–195, 197–198, 200–202, 205, 208, 252, 265–267, 277–279, 281–283, 288–290, 293–295, 298, 305, 311, 316, 318–324, 327, 330, 333, 336
Nora, Pierre 諾哈 94, 264
P
Palmerin 帕莫罕 87–88
Parménide 巴曼尼底 227–228, 294
Philon d'Alexandrie 裴洛 231–232
Pierce, Charles Sanders 皮爾斯 297
Platon 柏拉圖 90, 106, 186, 228–229, 232, 294, 304, 327
Prieto, Luis Jorge 普里亞托 297, 331
Pythagore 畢達哥拉斯 228, 295
Q
Quine, Willard Van Orman 奎恩 323
R
Rancière, Jacques 洪希耶 330
Rask, Rasmus Kristian 拉斯克 233, 327
Régnault, François 雷格諾 336
Ricardo, David 李嘉圖 84, 303
Ricœur, Paul 呂格爾 266, 316, 330
Rilke, Rainer Maria 里爾克 184
Rueff, Martin 雷夫 323
Russell, Bertrand 羅素 197, 280, 320, 322–323
Ryle, Gilbert 萊爾 323
S
Sartre, Jean-Paul 沙特 197, 266, 280, 296, 303, 318, 323, 329–331
Saussure, Ferdinand de 索緒爾 220, 296, 305, 324, 326
Schwartz, Élisabeth 史瓦爾茲 302
Searle, John Rogers 薩爾 323
Simon, Richard 賽門 96, 100, 227, 301, 305, 327
Simonetta, David 西蒙尼塔 301
Simonide de Céos 西蒙尼底 227, 327
Socrate 蘇格拉底 83, 183, 186, 293–294, 322
Spinoza, Baruch 史賓諾沙 84, 96, 139, 177, 251, 299, 305–306, 308
Sterne, Laurence 史坦 300
Strawson, Peter Frederick 史卓生 323
Strindberg, August 史特林堡 190
T
Texier, Jacques 德希爾 314, 330
Thalès 泰利斯 295, 328
Theuth 托特 228
Thomas d'Aquin (saint)（聖）多瑪斯・阿奎那 303
Tirant 提罕 87–88
Todorov, Tzvetan 托鐸洛夫 296
Trombadori, Duccio 瓊巴多里 320
V
Vernant, Jean-Pierre 維儂 227, 327
Viète, François 維業特 56, 300
Virgile 維吉爾 72, 303
Vuillemin, Jules 維依芒 266, 273, 301–302, 307–308, 312, 316–317, 330, 333
W
Wahl, Jean 瓦爾 266, 294, 302
Weber, Max 韋伯 311
Wittgenstein, Ludwig 維根斯坦 197, 248, 280, 295, 322–323
Wolff, Christian 伍爾夫 114, 306

國家圖書館出版品預行編目(CIP)資料

哲學論述/米歇爾.傅柯(Michel Foucault)作；林志明譯. -- 初版. -- 新北市：黑體文化, 左岸文化事業有限公司出版：遠足文化事業股份有限公司發行, 2025.09

面； 公分. -- (空盒子；13)

譯自：Le discours philosophique.

ISBN 978-626-7705-51-3(平裝)

1.CST: 哲學 2.CST: 學術思想

146.79　　　　114009931

特別聲明：

有關本書中的言論內容，不代表本公司／出版集團的立場及意見，由作者自行承擔文責。

黑體文化　　讀者回函

空盒子13

哲學論述

Le Discours philosophique

作者・米歇爾・傅柯（Michel Foucault）｜譯者・林志明｜責任編輯・龍傑娣｜特約編輯・江灝｜美術設計・林宜賢｜出版・黑體文化／左岸文化事業有限公司｜總編輯・龍傑娣｜發行・遠足文化事業股份有限公司（讀書共和國出版集團）｜地址・23141新北市新店區民權路108之3號8樓｜電話・02-2218-1417｜傳真・02-2218-8057｜郵撥帳號・19504465遠足文化事業股份有限公司｜客服專線・0800-221-029｜客服信箱・service@bookrep.com.tw｜官方網站・http://www.bookrep.com.tw｜法律顧問・華洋法律事務所・蘇文生律師｜印刷・中原造像股份有限公司｜初版・2025年9月｜定價・600元｜ISBN・9786267705513｜EISBN・9786267705506（PDF）・9786267705490（EPUB）｜書號・2WVB0013